謹以此書獻給全世界十二億中國人

宋美齡 美麗與哀愁

文◉王 丰

中國人物

10

永遠的第一夫人——宋美齡

宋美齡受任為新生活運動總會婦女指導委員會指導長。
宋美齡陪蔣介石檢閱首都（南京）國民軍訓。

夫君愛鑒昨日聞西安之變焦急萬分竊
思吾
兄平生以身許國大公無私凡所作為無絲
毫為自己個人權利着想即此一點寸衷足
以安慰且抗日亦係吾
兄平日主張惟
兄以整個國家為前提故年來竭力整頓
軍備團結國力以求貫澈抗日主張此公忠為
國之心必為全國人民所諒解目下吾
兄所處境況真相若何望即
示知以慰焦思妹日夕祈禱
上帝賜福吾
兄早日脫離惡境請
兄亦祈求
主宰賜予安慰為國
珍重為禱臨書神往不盡欲言專此奉
達敬祝
康健

妻美齡 廿五年十二月十三日

西安事變脫險歸來時的蔣介石與宋美齡。
宋美齡驚聞西安事變，飛函慰問，旋即冒險赴西安營救。

陳納德（右）來華，宋美齡居重要中介角色。

宋美齡民國32年在美國衆議院發表演說。

蔣介石訪印度，並會晤印度聖雄甘地。
蔣介石夫婦與東南亞盟軍總司令蒙巴頓將軍會面，右為史迪威。

蔣介石就任國民政府主席後與宋美齡合影留念。

民國33年11月1日蔣介石與宋美齡的兄長時任外交部長的宋子文（左一）接見美國大使赫爾利及魏德邁將軍。

開羅會議—蔣介石、宋美齡最風光的時期。

宋美齡訪問加拿大與加國總督艾薩隆全家合影，前排右一孔令偉、、左一為孔令侃。

蔣、宋、孔三大家族代表：右一宋美齡，右二為孔祥熙、右三為蔣介石。

宋美齡與就任中華民國第一任總統的蔣介石。

民國35年10月21日蔣介石夫婦首次蒞台巡視，並參加台灣光復一週年紀念會。

蔣介石、宋美齡於民國45年4月10日在士林官邸招待各國駐華使節。

民國49年6月18日美國艾森豪總統來華訪問，並至官邸拜會。

南京小紅山官邸內的「基督凱歌堂」，圖為蔣介石在證道情形。

只要有蔣介石招待所的地方就有禮拜堂，圖為蔣介石夫婦、宋藹齡（中），證道者為周聯華牧師。

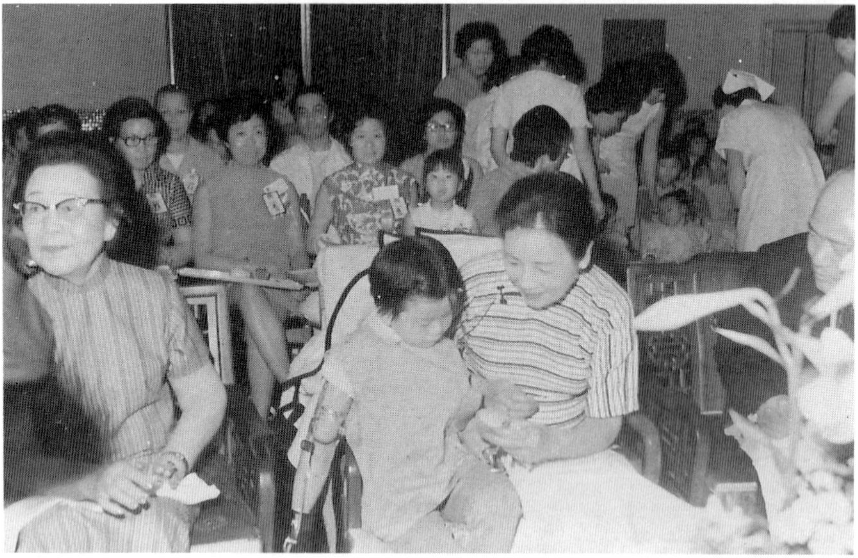

宋美齡與院童一起過節。

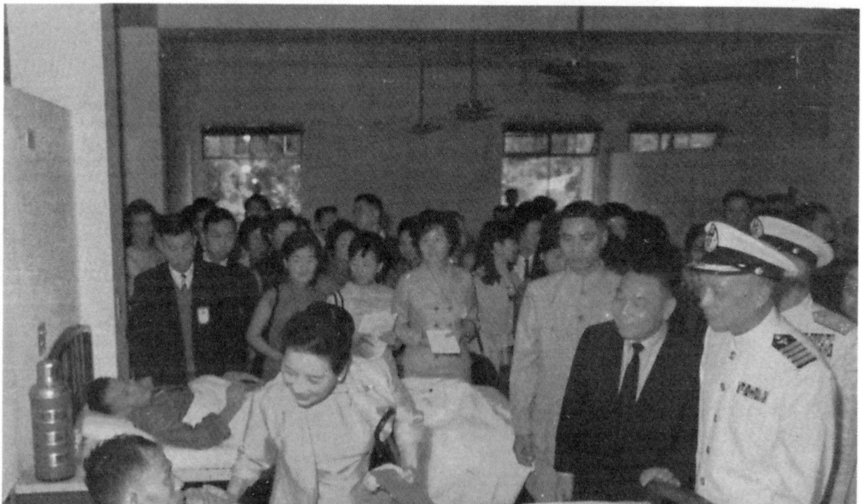

宋美齡親率婦聯會人馬慰問傷患官兵。

宋美齡繪畫，蔣介石一同欣賞。

《人物·中國》編序

當前社會，名人或傑出公衆人物，是媒體的寵兒，也是許多人頂禮膜拜的對象。讀者搶閱有關各行各業頂尖人物的內幕報導，他們的傳記與自傳，自然也就成爲書店的暢銷書。尤其政治人物的傳記，在出版界更是一枝獨秀。

有人或認爲傳記寫作是雕蟲小技，除了人物從生到死的資料蒐集排比，並無經世論教的內容。但今日的政治傳記寫作方式包羅萬象，它已成爲一種獨立的寫作風格櫥窗。

本系列所提供的系列傳記內容，既不是流水帳，也不是研究論文，而是活潑潑的敍述和分析報導。對讀者來說，想知道的，不但包括政治人物的公開行爲，也包括私生活。有些人爲了不願使自己的私生活和內在世界曝光，會設法封閉自己，成了「沒有聲音的人」；有些人又惟恐被新聞界及大衆遺忘，拚命製造知名度；有些人基於塑造形象的考慮，往往又矯揉造作，唱作俱佳。這些都在本系列作者的筆下一一還其眞面目。

同一個人物，往往因撰寫者持論立場各有差異而有不同的評價：有的歌功頌德，有的口誅筆伐。本系列呈現在讀者眼前的，卻都是資料本身在說話，作者只是做了整理與貫串的努力，讓這些資料活潑化起來，秩序化起來，並讓這些政治人物毫無保留地突現在讀者眼前。

「江山代有才人出，各領風騷數十年。」以今天社會變化的快速，已不可能領數十年風騷，時時有後浪推前浪的壓力，一個浪頭沒站穩，轉瞬之間便「俱往矣」。「數風流人物，還看今朝。」本系列所撰寫的，都是領一時風騷的人物，或少年得志，或大器晚成，至於他們將來會在這快速變化的社會中領多久的風騷，還要看他們各自的本領了。

序 論

宋美齡性格評析

從大時代的觀點來看，宋美齡無寧是一個悲劇人物。由於她的家世和婚姻，她一度成爲中國最有權力的女人，除去權力，她還集財富、榮耀和美貌於一身，一切種種，有些是她與生俱來的，有些是經由她的犧牲奉獻努力得來的。然而，不論是皇冠上珠寶的光芒，抑或是她頭頂的光環，終有光芒褪色的時候，這就是一個政治家族出身的世家人物，一個無法擺脫的命定悲哀。

一九四九年以後的宋美齡，是命運最爲乖舛的一個階段，中國歷來最大的一個資本家——宋家和孔家，在共產黨接管政權以後，所有的資產都爲共產黨所沒收，當然，宋孔二家，在美國等外國銀行，都擁有大筆存款（儘管宋孔二家對此都抱持著否定的說法），和一般流離失所的人民相比，宋美齡是相當幸運的。

除了家財的嚴重損失，宋家三姐妹因爲中國政權的急速轉移，加上三者在政治立場上，存在著某些差異，所以，三人在大陸易手後，也分別生活在不同的政治體制之下。

家產破落、親族離散，這些對宋美齡都是相當切身的痛楚，從她幼時赴美國唸書以來，她頭一回感受到骨肉離異的痛苦。

在另一個方面，她的丈夫蔣介石，由於國民黨政權的崩潰，頓失權力之後，退據海島，宋美齡在美國長期滯留，觀望游疑，她到底是回台灣，和她的丈夫「共赴國難」，還是繼續待在美國，「待機候援」？如果是一個沒有見過世面的平凡女子，宋美齡可能已經進退失據，然而，她沒有如此，可見，宋美齡還是有她獨特的見地和操持。

大陸的有關宋美齡的著作，都喜歡引用一個對宋氏三姐妹的評語，說宋家三姐妹，一個愛錢，一個愛國，一個愛權。

這是就宋家三位姐妹個性特徵，作的一個粗略的評述，因爲它是一種粗略的評述，所以，難免有或多或少畫虎不成反類犬的毛病，特別是在講述宋美齡的一些問題的時候，更是如此。人的性格，是多重面向的，人的問題也是世界上最複雜的問題，如果，我們以三言兩語就來爲宋美齡這樣一個涉及複雜歷史恩怨的女強人，作一生的總結，基本上是不公平的而且失之草率的。

所以，筆者反對以一本書來爲一個人作蓋棺論定式的評價，這種全知式的歷史研究方法，是一種吾人勢必要加以揚棄的的治學方法。純然就事論事，而且預留言論和求証的空間，是我們應有的最高原則，基於這樣的認識，這本書並不準備以一種全知的觀點去籠罩全局，而是希望以舉出事例或是追索流言的方式，讓讀者從新的視野、新的史觀，去檢視宋美齡這個近、現代的女強人。

基於上述的一些觀點和主張，筆者嘗試著從幾個影響宋美齡最深的面向，來解析宋美齡的性格，作爲本書的一個開場白。

（一）、家世背景

宋美齡於一八九七年，出生於上海，她的父親宋耀如——一個早年留學美國，篤信美以美教派基督教的買辦階級——但是，和一般的買辦階級不同的是，宋耀如富有強烈的愛國主義精神，所以，在他結識了革命黨的領袖孫中山以後，他成爲這位狂熱的改革理想主義者最大的財務支持者。

在這樣的一個複雜特質的家庭中成長，宋美齡自幼就感受到時代的強烈震撼。

事實上，宋美齡的家庭，自始就是和中國這個貧窮落後的國家發生著尖銳的矛盾的。在宋美齡出生的年代，中國的反西方意識發揮到了極致，但是，宋家卻是一個不折不扣的洋化家庭、基督教家庭。

當時的中國已經是西方資本主義國家剝削的主要對象，中國人一窮二白，在不平等條約的壓制下，沒有翻身的日子，可是，宋家由於宋耀如的貿遷有術，財富日漸積累，並且成爲上海最富盛名的資本家家庭。

儘管，宋耀如是中國少數早期的留美學生，可是，據說他的子女教育方式，還是中國傳統的那套模式——一種最保守的斯巴達式的教育，理論上，這種教育方式和宋耀如受的美式教育，兩者是尖銳矛盾的。

糾集了這麼多的矛盾背景，宋美齡在如此的環境中成長。

(二) 教育環境

宋美齡在美國待了十年時間，宋耀如把美齡的幾個兄姐和她，送到美國，最大的理由，就是認定中國傳統那一套教育制度，是無法符合宋家子女需求的。

由於宋美齡在美國受教育的時間，是她成長最重要的一段時期，而美國教會學校的教育，也在宋美齡人格成長過程中留下深刻影響，在日後的歲月當中，美式教育對她人生歷程與奮鬥，也起了最遠大的作用，並且塑造了宋美齡獨特的性格。

（三）宗教力量

宗教對宋美齡的影響可以說是無遠弗屆的。

在宋美齡的婚姻上，宋美齡的母親倪桂珍女士堅持，她的女婿必須是一個基督徒，基於這個承諾，蔣介石在婚後，成爲一個基督徒，而在蔣介石政府裡頭，乃至宋美齡生活圈子裡，到處是和基督教有關的一群人，基督教不僅深深制約著蔣介石和宋美齡，也深刻地影響著蔣介石領導的國民黨政府，並且在早期國民黨政權的政治運作中，扮演了一個十分吃重的角色。資本家的家世背景，美國的教育過程，基督教的意識形態，形成了宋美齡的整個人生態度，也爲宋美齡編造了一個人事脈絡，更爲她的這一生，結下最深刻的人生閱歷。

宋美齡——美麗與哀愁　目錄

跋

我在宋美齡身邊的日子

上篇

宋美齡——美麗與哀愁

第一章　縱論宋美齡

——一位宋美齡隨員的肺腑之言

第一回　寬恕精神

我對夫人是十分尊敬的，並不因爲她是領袖的夫人，而是我覺得她的確有值得我們敬重她的地方。

我印象最深刻的，莫過於五十八年夏天，她和老先生的座車車隊，在陽明山發生車禍的那一次意外事件。

那天我們聞訊趕到的時候，夫人和先生已經住進台北某醫院特別爲總統設的病房裡，那天下午夫人被送進病房的時候，一路痛得哇哇大叫，因爲她的頸椎骨都受傷了，那個狀況她當然喊痛啊！爲總統夫婦開座車的司機，固然是爲了閃躲一輛軍車，才會發生那次的車禍，但，座車司機的處置還是有些不當，他顯然是煞車過猛。

如果換成別人，可能早就把這位司機抓去治罪了，可是，夫人從來沒有提過要處罰司機，也沒有責怪司機什麼話，而還是其他有關人員，把司機調走去開別的官邸車輛。從這一點來看，我覺得夫人是充滿了恕道精神的一位仁慈長者，她的基督徒精神教她不對那位驚魂甫定的司機作任何事後的處分。

從這裡，我想起從前對日抗戰勝利的時候，老先生所以會對日本採取「以德報怨」的政策，我覺得夫人對老先生起了很大的影響，我認爲這一政策，應該是經過兩夫妻詳細商議的。

對張學良多所優容，亦是夫人寬厚恕道的一個明證，我認爲，要不是蔣夫人的堅持，張學良早就沒命了，因爲有人要殺害他洩憤，夫人始終反對他們對張學良動手，並且一再要求蔣先生要保證張學良的安全，在她的堅持下，張的性命才算保住了。但是，她還是覺得對不起張學良，因爲在當年西安事變結束的時候，她曾經對張說：「我保證你是不會被抓去坐牢的！」結果，他卻被當局軟禁了大半輩子。

到台灣來以後，夫人對張學良始終很客氣，經常送些好吃的東西給他吃，後來，蔣公死了、經國也過世，張學良正式面對公衆，可是，他始終不對蔣家有所抱怨和非議，我認爲一個最大的原因，是張學良有感於夫人對他的恩情。

張氏到台灣之後，會信奉耶穌基督，我覺得這也是夫人給張學良的影響，對西安事變這一歷史事件，夫人始終是秉持著寬恕的精神。

第二回　虔誠教徒

夫人是一位純正而虔誠的基督徒，她對聖經教義熟悉的程度，已經到了出神入化的境界，對舊約中的故事，夫人更是倒背如流，如數家珍。

記得在民國四十三、四年間，我有次剛好有急事要向先生報告，必須一大早就到士林官邸去找先生，我知道老先生習慣四、五點鐘就起床，所以我在四點多鐘就到了士林官邸，準備晉見先生，我走進先生書房，只見到先生和夫人正跪在一起作「晨課」，就是早上的宗教祈禱儀式，我一直等到先生和夫人的晨課結束之後，才能夠向先生報告事情，從那時，我才曉得原來先生和夫人，在早上是要一起作「晨課」的，這是夫人早年的習慣，我那時覺得很意外，夫人的生活作息和先生是截然不同的，她慣於過夜生活，晚上很晚才上床睡，可是，她還是堅持清晨起來和先生一塊兒作晨課，經久不輟，在她的晚年，大概是身體比較差的關係，後來才沒有再和先生一塊兒作晨課了。

基督徒有一個基本的特質，便是絕對不會去爭權奪利，夫人就有那樣的特質，我覺得她是具有服務人群精神的，她也沒有穿什麼豪華的衣服，出手也從來不會像暴發戶那樣漫無節制，做一些事的時候，從來不會想到什麼利益的問題，只要是國家需要的，她都會去做。對待認識或是不認識的人，總是一本慈愛、公平、正義。

一如她在婦聯會時，拉了一批人似的，她也拉了一些官夫人一起到士林官邸的凱歌堂作禮拜，其實，在我看來，有不少人是把到凱歌堂作禮拜，當作是政治禮拜，去那兒，完全是為了討好夫人，但，她的精神都是始終如一，對人的態度始終不變。

第三回　她是眞正的第一夫人

縱觀中國近代史上，所有的元首夫人，我覺得惟有宋美齡才是眞正的第一夫人！

老先生的現代智識，當然沒有夫人高，她是搞歷史出身的，我覺得她對老先生在抗戰時期的軍事和外交，都做出了不可磨滅的貢獻，就拿抗戰時代來說，我認為要不是夫人積極和美國拉關係，老先生的抗戰能不能堅持下去，是很有問題的，有人甚至懷疑，老先生如果吃不消了，國民黨就有好一批人要倒向汪精衛那邊去了，整個抗戰局勢就要改觀。美國會在節骨眼上幫助中國對抗日本，孔宋兩家和夫人，都作出了很大的貢獻，這一點應該是不容置疑的。

台灣時期，特別是關於聯合國問題，鬧得不可開交的時期，那時沈劍虹當駐美大使，在台灣時，夫人經常要他去官邸報到，要他擬些國外文稿什麼的，大部份的情況，是沈劍虹都已經把稿子擬好了，送到夫人書房給她過目，結果，夫人一邊看著他的稿子沈吟，一邊拿著紅藍鋼筆，在沈劍虹原本的文稿上，塗得到處都是筆跡，幾乎是等於把稿子再重新寫過了一遍，然後夫人才會露出「過關」的神情，叫秘書去按她的稿子打字，沈劍虹則是恭敬佇立一旁，對於夫人修改他的文稿不敢置喙一詞，她處理公事的時候，就是這樣不給人留什麼情面。

夫人修改文稿的時候，總是全付心力都投進去的樣子，她的英文造詣極深，經常用一些連留學美國的人都未必看得懂的字詞，有些人甚至批評，她和她的外甥孔令侃作文章，不論是中文英文，最喜歡用些生澀的字彙，來讓人覺得他們有學問。

從長年以來她作出的努力，可以說她是眞正幫助先生參政的第一夫人，很多人或許不曉得，她在台灣的民主政治上所作的默默貢獻，當老先生在民國三十九年三月，宣示復行視事的時候，夫人向老先生建議台灣省政府主席的人選，她提出讓留美的吳國楨出馬擔任的建議，結果被老先生接受了。

吳國楨上任之後，便提出了台灣省地方自治綱要，作爲推行地方自治的一個藍本根據，台灣就從那時起眞正進入一個民主時代，老百姓才開始可以憑個人的意思，選出爲他們服務的地方公職人員，我覺得，蔣家父子的腦筋裡面，是沒有什麼民主觀念的，給他們父子上民主課的，其實正是夫人，很簡單！因爲夫人是留美的，她從小接受的就是民主教育。

在軍事將領上，她向老先生建議用孫立人將軍，作爲當時的陸軍總司令，老先生也照單全收，任命留學美國維吉尼亞軍校的孫立人，當政府來台之後第一任的陸軍總司令。孫立人在擔任總司令以後，眞是勵精圖治，不停以美式的練兵方式，訓練新的國軍部隊。

那時，一文一武，文有吳國楨，武有孫立人，眞可說是夫人派在台灣的全盛時期。以後的尹仲容、徐柏園等人，都是夫人提拔的，也是夫人派的大將，可是卻都一個接一個倒了下來。那段時間，夫人雖然沒有同我們講這些事情，但我可以體會出她的內心痛苦和煎熬，我想只能用無可奈何四個字來形容。

早期在夫人的全心經營下，老先生用人方面是很尊重她的，所以，政府剛來台灣的時候，民國四十年代，重要的職務很多是留美派的大將，內政方面，夫人竭智盡慮，外交方面，也是仰賴她的全力折衝。就以中華民國在聯合國的代表權問題來說，從民國四

十一、二年，蘇聯爲中共提出所謂中國代表權問題時，夫人就透過在美國的友人，組織了「中國遊說團」，一方面爭取我國在聯合國的合法權益，一方面爲中華民國和美國之間邦誼的鞏固作努力。

我甚至可以這麼說，一部份中華民國戰前到台灣的外交史，就是夫人爲國家作的奮鬥史。

據我私下的觀察，在中華民國的聯合國代表權事宜出現問題的時期，我們的權力核心也呈現了一種兩極化的意見對立。

這個情況是這樣的，民國六十年八月二日，美國國務卿羅吉斯在美國宣佈「美國將贊成中華人民共和國進入聯合國，但在此同時，美國反對把中華民國排擠出聯合國」，這個宣言發表之後，不得了了，台北士林官邸吵翻天了，上下爲此事發生了很大的爭執，國民黨一些有資望的元老，多半是對美國這樣「忘恩負義」的舉措，感到忍無可忍，大家吵著要退出聯合國，並且說三國時代就是「漢賊不兩立」，我們是「正統」，「共匪」是叛亂組織，如果我們和共產黨同在聯合國並立，就是沒有原則、自失立場。（筆者按：一九七一年的七月，美國國家安全顧問季辛吉，在尼克森總統的派遣下，到中國北京，和周恩來為主的中國談判代表，進行關於中美關係正常化的初步談判，在北京和華盛頓的此一初步接觸中，季辛吉提出了關於聯合國中國代表權問題的條件底限，季辛吉對中國作出的讓步是，美國在聯合國問題上，將同意讓中華人民共和國在聯合國大會多數決的情況下，成為聯合國的會員國，但是，若是要排除台灣，必須以三分之二的表決票數下，才能通過此案。季辛吉提出的這個提議，得到中國談判代表周恩來的認可，這也成為兩個月後，美國國務卿羅吉斯宣佈的聲明基本原則，蔣介石領導的中華民國政府內部，為此群情譁然，咸認為美國惡意「遺棄」台灣，違反了傳統的合作關係和中美友誼。)

但是，在官邸內部，也冒出一股親美實務派的呼聲，我覺得這股力量的代表，就是當時往返美國和台灣之間最勤快的孔家大少爺孔令侃，外界一直對他有些誤解，事實上，我覺得他對聯合國事件所持立場，是當時所有當權人物當中，最冷靜客觀的一個，我印象十分清楚，有一次，他和我談天談到聯合國的事情，他就很無奈地對我講，他覺得什麼「漢賊不兩立」？完全是錯誤的政策！今天的國際社會怎麼能夠拿來和中國古代的三國時代相提並論，簡直就是失去理智了！他認爲中華民國應該聽從美國當時的意見，就是要留在聯合國，即使讓大陸奪去常任理事國的席次又怎麼樣，我們只要佔住一個MEMBER的席次就行了，共產黨是拿我們沒辦法的，他是會員國，我們也是會員國啊！

我覺得，孔令侃的意思，應該是和夫人相去不遠的，因爲孔令侃當時就是夫人放在美國的一個耳目，他們甥姨之間的情感很好，我認爲當時夫人爲了聯合國問題也是傷透了腦筋，畢竟，聯合國問題攸關她外交工作一向引以爲傲的執著，我認爲基於這樣的執著，她是不會輕言從聯合國這個戰場上撤退下來的，畢竟，她從民國四十年開始，就在確保中華民國在聯合國的席位，她怎麼會讓二十年的努力盡爲東流？她怎會甘心？

然而，黨內保守力量實在太大了，就在羅吉斯講話沒多久，本黨開了一次臨時中常會，我也在場，那天，我記得現場一片沸騰之聲，像谷正綱、胡建中，大聲疾呼、義正詞嚴，反對和共產黨同在聯合國，漢賊不兩立，他們講完之後，台下一陣亂哄哄，一片附和之聲，大部份中常委都這麼主張，天無二日，人無二主，有骨氣的中國人就要退出聯合國，莊敬自強、處變不驚。

原先，老先生對聯合國的問題，尙未作出最後決定，但聽許多中常委這麼一說，似乎更增強了自己對美國和聯合國的不滿，他的兒子蔣經國也認爲在聯合國已經是多留無益，就在那次的臨時中常會中，作了退出聯合國的決議，並且結論要全體國民「莊敬自強、處變不驚」。我認爲，我們在聯合國的代表權，就是這樣被躭誤掉的，我可以了解到夫人那時心中的痛楚，老先生心情也不好，沒多久他的身體就出現了問題，心臟病便發作了，你們可以知道，聯合國案對夫人和先生的打擊有多大了吧！夫人眞正無可奈何啊！

從整體來講，夫人是一個很規矩的人，絕非是一個陰險富於心機的人，對中華民國的早期的外交，作過很大的貢獻，可是，她還是有些主觀上的缺點，譬如，她對中國國情的了解，便十分有限，她是一個十足的美國人，雖然她不見得有美國公民身份，但是，她每天看的報紙不是台灣的報紙，而是NEW YORK TIMES之類的美國報紙，很少看台灣報紙，她對世界局勢的了解，遠比對台灣的了解多，以前對中國內部的問題和狀況，也並非挺了解的。

她的另外一個缺點，就是沒有什麼財務的概念，也不重視金錢，她生活在士林官邸那樣的深宮大院時，她根本不曉得台北圓山大飯店是不是賺錢，收入好不好，她也不清楚，她經常說，圓山雖然是用公家的錢，但是這些錢是用在公家身上，她又沒拿走一毛錢，爲什麼外頭還有那麼多的閒話？這些同她解釋都是解釋不清的。

人家說她貪汚，我覺得她貪了什麼汚啊？沒有嘛！她家是那麼有錢的家族，她貪汚有什麼好貪頭的？

美國後來會和中華民國維持那麼久的外交關係，她有很大的功勞，將來歷史會記載這一段的！

第四回　恩仇錄

老先生過世，以及蔣經國過世的時候，傳出了夫人要當主席的謠言，我覺得這完全是不正確的，是一種中傷！她經常引用聖經上的話說：「我要打的仗已經打過，要走的路已經走過！」她是一個不爭的人，她也沒什麼好爭的，她的輝煌時代是在抗戰時代，那個時代已然過去，她非常清楚，她爲什麼要爭？她到了台灣以後，在婦女界也很有影響力，但是，那已經不是她的黃金歲月。

蔣經國在名義上，是她的兒子，但是，官邸上下的人都清楚，他們之間是面和心不和，表面上，蔣經國喊夫人「阿孃」（上海話母親的意思），夫人喊蔣經國叫「經國」，見面時，夫人對蔣經國很親熱，經國似乎對夫人也很忠心，可是，實際上，彼此之間卻有很深的心結，試想，在老先生在世的時候，蔣經國就已經把夫人派的人馬打壓得差不多了，整肅的整肅、放逐的放逐、冷凍的冷凍，那有什麼自己的班底存在，到了老先生撒手西歸，她孤零零一個人，領導中心轉移到蔣經國那邊，士林官邸已經不是發號施令的地方，她更是沒有施展的空間了，她也不可能自己去領導，她已經沒有這樣的能力和機會。

提起蔣經國，我想起從前在老家聽到蔣家親族向我們講述過的一段往事，我覺得，這個故事，可以供作我們對蔣經國性格的進一步了解。那是北伐以前的事，蔣公有一陣子，把二公子蔣緯國寄養在二夫人姚冶誠蘇州的家裡，某日，蔣經國奉蔣公之命，由浙江奉化老家去蘇州看姚冶誠和胞弟蔣緯國，蔣緯國比蔣經國小六歲，那年，緯國好像還不到十歲，那個年齡正是特別好吃零嘴的時候。

姚夫人的家裡廳堂上，有張大桌子，上頭擺了一盤鮮美的桃子，蔣經國剛來姚家住上沒二天，看到桌上放了一盤顏色鮮紅的桃子，伸手就拿了一只桃子，正要動嘴吃桃子，蔣緯國見到了，不由分說，伸出手來就把已經到了蔣經國嘴邊的桃子奪了過去，蔣經國大叫：你爲什麼不讓我吃！我是你阿哥！蔣緯國一點不放過蔣經國，回嘴說：阿哥又怎麼樣，這是我姆媽的家，又不是你姆媽的家，姆媽家的桃子，你爲什麼吃？蔣經國這下子，也不甘示弱，一伸手又從盤子裡奪了一個大桃子，又要往嘴巴裡送，蔣緯國這下被激怒了，索性甩手過招，當場就把蔣經國手上那只大桃子砸到地上，蔣緯國再一個箭步上前把那只鮮紅的桃子用脚踩得稀巴爛，蔣經國氣極了，頭也不回地衝出房子，隔了好幾天，兩弟兄互相嘔氣不講話。

類似奪桃事件等等不愉快的小事，自幼就給蔣經國兩弟兄之間的情感，投下沉沉的陰影，蔣經國對蔣緯國這個同父異母的弟弟，昔日的「奪桃之辱」，始終銘記在心，甚至到了他們都已耄耋之年，彼此內心深處還是有道明顯的鴻溝，各不相讓，即使夫人有意在他們之間作調和的工作，還是很難完全敉平內心心結的，更何況，經國同夫人間並不是像他們表面那樣的和睦融洽，畢竟不是親生母子關係。

但是，我可以確信的一點，蔣緯國絕對是蔣公的親生兒子，應該是沒錯的，當年蔣公去日本學軍事，和戴季陶先生住在一起，共同請了一個小姐幫忙料理些生活上的雜務，後來，那位日本女子和蔣公、戴季陶情感都不錯，緯國將軍的身世，固然沒有像那本「陳潔如回憶錄」描寫的那樣情節活靈活現，但是，緯國將軍的確是蔣公親生的，可惜的是，由於蔣緯國的性格比較直爽，也不善講好聽的話，和他的哥哥爲人性情大不相同，而蔣公偏偏喜歡人家說好聽的話，這和蔣公對緯國冷淡疏離有很大的關係，再加上中國人向來有所謂嫡子血親的觀念，看重自己的嫡長子，蔣經國是蔣公的嫡長子，而緯國將軍卻是庶出的兒子，在出身上本來就吃虧，這是沒辦法的，中國人傳統上便是重男輕女、重嫡輕庶，誰教蔣緯國不是大太太生的呢！

在這樣的客觀條件下，蔣經國本身當然很高興，沒有兄弟和他搶奪來自父親世襲的權位，然而，蔣經國是一個疑心病很重的人，儘管蔣公不喜歡緯國將軍，但，蔣經國還是極力阻礙蔣緯國任何「出頭」的機會。

緯國將軍不久之前，在雜誌上說過，她的夫人石靜宜女士，在去世之前，曾經表示自己吃安眠藥不是爲了自殺，但是，蔣緯國對石靜宜的死因亦是十分存疑，覺得不可思議，可是，他還是認爲石靜宜不是自殺身亡，而是他說的「心臟病」。

這個說法讓我也覺得很納悶，但，當年我們在官邸聽到的，則是另外一套講法，有人傳出的訊息，是說民國四十年代初，石靜宜剛來台灣，因爲她父親是從事紡織工業的企業大亨，商業世家，所以，她本身也在那時做些生意，畢竟，她的身份特殊，那時台灣雖然還很單純，可是官邸那種地方還是滿複雜的，就有人傳說石靜宜做生意如何如何，這話傳到後來，連蔣經國都聽到說了，就把這個謠言向老先生報告，蔣公聽了之後是火冒三丈，氣得不得了，他也沒查證，也不知道到底眞象如何，衝口就罵道：「她去死好了！」

在威權時代，這是多重的一句話啊！如果在古代，民間有句老話說：「閻王要人三更死，那容你活到五更天！」古代的皇帝要賜臣子死，臣子亦不敢不死哪！一個人死總比滿門抄斬要來的好些吧！

石靜宜的時代，固然還不會像古代封建帝王時代那樣嚴重，但，外界對她的冤枉，對她來講，是一個很沈重的打擊，在此之前，石靜宜本來已經懷了身孕，醫生告訴她，預產期是在陰曆九月間，石靜宜捏指一算，那不正和她公公的生日很接近嗎？（蔣公的生日，陰曆是九月十五日，陽曆是十月三十一日，基本上老先生兩個生日他都過），她私下盤算，希望能「忍耐」到老先生生日那天再生產，這樣也可以讓蔣公高興一下子，雙喜臨門嘛！

但是，人算不如天算，石靜宜也不知道是動了胎氣，還是身體有問題，到了生產那天，孩子是生下來了，可是，生產的時候，醫生就發現生下的是一個氣絕多時的死胎兒，歡喜了十個多月，沒想到是空歡喜一場，身體和情緒壞到了極點。

任何人都可想而知，遇到這種事情，一個女人當然承受不了，加上有人傳說她做生意的事情，連老先生都知道了，雙重打擊之下，石靜宜就這樣香消玉殞，我們聽說的，是說她吃了毒性很強的藥，吃了之後，整個人像是瘋狂一樣，跳得老高老高的，幾個大男人都拖不住她，大喊大叫，可見她內心受到了多大的刺激，孩子死了，清白還受到懷疑，誰能受得了這沉重打擊？

爲了石靜宜，夫人也曾經在老先生面前講過好話，夫人對石靜宜是很疼惜的，但是，命運就是這樣捉弄人，石靜宜是在身心沈痛的情況下離開人世的，夫人即使想幫忙，豈又奈何得了命運？兒孫的事，在在讓夫人煩心不已，可是，她實在也沒什麼辦法，有時也只有無奈地搖頭的份。

記得是五十幾年的時候，據說，有回蔣經國的老大蔣孝文，在台北統一飯店喝了酒以後發酒瘋，在飯店大吵大鬧，起先是摔了一個酒杯，當時有位管理人員不曉得孝文是何許人也，就過去制止他，孝文喝過頭了，不但不理會飯店工作人員的制止，反而開始砸玻璃、掀桌子，把所有在場的客人都嚇跑了不說，把人家店裡所有可以摔的東西都摔爛、砸壞，然後在侍衛人員的勸解下，離開現場。

後來，餐廳的負責人氣得不得了，當天晚上就打電話給蔣經國，告訴蔣經國孝文把他的店全給砸了，老闆老實不客氣的告訴蔣經國：「我可以向您報告，我是一個華僑，向來熱愛祖國，支持政府，就是這樣我變賣了僑居地的產業回來投資開店的，如果您不能保護我們店裡營業的安全，大少爺繼續這樣三天兩頭來這裡白吃白喝，還要打人、砸店，我必須向您報告！我受不了了，如果您不能賠償我的損失，那麼我明天就對外宣佈，飯店停止營業，我回僑居地了。」

連夜，蔣家就派人去清算孝文到底砸壞了多少東西，蔣經國原價賠償無誤，這才擺平了一場幾乎要演成「國際」糾紛的風波，夫人聽到類似的傳聞，越聽越多，總是無奈地搖搖頭，有時更口中喃喃唸道：「唉！蔣家的男人！……」這種事，蔣經國當爸爸的人，都管不了，何況是夫人呢！

蔣經國過世前二年民國七十五年的十月份，爲了老先生的百年誕辰，她不得不回來台灣，她明明知道台灣已經不是從前的台灣了，可是，如果她不回來，又會有什麼樣的謠言傳出來呢？（據說，夫人那次的回台，其實也是蔣經國不斷敦促下的結果。）

可是，假設她那次回來之後就走的話，便不會有什麼事發生了，但，婦女會的一些老伙伴要她留下來，她便留了下來，後來，蔣經國遽逝，李登輝總統上來了，外面的謠言滿天飛，她再不走就晚了，才離開了台灣。

我覺得她最後一次在台灣，有兩個明顯的錯誤，你（指筆者）採訪來的消息說，有次李總統去士林官邸看望她，結果有人要夫人慢慢下樓，讓李先生在下面多等等，不管這是不是事實，我覺得一個元首來看她，這是表示人家的一種尊重，我們不但要親自迎接，還要找機會去回禮，拜訪李登輝才對，要知道人家是總統哪，環境也變了呀！

這是她的周圍的人不識大體，壞了夫人在外頭的名聲，與夫人本身無關！

另外一個問題，就是士林官邸產權的問題，我認爲，在這個問題上，行政院犯了一個很大的錯誤，就是任由問題的發生，而對夫人根本不施予援手。

當初，民進黨的監察委員和一些民意代表要進士林官邸，去調查官邸的產權等問題，還帶了些人去抗議什麼的，在此之前，也在爭吵夫人有沒有資格住官邸的事情，那時，行政院根本就不出面抵擋這些聲浪，按照現行法令的規定，夫人是老總統的遺孀，她爲什麼沒有資格住士林官邸呢？可是，行政院並沒有對這些人作出強勢的說明。夫人會在民國七十九年離開台灣，就是她不期望自己身處在暴風核心當中，那時的政治謠言又多，她除了搬了幾十箱私人東西離開台灣，你說她有什麼別的選擇？

另外還有一個問題，如果夫人不走的話，國民黨內有些人有什麼問題就去找夫人，要她表示意見或是請教她，你說她該怎麼辦？是不是該充耳不聞呢？還是要表示自己的看法？若是她表示了意見，而當權的人又不聽她的，這時又該如何是好，這些都是她的難處，也是她只有選擇離開一途的根本原因，你要知道啊！現在已經不是蔣家的天下了，權力已經移走了！

我很清楚夫人的心理，她也曾說過，台灣是她自己國家的地方，待在自己的國家總比待在外國要好。但，她爲什麼要客居美國，儘管她在許多地方簡直就是全然的美國人，我認爲，在她的內心深處，是絕對不甘願客居異地的。

第五回　紐約的夕陽

我去過夫人美國的寓所幾次，美國寓所給我的印象，是非常簡樸陳舊，門口有美國政府給她派的便衣警衛，但是，家裡的排場已經不是從前的排場，屋內的傢俱都是一些舊的東西，吃東西也是只吃那麼一點點，生活上眞的是一個很普通的人。

目前，夫人和外甥女孔大小姐（孔令儀）在一塊兒作伴，孔大小姐現在等於是宅邸當家，負責一些重要事務的決定和管理，畢竟夫人年紀大了，有些事情已經不好讓她煩心。另外有一位宋武官（宋亨霖），負責安排一些雜務，譬如說安排會客、進出看看醫生之類的事情。

除了孔家一家人，蔣家的親戚只有孝勇一家、再就是長年住在紐約的蔣緯國將軍的太太邱愛倫，偶爾會去看望一下夫人。九四年八月份，蔣公的姪女蔣華秀去世了，夫人又少了一位經常會去看她的親戚。

宋家的幾個姐妹，彼此間的關係，絕對不像一般的姐妹那樣平淡，她們之間的關係是很緊密的，宛如一個生命共同體，長久以來，夫人只有和姐妹之間來往，當然所謂的姐妹，主要是指的夫人和大姐宋靄齡之間而言，其他人和夫人的關係再怎麼好，都無法超過她和姐姐的關係，像宋靄齡、宋大姐的先生孔祥熙、夫人的哥哥宋子文、宋靄齡的大兒子孔令侃，都是歸葬在一起（根據台灣「新新聞周刊」一九九二年九月份二八七期的報導，孔祥熙、宋靄齡夫妻和兒子孔令侃等人，都是歸葬在紐約市郊的哈斯黛爾HARTSDALE的風可利夫FERNCLIFF大墓園裡），據我的了解，將來夫人若是百年以後，也有打算安葬在這兒。

我覺得紐約的陽光——即使是夕陽，它也是溫暖的，夫人在美國的近幾年裡，民國一、二十年由夫人一手慘淡經營起來的「國軍遺族學校」，當年從這所學校畢業的學生，如今都已是白髮蒼蒼的老人家，但他們從未忘記夫人，當學校校慶或是蔣公冥誕、夫人生日的時候，這些人老心不老、充滿熱忱的耄耋學生，都會齊聚到夫人紐約的宅邸，他們稱呼夫人「媽媽」，那種場合裡，才可以體會到夫人慈暉放射的力量，儘管她沒有親生子女，可是，這些遺族學校的學生，正是她奮鬥一生最可貴的收穫。

夫人正是在風燭殘年的時候，朋友們沒有遺忘她，「我要打的仗已經打過，該走的路已經走過。」在落日餘暉中，夫人永遠不寂寞！

第二章　我所服務的宋美齡

第一回　深夜官邸之行

〈隨從C小姐的回憶〉

頭一次見到蔣夫人宋美齡，是在一個晚上，那是民國五十年代，已經是晚上將近九點的光景，我那時，還是台北某總醫院的一個不過廿歲出頭的年輕女護士。

那個夜晚，是我這一輩子都不會忘記的夜晚，我記得，在士林官邸大門口迎接我的，是官邸的一位醫官，他很和靄地把我迎進官邸大門，準備陪我走進夫人位在二樓的臥房。

「夫人感染了肺炎，不嚴重，但是需要休養，我希望妳照顧她幾天，讓她儘快康復！」

我唯唯答是，眼睛餘光瞥了一眼醫官，我可以發現他的臉色有些焦慮的神情，但是立刻又恢復了平靜和笑意，並且很客氣地爲我開門引路。

進官邸的那一剎那，我眞有些莫名的惶恐，或許是自小所受教育的關係，對蔣公一直有一種像是皇帝般的敬畏感覺，誰會料到我竟有朝一日走進中國第一家庭的深宅大院，而且被上級指定爲照顧宋美齡病體的專業護士。

敬畏心讓我根本忘了去留意官邸樓下的擺設，我只覺得夜晚的官邸異常寧靜，甚至靜到連人們走路時都可以聽見全身筋脈的磨擦聲，直覺上，官邸除了寧靜，光線也格外顯得幽暗，我們走到樓梯口，正要上樓的時候，樓上突然響起了狗吠聲，而且從叫聲的洪亮，可以知道是兩隻狼狗同時發出的聲響，這時，我不自覺起了一陣寒戰，自幼，我就十分畏懼狗，醫官這時對我和靄地笑笑：「放心，小姐，這兩隻狗是不會亂咬人的！」

我有些神經質地跟著醫官和幾個侍衛人員走上二樓，我終於看見那兩隻吠叫時音響有如洪鐘的狼狗，一隻在蔣公的臥室，另一隻顯然是牡狗就在夫人臥室，我的肌肉神經不自覺緊繃起來，我怕認生的狼狗因我的走近，愈發狂吠而吵醒了熟睡中的蔣公夫婦，我更怕牠們會兇性大發，突然朝我撲來，我只好儘量躡手躡足跟著醫官走進夫人的臥房，並且儘量避免和那隻蹲在夫人臥室壁爐邊的狗兒的目光相對，夫人的臥房不大，大概只有十幾坪大的樣子，在幽暗的五燭光小燈照明之下，我看見夫人蜷曲著身邊，躺在床上休息，儘管那時狗吠聲不斷，可是躺在床上的夫人，卻很安祥地在臥榻上假寐。

「夫人剛吃過藥，今夜就要多辛苦你了！」說明完宋美齡的病情，醫官開始爲我解說哪邊有開水可以喝，哪邊有洗手間，哪邊晚上準備了點心可以果腹充飢，然後再交待了一些醫務上的事情。過了一會兒，官邸管事的蔡媽——一位外表有些福態、個子小小，操上海口音約莫六十歲的老太太走了過來，她對我客氣地笑了笑：「妳吃過飯了吧？如果肚子餓的話，廚房還預備了點心，不要客氣，自己去拿。我要交待妳的是，我們夫人平時睡覺的時候，是要我們爲她抓抓的，妳不要忘了，只要她還沒睡著，就要爲她抓抓！」

我起先不懂什麼是「抓抓」，我追問之下，才曉得所謂的「抓抓」其實就是一般人說的按摩、「馬殺雞」也！我眞有些不敢相信，老一輩的人也喜歡按摩，而且我總覺得，要是有人在我身上這裡抓抓、那裡按按，我一定會全身不自在，所以實在想不出按摩的樂趣何在？

我聽到自己必須要做這樣的事情，當時心裡就有些犯嘀咕，不是要我來照顧夫人的病嗎，怎麼變成了當她的特別看護，做這樣的非專業工作，可是，因爲我們受的教育的關係，都有很強的國家民族觀念，總覺得能爲第一夫人服務，乃是無上榮耀，即使作按摩工作，也不是什麼下賤的工作哪！心中的那團鬱結，馬上就化解了。

夫人的床邊，一燈如豆，我就坐在床邊爲侍衛副官和護士特別準備的沒有靠背的小板凳上，陪伴夫人渡過漫漫長夜。然而，這一夜的經驗，卻是讓我終身難忘，蔡媽交待我在夫人「醒著」的時候，就要爲夫人按摩，可是，說也奇怪，夫人似乎始終是「醒著」的，我從來沒幫人按摩的經驗，所以，大概只按了半個多鐘點，雙手就開始發酸，於是，我便本能地停下來休息片刻，但是，夫人似乎根本沒睡著，她在發現後面替她按摩的那雙陌生的手，停止了按摩的動作時，她便開始翻來覆去、輾轉反側，讓我覺得她對我忽然停止按摩似乎很不耐煩，她在翻了兩個身之後，把背部挨近我的方向，我當然知道她的意思，馬上開始繼續按摩。

那個夜晚，我爲夫人按摩的整個過程中，那隻忠實的牡狼狗的目光始終沒有從我的身上離開，那種眼光似乎要把我看穿似的。

大狼狗加上整夜要按摩夫人，使我在士林官邸的第一個晚上，連上廁所都不敢去，也不敢起身倒水喝，更別說去吃官邸爲我們準備的什麼點心了，因爲，我只要一站起身子，那隻狼狗就作勢要撲過來，逼使我根本不敢輕舉妄動。主要的原因倒不是怕狗眞的撲過來，而是怕狗吠聲引來樓下和臥房旁邊侍衛人員的緊張誤會，更怕狗叫驚擾了蔣公夫婦。

第二回　夫人臥房的第一印象

夫人的肺炎好的很快，在幾天後的一個上午，我在她的房間見到她，並且更淸楚地打量她起居的臥房和書房。

我去夫人房間的目的，是幫助醫生，爲她作一次簡單的檢查，那天她顯得很有精神，大概也和平常一樣，是十一點左右起床的。

夫人穿著家常的旗袍，很悠閒地斜坐在臥榻上，臉上展露出一種和靄的容顏，用上海話和我客套著，對她的話語，我有些不自在，因爲我剛開始完全不懂上海話，起初，我總是必須不斷請她把適才講的話，再用國語重講一遍，才可以勉強聽得懂她話的意思，開始的那幾天裡，和夫人的溝通上確實是有些困擾的。

和夫人談話的空檔裡，我留心觀察著夫人房間的格局與擺設，她的床鋪上鋪著杭州紡綢的床單，被子的紡綢被面明顯是用手工縫製的，夫人交待下面的人，每天要爲她更換一次被面，久而久之，這也成了官邸習慣的一部份。

穿過一道簾子，就是夫人的書房。

她的書房有兩幅畫，深深地吸引著我，一幅是國畫，一幅是西畫，國畫畫的是全副戎裝的「香妃」圖；西畫是「少女讀書」圖，後來，我幾經玩味，才想出其中的道理。

我覺得，夫人掛的這兩幅畫是寓意良深的，「少女讀書」圖，象徵著她的好學，「香妃」其實是清朝的畫作，描寫一位西域女武人，夫人掛這兩幅畫，充份反映了她的自我期許，夫人眞切地希望自己是一個允文允武、德業兼修，有時代使命感的婦女，從她過去的功業看來，她的確不負自己的期望。

夫人的房間有個長條形的西式壁爐，冬天特別是耶誕節前後，都要把壁爐燒得暖烘烘。

書房有幾張很雅緻的法式桌椅，其實，官邸絕大多數的桌椅，都是法式的，還有不少中式骨董傢俱，夫人那張辦公桌也是骨董。

夫人躺在臥榻上的時候，專門照料她私生活的女副官郭副官，早已在臥房清洗工作了好一陣子，她在夫人眞正甦醒之後，就走到夫人跟前，在夫人身上蓋上一層薄薄的被單，然後爲夫人作全身按摩，我在一旁好奇地靜靜觀看夫人，她安祥地斜倚在臥榻上，好像天塌下來都不在乎的模樣。

郭副官是一位很能吃苦的女人，她的丈夫是以前蔣公夫婦在大陸時代的轎夫，丈夫過世以後，她自己就被夫人安排到官邸作服侍她的工作，郭副官來夫人身邊的時候，夫人原先的老傭人蔡媽，已經處於半退休狀態，郭副官剛好可以塡補蔡媽的空檔。

夫人優遊自在地斜倚在床鋪上，任由郭副官爲她按摩，夫人是一個典型的夜貓子，如果身體健康的時候，她可以熬夜熬到深夜二三點都依然是神采奕奕，所以，早上照例她也是在床上度過的，她很少起來和蔣公共進早餐，和蔣公的早睡早起的作息是迴然不同的。

夫人給我的第一印象，很有官太太的那種威嚴，她的旁邊永遠跟著一大群副官和隨從人員，只要她說了一句什麼話，隨從人員沒有不連聲說是的。夫人永遠是那麼和善親切，對下面人很少見到她大發雷霆，和她初見面的人，會覺得她威嚴不容侵犯、深不可測，可是日子久了，大家的感覺都有改觀，她其實是非常平易近人的。

我在士林官邸只待了幾天功夫，夫人的肺病，就在醫生的悉心照料下痊癒，我爲時不過一個禮拜的臨時任務暫告結束，再度回到原服務單位待命。

第三回　車禍受傷

大家都不會料到，幾年後，也就是民國五十八年的夏天，蔣公夫婦在陽明山上，發生了一次車禍意外，夫人受到嚴重的傷害。

我依稀記得，當天下午大概四五點光景，醫院突然接到指令，要所有醫護人員立刻準備病床和相關的外科醫療設備，總統家裡有人發生了車禍，我們那時根本不曉得是誰受傷了，我們也都養成了工作上的習慣，從來不問是誰要來住院，更不追問進一步的內情，只是專心做我們份內的專業工作，我覺得只要把這些份內的事做好，我就是盡了職份。

那天的晚上晚餐後一會兒功夫，總統侍衛人員已經佈滿病房，氣氛顯得空前凝肅，過幾分鐘之後，蔣公夫婦在隨從人員扶持下來到病房，我們老遠就聽見夫人號叫喊痛的聲音，等她走近才發現她的確傷勢不輕。

夫人大概是長期生活在優渥的環境中，她對疼痛的忍受度，似乎遠較常人弱，那天從她走進病房，她就一直叫痛，事實上，她的傷勢和蔣公比起來，確實比較嚴重些。

據說車禍發生的瞬間，夫人正在假寐休息，而總統始終是清醒著正在觀看窗外的風景，所以，當總統座車爲了閃避一輛軍用吉普車，緊急煞車不及，撞及前面總統開道車的那一剎那，夫人的身體重重地往前衝撞，而總統座車爲了求其寬敞舒適，本來是七人座的凱迪拉克大轎車，後座和司機的位子間，特意把空位拉得很大，讓蔣公夫婦可以伸腿自如，可是，沒想到發生車禍時，這個寬敞的空間，反而造成更大的衝擊力，夫人在無意識狀態下，一傢伙就撞上司機後面隔離的塑膠玻璃，連手都還來不及撐住，整個人就摔摜在那面隔離玻璃上，造成頸部脊椎的嚴重挫傷，右腿也嚴重撞傷，所幸沒有骨折現象；而蔣公雖然在車禍發生的那一剎那，作了本能的緊急反應，但畢竟是上了年紀的人，反應不是太靈敏，在撞車的那一瞬間，身體猛然向前撞，整張臉貼撞在那面隔離玻璃上，鼻子當場受了外傷，血流不止，套在口中的假牙，也整個衝口而出，掉落車上。

隨從人員說，夫人就是這樣一路叫疼到她被火速送到醫院，夫人被扶上病床之後，還是一直喊疼不已，所有的醫護人員除了一旁安慰她，沒有一個人敢走近她身旁去碰她，因爲，那天哪怕是護士輕輕碰了她一下身體，她都會喊叫半天。

夫人「唉喲、唉喲」地喊了一整個晚上，整個晚上她似乎都沒有睡好，也把值班的我們折騰了一夜。

夫人的傷勢陸續住了好一陣子醫院，才出院回官邸，可是，她自從車禍之後，便留下一些後遺症，例如走路的時候，右脚會突然覺得沒有力氣，而無力失足，所以，自從出院以後，身旁一定要有一位護士作陪隨時扶持她，在整個病房裡面，那時，只有我有服侍夫人的經驗，所以，上面就要我直接去士林官邸，向夫人報到。

我接到這個任務，心頭又是七上八下，不知該是高興還是難過，但是，夫人和官邸的命令，在那個年代是無上權威的，我們這種軍人家庭出身的子女，自小受了絕對服從的感染，除了服從之外，根本沒有想過別的，終於，我成爲夫人的專職護士，這個職務的工作內容有那些事情，恐怕一般人是難以想像的。

第四回　二進宮與「手榴彈」

車禍受傷痊癒之後，夫人又回到士林官邸，我在她回到官邸第一天，就跟著到官邸報到，但是，我做夢也沒想到，這一待就會在官邸待下來。

二度進入官邸工作，我的心緒是極端複雜的，一方面，我覺得這是一種無上的榮譽，然而，另方面我也將之看作是一個沉重的責任；可是，我的親友和家人都已經在人前人後爲我感到憂心，他們經常認爲，我已經到了應該談及婚嫁的時候，可是，繁忙的醫院工作卻讓我根本沒有機會去好好交異性朋友，親友深恐這樣下去會影響我的終身大事，可是，兩相權衡之下，我還是要以公務爲重的，即使我明知到了士林官邸，可能要談這件事情的機率就更低了，我心中暗想，萬事仍然要隨緣，回到士林官邸，這些事情在服務夫人的任務壓蓋之下，更是被我置諸腦後了。

每一位蔣總統官邸的服務人員，都知道夫人喜愛按摩，大概從年輕時代開始，夫人就不知從那裡聽來的養身秘訣，說按摩身體，對血液循環有幫助，這大概和她一生經歷過幾次意外受傷事件，後來的復健工作，可能都是醫護人員悉心按摩照料之後，才迅速復元有關。

二度進入官邸，明知到夫人身邊服務，免不了還是要爲她作我曾經捱過幾天苦頭的按摩工作，但是，我抱定主意，自己是在爲國家、爲第一夫人服務，別人會覺得心中難以平衡的想法，我應該絕對避免。

因爲夫人病情需要，我的班全部是夜班，值班的時間從晚上七點到第二天早上七點，白天班的人就是夫人原先的副官郭女士，除此之外，沒有第二個人和我們一起輪班，經年累月地輪值夜班，那種苦處是無人能夠體會的。但是，眞正的苦，還不是熬夜本身，而還是值班時做的按摩工作。

在昔日求學時代受的訓練，我們是從來沒有教過什麼按摩課程的，在進入官邸之前，我也不懂按摩要怎麼做，也不知道按摩是爲什麼目的？有什麼效果？這些我全不懂。

二度進入官邸的第一個晚上值班，夫人便告訴我：「小姐啊！妳替我身上抓抓好不好？我的腿還是有些酸痛，妳替我抓一下。」這等於是夫人的命令，我當然就得去執行。

最先，我是在她受傷的右腿上，輕輕地按摩，後來她覺得很舒服，就叫我爲她按摩背部，我就從她背部的第一吋開始按摩，按摩到最後一吋肌膚，可是奇怪的是，她自是叫我爲她按摩之後，就沒示意要我停止按摩，雖然是大熱天，士林的夜晚理應是很涼爽的，我卻因爲從來沒幫人家按摩過，所以弄得渾身是汗，而且已經按摩到雙手手臂發麻，夫人都還沒有要我停下來的意思。更慘的是，我們最初值班坐的椅子，都是軍中那種軍人讀訓時用的那種板凳，沒有靠背可以休息，軍人讀訓時間了不起二三個鐘頭，而我們值班時間卻長達十二個小時，一夜下來不但雙手酸麻，而且腰酸背疼，再好的體力都會受不了。

這樣苦撐了一段時間，慢慢也對按摩工作習慣了，可是，平時就以腦筋動得奇快聞名官邸的孔二小姐孔令偉，有天卻拿來了一件「寶貝」給夫人和我看，一身男裝打扮的她從一個包包裡取出一個暗色的東西，她很興奮地說：「這是一種新的按摩器，夫人你看，只要把它套在護士小姐的手背上，再接上電，它就會產生震動，再從護士小姐的手心，把震波傳到被按摩的人的身上，比單單用手按摩舒服多了，您要不要試試？」說完，孔二（官邸人員私下叫她孔二，公開稱呼她總經理）要我伸出手來，然後把那只酷似手榴彈的按摩器（後來我們便管那只醜陋的按摩器叫它「手榴彈」）套在我的手背，「手榴彈」看起來不大，可一套上手之後，我才發現它實在沉甸不堪，「手榴彈」有橡皮彈簧帶子可以套在手上，它套在我們女人的手上，眞正奇醜無比。

孔二根本不管它重不重，她爲按摩器接上電，我感覺手上一陣激烈的震動傳遞到我全身，好像週身剎時間通上電流似的，十分難受，孔二要我把手放在夫人的腿上，稍微用點力道按壓，夫人似乎發現這種感覺不錯，連連點頭說好，就這樣，「手榴彈」成了我們爲夫人按摩時的必備行當。而戴上了「手榴彈」的按摩工作，也愈來愈加沉重艱辛，在一個人身體體力正常狀態之下，我還可以承受，但，人是吃五穀雜糧的，沒有人敢說他不會生病，一旦我的身體感到有些不適，對這種吃重的按摩工作，就益發感到吃不消。在我身體極端難過的時候，我內心的火氣就上來了，這種存在心中很久的鬱結，終於在一次總統闔家的日月潭避暑之旅中，一併爆發出來。

第五回　「嘔氣」事件

那是某年夏天，在日月潭涵碧樓發生的事情。

老總統習慣在夏天去各處山區名勝古蹟避暑，日月潭是他們夫妻倆最喜歡去的地方。早幾年，我們比較常去桃園的角板山總統行館避暑，可是，那兒的溼氣太重，老先生夫婦不喜歡，而且角板山的空間狹窄，若是總統一家都去的話，所有的官邸內衛的侍衛人員，加上官邸內務科的人員，簡直就把小小的角板山，擠得密不透風，就安全來說，也是極爲不利的，所以，後來老先生多是選擇日月潭作爲避暑的地點。

老先生喜歡日月潭的原因，是它有山有水，而且兩夫婦都喜愛坐船遊湖，老先生還喜愛從涵碧樓坐專用遊船，到對岸的慈恩塔遊歷，通常他若是要上對岸登慈恩塔的話，官邸就要派轎夫班隨行，等老先生夫婦一上岸，就坐上轎子，一路直上慈恩塔。

那次，大概就是因爲出遊的時候，老先生夫婦都感染了風寒，有些感冒，身體都不舒服，當天晚上七點半左右，我到涵碧樓二樓和日班的同仁換班，白天班同仁悄悄告訴我：「小C啊！妳今天晚上恐怕要比較累了，夫人睡了一個下午，剛剛還靠在床上。」我心想完了，今天晚上又要按摩一整夜了，偏偏那天我身體不知何故，也不怎麼舒服，心情當時就有些低沈。

因爲夜班人手不足，我必須同時看護夫人和老先生，涵碧樓的室內格局和士林官邸是彷彿的，先生和夫人的臥房中間由一間大洗手間隔開，洗手間兩邊有門互通，所以，從洗手間的一頭，便可以看見另一頭，在夫人房間同時也可以起身照料先生，所以，當天晚上我等於是得兩邊跑，來來回回眞怪折騰人的，所幸老總統是不要人爲他按摩的，否則就算是銅筋鐵骨，那天恐怕也要癱了。

當天晚上八點前後，孔二小姐來和夫人聊天，聊了不到半個小時，夫人便說她人不太舒服，要孔二先回去，然後就躺在臥榻上休息。

這時，按摩工作要開始了，我忍受著身體的不適，不停爲夫人按摩，按摩了整整五六個鐘頭，我的頭實在疼得快爆炸了，手也酸疼得厲害，就想暫時停下來略事休息一會兒，誰知道我停下來不過五分鐘的樣子，夫人又在那兒挪動身體，我曉得她的意思，是要叫我繼續給她按摩，那時的我只覺得頭暈目眩、全身不適，我便沒有理會夫人那挪動身體的暗示，夫人約莫翻了幾次身，卻始終沒有感覺到有人再給她按摩，大概心裡有些犯嘀咕，她翻過身來問我：「C小姐啊！妳是身體不舒服嗎？還是肚子餓了，那妳先去廚房找些吃的東西，休息一下再來好了。」

她那句「休息一下再來好了！」眞正像一根針似的深深刺痛了我，我深刻地體會到，一個下人在賣命之之餘，卻得不到主人憐惜的那種苦楚，我一語不發地走出夫人臥房，一個人到廚房吃點心，我有些嘔氣地拖延吃點心的時間，一直到我心中覺得平撫了，我才再回到夫人的臥室，繼續那個痛苦的任務。

她彷彿什麼事都沒發生似的，還是不停地翻身，要我爲她按摩背部，有時我停頓久了一些，她就把背部湊近我坐的地方，意思是要我趕快替她按，而如果我再不按的話，她就會轉過臉來，用充滿疑惑的表情瞪視我，直到我恢復爲她按摩爲止。

事後想想，那次的事情，實在有些「膽大包天」，其後，我值班的時候，多半是背對著夫人的臉，靠在夫人的臥榻邊，爲她按摩，而我的臉則是正對著士林官邸夫人臥房牆上掛的很畫像——「少女讀書」，這張西洋油畫，是夫人最喜歡的一張西畫，我面對它的時候，心中自然得到一種安祥，即使自己再怎麼疲累，看一眼「少女讀書」，肉體上的疲乏也減少了一大半，這大概也是一種苦中作樂的方式吧！？人畢竟是有感情的，爲夫人服務了這些年，我們建立深厚的情誼，不久，她也知道我套上那種按摩用的「手榴彈」，對手臂是相當吃力的一件事，後來，承蒙她的恩准，不再使用那種沈甸甸的「手榴彈」按摩器，仍舊使用人類最原始的雙手爲她按摩。

經年累月地爲夫人按摩，我的手臂卻留下了癆傷的後遺症，我在結婚後，半夜我經常會因爲手臂酸疼得受不了，而從睡夢中痛醒過來，我的先生最初以爲我的身體有問題，還經常訕笑我：「妳的身體怎麼這麼爛！」隔了好幾年，我才把過去工作的狀況講給他聽，他聽了之後，也對我過去的經歷「寄以無限同情」。爾後，只要我在冬天若是稍有疏忽，沒注意手部的保暖，手臂便開始隱隱作痛，上菜場若是沒有老公幫我提些較重的東西，回到家去，手臂又要疼個半天。

我問一些以前醫院服務的朋友，他們說，我幫夫人按摩的時候，大概是用了那種「手榴彈」按摩器，運動量過大，肌肉會有缺氧現象發生，加上肌酸太高，若是遇到肌肉過於疲勞時，就會有酸疼反應，這種毛病沒有別的妙方，只有多注意保暖、少操勞，這是為夫人按摩留下的「紀念品」。

而為夫人服白天班的郭副官，更是悽慘，喊她郭副官，然而她的境遇卻是最可憐的一個。

她的丈夫本來是官邸轎夫班的轎夫，英年早逝，留下三個小孩，郭副官沒辦法只有一肩扛下孩子的生活和教育負擔，夫人是一個軟心腸的女人，聽說郭的丈夫死了，孩子又小，夫人一口答應讓她的三個小孩送到華興育幼院，受公費待遇，郭副官受此恩情，只有拚死去做了。因為夫人自認對郭有恩，加上郭副官本人也沒受太高深的教育，所以夫人就把她當作一般的傭人看待，不像一般專業人員，夫人還會敬重三分，只要做不好少不了一頓責備，因此，郭副官的日子就過得很苦，每天，她除了要幫夫人作一些按摩捶背、洗洗擦擦的差事，還要為全官邸最難侍候的孔二服侍，孔二喜歡力道大的人為她按摩，孔二本身有一位專用的副官劉副官，可是，當劉副官不在的時候，就由郭代班，代班的時候，郭等於要兩邊跑，更是累得她筋疲力竭。

後來，郭副官從官邸的崗位上退下來，被介紹到榮總做工人，她的手聽說連抬都抬不起來，就是因爲戴「手榴彈」爲夫人和孔二兩位按摩的後遺症，她的癆傷程度比起我來嚴重多了，可是，由於夫人後來要去美國定居，曾經問過郭副官要不要跟著一起去，而郭副官想到自己還有孩子未成年，就拒絕夫人的好意，沒想到被夫人和孔二指責她是「忘恩負義」，因爲，她們的心中認爲，我對你們不薄，你們理當爲官邸賣命的，而郭竟敢拒絕去美國爲夫人服務，自然變成是大逆不道了，其後，郭副官的孩子被迫離開了夫人創辦的華興中學，轉學到別的地方去了，郭從此也離開官邸消失於人群之中。

在爲夫人按摩的那些歲月當中，不免也發現了許多外人難以知悉的事情。

一般人，也許年過四十，脚底板就開始會長出一些繭來，即使是保養肌膚十分小心的小姐們，相信她們的脚底還是多少會長出一些老繭或是厚皮來，我在爲夫人按摩時，竟然發現她的脚底，連一塊厚皮都沒有，所謂金枝玉葉，眞是絲毫不假，我爲她工作時，她已經年過六十，常人到了這樣的年紀，早就是雞皮鶴髮了，可是，她卻依舊是冰肌玉膚，更令人不解的，她日常喜愛穿著三吋高跟鞋，全身盛裝，官邸樓上樓下滿處跑，車禍發生以後，醫生建議她不要穿太高的高跟鞋，以免發生脚傷的意外，她才穿稍鞋跟微矮一些的鞋子，活動力當然大不如前。此外，她在官邸許多時候是穿著絲質鞋面的便鞋，那種鞋的柔軟度高，這大概和她的脚底柔細有絕對關係。

第六回　沐浴與灌腸奇聞

〈K隨從的一段回憶〉

我們到官邸爲夫人服務時，夫人年紀已經年近七旬，但是，有些盥洗習慣，卻和金枝玉葉一樣。

夫人沐浴的習慣，和美國人有些相似，並不是每天都洗澡，但是，這多少和年紀大了有關，她沐浴的方式沒有什麼特別的地方，只是所有沐浴需要的物品，都由女副官郭副官幫她準備好，然後她就進浴缸自己洗，不像傳說中老先生那樣，需要別人爲她擦背什麼的。

即使在夏天，夫人也並不是每天都洗澡，這原因很簡單，她不像我們，要做一些體力勞動，經常會流汗，她是很少活動的，所以也很少流汗，何況，夏天的時候，老先生依慣例，是要到外地去避暑的，不是日月潭的涵碧樓，就是梨山賓館，那些地方都是台灣最涼爽的旅遊勝地，夫人又不做一些粗重的事情，更是滴汗不流，因而，她用不著每天洗澡。

基本上，夫人的洗澡時間，通常不是下午便是晚上，但總以睡前居多。

但，夫人有樣習慣，卻是我以前聞所未聞的奇聞——灌腸。

從年輕時代開始，夫人就習慣以每天定時灌腸的方式，用灌腸器具，使自己不費什麼大的力氣，就可以完成人類每天的通便大事。這件「浩大工程」，基本上是郭副官的例行工作，其他人偶爾也有代班的時候，第一次見到的時候，覺得簡直是不可思議，世界上怎麼會有這樣的器具？夫人怎麼會用這樣的方式處理自己的每日大事？後來，我從旁看過夫人操作過一次，我才知道，灌腸其實對她當事人來講，可能是一件十分舒服的事情，她很可能把這件事情，當作她的人生一大享受亦未可知也！

夫人灌腸的程序是怎麼樣的呢？灌腸的器械又是長得什麼模樣？起初我也是滿懷好奇，可是，看過而且實際上協助夫人操作幾次的人，才曉得這件工作，其實相當簡單便利，而且並不會造成人體的不適。夫人灌腸的器具，是特地從國外買來的，器具的模樣，有點像是打點滴的器具，在灌腸之前，先要準備四五百ＣＣ的溫開水，放在灌腸器具的一個小袋子裡頭，這個小的水袋，通著一根細水管，水管的頭上接了一個肛管，由使用人把這肛管通到自己的肛門內部適當的位置，然後再由工作人員操作，把水袋中的溫水，緩緩擠壓，讓溫水注入肛門內。

一般的情況下，溫水只要注入二百CC左右，使用人就會有感覺，使用人的直腸部位就會受了溫水注入的刺激，而開始加速蠕動，在直腸蠕動的過程中，人體直腸內積存的大便，就會在溫水的刺激下，順著溫水的流動激盪，慢慢排出。

因此，灌腸不但是讓使用人根本不必費力，就以人工外力替他解決一日大事，而且因爲是以潔淨的溫水灌洗的，所以，非常清潔舒爽，這是相當符合清潔衛生原則的。

通常，郭副官在的話，這個灌腸工作是由郭女士來做的，其他人只是在旁邊看看，如果郭副官休假了，這個任務要找人代班。夫人灌腸的時候，一個人要先給她準備溫水，然後把溫水灌在水袋裡，等夫人坐好馬桶上，就由隨從負責把溫水袋舉得高高的，她自己操作肛管，她說一聲灌水，女隨從的手就稍稍用力擠壓水袋，慢慢把水袋裡的溫水，擠進肛管內，等她講好了，就停止灌水，等她順利作好相關動作，就算完成灌腸任務，整個過程大概只要花十來分鐘的時間，便綽綽有餘了。

每天晚上睡覺前，就是夫人灌腸時間，這件事情，是她數十年如一日的習慣，在洗澡前，她必定先灌腸，解決她一天大事。

之後，我遇到一些籍貫江浙的老人家，家裡原來的環境也都不錯，卻不約而同都有這種以水袋通便的習慣，我那時就開始明白，原來，在老夫人成長的那個年代，通便是一種很普遍的習慣，他們把這一動作，當作是每天的例行公事，就好比是我們每天都要做的洗臉、沐浴、盥洗……，他們不把它當作什麼稀奇的事情。

第七回 宋美齡的夜生活

〈W隨從的回憶〉

之一 官邸電影城

夫人是一個十足的夜貓子，夜間生活可以說是她的生命精華，我服務夫人那段日子，有很多機會做晚班工作，和她夜夜相處，她獨特的生活習性，在我的腦海中留下不可磨滅的印象。

就因爲她的作息同一般人，是完全相反的，別人是一日之計始於晨，她則是一日之計始於夜，所以，要我談她勢必從夜晚的生活來談，才會眞正掌握夫人的神韻。

夫人是個標準電影迷，看起電影來可以沒天沒日，我在士林官邸因而看了不少電影。官邸的電影黃金時代，當然是在總統夫婦身體都很好的時代，那些年，每天到了晚飯以後，夫人只要興致一來，就叫副官喊來放電影的袁師傅，夫人會先問袁師傅，上次叫你找的那部片子，現在有沒弄到，手上還有那些片子比較有意思的？袁師傅就如數家珍地向她報告，而後，夫人就決定看的片子，然後吩咐在晚飯後，準備放電影。

到了晚飯之後，果然，內務科的人員已經在樓下的飯廳，把桌椅重新擺過，飯廳內空出了一個很大的空間，並且擺好了可以供老先生夫婦和全體官邸人員欣賞電影的位子，在此同時，電影股（原來勵志社的組織編制）的袁師傅，也已經叫所屬人員，把所有的電影放映器材設置妥當。

二、三十年前，那時台灣的電影院設備還不是很完善的時候，看電影確實是一般小市民很羨慕又很難得的一種娛樂享受。官邸電影設施並不很豪奢，就是普通的電影機器設備，加上一張平常的小型電影銀幕掛在餐廳牆上，即算是克難的家庭電影院。

等夫人和先生吃過飯，休息了一會兒，大概都是在晚上八點左右，老先生夫婦先後就定位坐好了，袁師傅向老先生請示之後，一聲令下，就開始放電影。放映電影的時候，士林官邸不論官階大小，都可以自由欣賞，老先生夫婦的隨從人員，因爲任務關係，當然更要陪在一旁一起看。

至於官邸以外的客人，大概只有陳誠夫人陳譚祥女士少數人，算是夫人經常邀請來官邸的貴客，她們來的時候，官邸人員當然也會爲其在夫人隔鄰安排座位，便於一塊兒觀賞電影。

官邸放的電影有一個特色，就是全部是從片廠或是中央電影公司取回的原片，電影片不但保證新片，而且一刀未動，眞材實料。

夫人比較欣賞外國片子，她看電影的時候全神貫注，但是，電影從來不加字幕，她的英文能力很強，根本不須翻譯，就可以完全明瞭片中的情節和對話，所以她每每看得津津有味。而老先生似乎對電影是抱持可有可無的態度，這和他看不懂洋片、不懂英文有關，但是，老先生夫婦對民國五十年代流行的黃梅調電影，像是「梁山伯與祝英台」、什麼「七仙女」之類的電影，似乎興趣很濃。

儘管兩人對電影的品味各有不同，可是，夫妻倆對電影的吸引力，也不一樣，夫人是一定從頭看到尾，先生則是以自己的作息爲重，他習慣在晚上十點前就寢，而且就寢之前，還要作些晚禱什麼的，所以，老先生看電影通常只看個四十分鐘左右，最多不會超過一個小時。因而，每次他看看時間快要九點了，便高聲叫道：「好！停！」這時，袁師傅就要暫時關掉電影放映機，隨從人員立刻打開電燈，先生並會向夫人說：「我不看了！」夫人知道他要上樓睡覺了，就對先生擺擺手說：「你不看了呀！很好看嘛，好，那我們繼續看哦！晚安！」先生一起立，所有工作人員也都站了起來，目送先生離去上樓，這時先生身邊所有的服務人員也要跟著他上樓，服侍他就寢，等先生和一班人馬上樓，夫人就叫袁師傅：「好！可以再開始了！」電影便又繼續放映。多年以來，這已經成爲官邸的傳統，先生從來沒有完整看過一部電影，他的有些隨從人員也經常自我調侃，進官邸以來，從來沒看過一部完整電影哩！我印象中，先生似乎對一部美國片子「巴頓將軍」覺得有興趣，不過有興趣歸有興趣，他還是只看了半場，就回房去休息，他是一個寧願犧牲電影而不願作息被打亂的人，一部電影通常一個多鐘點或是二個鐘點結束，接下來的時間，就是夫人和陳誠夫人陳譚祥女士、孔二擺龍門陣的時間了，早年，陳女士和夫人精神很好，就在官邸臥室下下象棋，打發時間，陳夫人大概會玩到晚上十一點左右才離去，接下來的時間，就是孔二和夫人的了，她們多半是東說一句、西聊一句的，要到十二點一點鐘才各自休息。

後來，老先生住在醫院療養的時代，官邸的袁師傅也奉夫人之命，在病房的走廊上，架設了銀幕和電影放映器材，搬了幾張沙發，老先生和夫人就在那兒看起電影來，不過，兩人看電影的習慣還是一如舊例，該繼續看完全片的看完全片，只看一半的還是只看一半。

那時已是民國六十年代前後，台灣流行電視連續劇，如華視由明星儀銘飾演包公的

「包公傳」，是當時老先生夫婦最愛欣賞的一部電視劇，除非身體不舒服，否則是每天必看的。

官邸有電影看的日子，是我們這些值大夜班的人員，心裡感到最高興的一件事，倒不是我們愛看電影，而是只有在放映電影的時候，通常才是夫人身體比較好的時候，漫漫長夜被電影佔了一部份，加上有人會留下來和她再談上一會兒，時間無形中過得比較悠閒，一眨眼，就到半夜了，只要熬過六個小時，就有日班的人來接班，在心情上，的確是顯得輕鬆多了。

之二　讀書的少女

前面文章曾經提過夫人臥房有一張西畫「讀書的少女」，這張西畫是夫人從大陸帶來的，應該是一幅拷貝畫，夫人非常喜歡這幅畫，而她之所以會如此喜歡它，我認爲一個最重要的原因，就是和她喜歡讀書的個性有關。

夜闌人靜時分，官邸四下一片靜寂，夫人最歡喜在這時一卷在握，燈下夜讀，她看的書很廣博，但是最常閱讀的，還是以英文書報雜誌爲主，像是TIME、READER DIGEST之類的。

夫人看書的時候，非常專心，她的眼睛很好，沒有近視，也沒有嚴重的老花，看起書來是屏氣凝神，我剛去的時候，經常有一種感覺，把那幅「讀書的少女」想成是她年少時代的模樣

大概是她的中文程度有限，或是本身不是太喜歡閱讀中文書籍，所以，我很少看見她看中文書報，然而，她對國內一些動態還是瞭若指掌，原因很簡單，那是因爲孔二小姐每天晚上都會過來，把最近國內報紙上頭刊登的新聞、特別是社會新聞，敍述給夫人聽，夫人每回似乎都聽得津津有味。

除了夜間的閱讀之外，夫人在下午的時間，若是沒事的時候，也是經常利用來看書，她有時一看就是四個鐘頭，毫不覺得疲累。

之三　夜批公文

晚年時代的夫人，已經鮮少過問政事，儘管她始終是中國婦女界名義上的領袖，並曾是包括圓山飯店、華興育幼院、華興中學、婦聯會、振興醫學中心等等單位和機構的最高負責人，可是，有許多的公事已經多半交給孔二負實際上的責任，所以較少批閱公文，但是，因爲我和她是朝夕相處，我還是親眼看過她批閱公文。

和她的作息相一致，她還是習慣在夜晚批公文，她不習慣拿毛筆，在早年黨國要人全部以毛筆批閱公文的時代，她就拿鋼筆批公事了，她的中文能力不能和先生他們受過正統私塾教育的人，相提並論，但是她寫起中文，還是規規矩矩，一目了然。

她批的公文件數不多，大概只有四五件的樣子，批一批就去休息了，所以，能到她手上的，多半是很重大的公文。

之四　鹽煮火雞

夜愈深夫人反而愈清醒，到了半夜，她肚子也餓了，可是，她自來食量不大，她和孔二有一個共同的習性，便是都很喜愛啃骨頭吃，而夫人，特別喜歡吃鹽煮火雞。她喜食火雞，可能和她長期在美國生活，美國人復活節吃火雞肉有關。每天晚上，到了十二點或者是一點的時候，她就叫我說：「妳餓不餓？請妳替我到冰箱裡拿些火雞肉來，好嗎？」那光景，官邸上上下下都已經入睡，副官也去休息了，我是她唯一的伴侶。

我就馬上到冰箱拿出一些現成煮好的鹽煮火雞肉，拿到她的面前，她會叫我把板凳搬到她的臥榻前，和她面對面一塊兒吃火雞肉，但，她有一個怪習慣，便是她固然喜歡火雞肉，可是，她卻從不吃火雞肉塊的部份，她一向是把火雞肉塞到我的碗裡，自己啃火雞骨頭吃，她說，火雞骨頭才有味道。所以，我和她搭檔吃宵夜，一向的規矩是，她吃骨頭，我吃肉。

我大約吃了幾天的火雞肉以後，就有些發膩了，官邸煮的火雞肉，肉質的部份顯得很老，牙齒不好的人根本沒辦法咬得動，起先，我因爲生下來沒吃過什麼火雞肉，還有些新鮮感，隔了幾天以後，就覺得每天吃實在是受不了，而且火雞肉還特別容易塞牙縫，味道也就是那樣，沒什麼特別的，所以，她的宵夜時間，也成了我的「頭痛時間」。

有次，她又要我吃肉，我實在受不了了，就索性告訴她：「報告夫人！我不適合吃火雞肉，我吃多了之後鬧肚子，我可以不吃嗎？」她看我確實是面有難色，也不勉強，就說：「那妳少吃一些吧！妳可以去看看冰箱裡，吃一點點心啊！」我連聲稱謝，她仍舊在那兒一個人啃火雞骨頭，啃得津津有味，我就聽她話，去找些點心來吃。

剛去官邸的時候，我還眞喜歡官邸師傅作的點心，官邸有一位老師傅叫蔣茂發，浙江溫州人，那時大概是六、七十歲的樣子，她的徒弟叫劉憲耀，兩師徒做的西式點心，簡直是好吃得沒話說，例如泡芙、甜甜圈、水果蛋糕之類的食品，令人到現在想起來還會垂涎三尺。

當年的官邸是從不在外面買點心吃的，所有的東西一律自製，可是，官邸點心味道通常是很甜，這完全是爲了配合夫人嗜吃甜食的口味而調配的，我自幼不是那麼愛吃甜的東西，所以，吃了幾次之後，我也不是特別有興趣，頂多淺嚐即止。

之五　二顆巧克力

夫人自己有兩個大冰箱，專門放各種進口水果和巧克力糖。

夫人有一位副官叫劉鳳瑞，他有一項非常重大的任務，就是隨時查看冰箱內的儲存狀況，有什麼變動，就要向夫人報告，比如說，有某位要人送來了什麼吃的東西，劉副官就必須向夫人報告，某人送來吃食一份，請問夫人要不要把這樣東西放在冰箱，夫人通常是不假思索就回答：「哦！那就擺冰箱吧！」劉副官就恭恭謹謹地把禮物放到冰箱裡頭去；假如，冰箱有某樣水果爛了，劉副官也要向夫人報告，才敢丟棄。

大部份時間，夫人是根本不知道冰箱裡的東西，有那些是已經超過了食用的安全時限，即使擺了一滿冰箱的水果、巧克力之類的食品，她自己吃的不多，可是也極少把冰箱裡的東西，大方送人。

我當班的時候，偶爾她半夜心血來潮，就告訴我說：「某某！妳幫我到冰箱裡拿二塊巧克力來！」

我應聲而去，打開冰箱，這時我簡直嚇呆了，乖乖！一整個冰箱全是裝滿了水果、巧克力，滿坑滿谷地，簡直比糖果店和水果舖的貨色還要齊全，夫人只要我拿二塊，我在回到她臥房的路上想著，她一次只吃二塊巧克力，那麼多的東西，得要吃到那一年？而且還有人不斷送來哩！

我把糖拿到她的面前，她似乎很容易滿足，就兩顆巧克力便可以打發嘴饞，我看著她嘴巴的蠕動，臉上露出滿足的神情。

官邸的冰箱隨時是滿滿的，官邸各式應景的鮮花，也向來是不缺貨的，在老先生在世的時候，當時的華航爲了討夫人歡心，每天都派人送上好的鮮花到官邸，這些鮮花，包括當時台灣本地根本買不到的「天堂鳥」、「火鶴」之類的鮮花，華航因爲每天都有班機在全世界各地飛，定時送些進口花到官邸，根本不費事，而且可以加深夫人的印象，博得夫人的好感。

平常時候如此，到了先生華誕、或是夫人生日的時節，各方送來的禮物更是滿坑滿谷、應接不暇。老人家就是喜歡別人說好聽的話，隨時表示一些敬意，就會打心眼裡喜歡你，而且逢年過節，中國人本來就把送禮當作人情之常，大家根本見怪不怪。

之六　庭院深深的恐怖夜晚

有一年，我們隨同老先生夫婦去日月潭涵碧樓避暑，那次，孔夫人宋靄齡女士也去和夫人一家去避暑。涵碧樓的一樓是客廳、廚房，二樓是臥房和書房，三樓是供孔二或者是孔夫人她們去住的地方。

那年，孔夫人年紀滿大了，官邸特地撥了護士，結果，有位護士小姐告訴我們，前一天晚上，她見到一個怪異的景象，她親眼看見日月潭的湖面上，有一名少女在湖面上「飄蕩」、「走動」、「跳舞」。

涵碧樓的位子，是一個很僻靜的地點，這位護士講了這段「經歷」之後，害得我們這些隨從人員，值起班來也是毛毛的，深怕有什麼不可思議的事情發生。

在士林官邸值班，不覺得什麼可怕的，雖然房間也很大，可是，侍衛就在外面門口附近，不會感覺到有什麼可怕的，而在陽明山的中興賓館，房子特別大，侍衛隔得老遠的，眞是恐怖！

我們值班都是坐在夫人旁邊，那時候的心裡會覺得怕怕的，因爲空間太大了，光是先生和夫人住的那個大房間，我估算大概就有近百坪大，那麼大的一個房間，只是空盪邋地擺了兩張床，一頭的床是先生的，另一頭的那張床是夫人的，遙遙相對，距離很遠，別的不說，光是浴室就比一般家庭的主臥房大，十幾坪以上。

至於說有什麼異樣倒是沒有，因爲官邸的空間實在太大了，晚上大家若是入睡了以後，那些侍衛守夜的地點在很外面的地方，廚房也隔得好遠好遠，孔二住的地方，也隔夫人的住處好遠好遠，夫人臥房的對面是一間小起居室，是以前孔夫人來台灣時，夫人特地爲她準備的一間房，後來也是空在那兒，那也是很大的一間房，所以，基本上，中興賓館是比較空曠一點，晚上就顯得有些陰森。

亦是因爲此一緣故，我在值班的時候，總是習慣把面朝著外頭，而背是朝著夫人的床頭，這樣我心理上才覺得比較踏實，還有一件事情，讓我們值夜班的人心裡害怕的，便是夫人睡覺是不准開燈的，只留了一盞小燈，五燭光或是更小的燈，我們就在那樣微弱的光線下，要度過漫漫長夜，夫人不讓開燈的原因很單純，她心想睡覺爲什麼要開燈，她不會想到我們這些值班的人是需要燈的。

有一次，我們陪老先生夫婦在中興賓館避暑，恰巧遇到颱風來，眞是嚇死人了，外頭的風吹得嗚嗚作響，有些像是鬼哭神號，侍衛也都距離得好遠，叫人都叫不到。

（筆者按：宋美齡的生活習慣，和她的姐姐宋靄齡有許多雷同之處，這可以從大陸一位作者宓熙，在「文史資料選輯」中寫的「侍從孔祥熙、宋靄齡點滴」一文，得到佐證。

宓熙的文章中寫道——

「宋氏以晝作夜，每天十時左右才起身，一天最熱鬧的黃金時刻是晚上。有幾對夫婦是她的好朋友，幾乎每天晚上來，或者輪番來，這裡等於是俱樂部：計有盛老七夫婦，他是清末官僚資本家盛宣懷的兒子，叫盛升頤字蘋臣，他的妻子徐娘半老，風韻猶存，嫵媚動人，善於辭令，一望而知是交際場中能手，她是宋氏的摯友，也是她的智囊，為之出謀定計操縱市場，配合得非常出色，這一對夫婦幾乎天天來。此外還有……大多在這裡吃晚飯，有時打電話叫冠生園送一桌廣東菜來，吃過了即攤開撲克牌，賭興極濃，直到深夜一點左右吃過點心，各自散去，有時不打撲克，便在家開舞會，盡歡始散。」

在打扮和化妝方面，早期的宋氏姐妹，也有若干雷同之處，宓熙說：「宋的儀表並不漂亮，可是愛打扮，平常穿的料子和皮鞋以及化妝品都是舶來品，式樣也是最流行的時髦服裝，走起來一路郁香撲鼻，儼然是一位貴婦人，……」有一次，宋靄齡的爽身粉用完了，宓熙聽到之後，覺得如果眞的用完，就到街上去買不就得了，結果一問之下，才曉得宋靄齡的爽身粉居然是「英國女皇用的洗澡香粉」，以法國出品的最為名貴，全上海只有一家洋行有得賣。據說抹了這種香粉，可以「連蚊子，蒼蠅都自行遠避」還會散發「異香」、非常爽氣。」大陸的夏晉熊氏，也在「文史資料選輯」中，有這麼一段記載：「我剛去范莊（孔祥熙夫婦在重慶時期的行政院長官邸）時，宋在我的印象中，是一個喜歡歐化生活的闊太太，她一年中有很多時間住在香港，每天要睡到午飯時才起床，晚上愛打橋牌，經常的搭子是徐堪、陳行、郭景琨等，一打就到深夜一、二點鐘。⋯⋯。」（見夏晉熊著「在孔祥熙官邸的見聞」一文）

至於在意識形態上和兩位姐妹大異其趣的宋慶齡，其實在某些生活習慣和休閒喜好上，卻也有若干共同的嗜好，根據大陸出版，對宋慶齡極盡吹捧之能事的譯著「宋慶齡——二十世紀的偉大女性」一書中說她：「⋯⋯她愛跳舞，特別是華爾滋，但在保盟舉辦的活動中，她爲了不失自己的身份，從來不跳。⋯⋯愉快的夜晚——聚餐、交談，可能還跳跳舞。⋯⋯」

第八回　玉食錦衣

日上三竿，約莫上午十一點鐘，夫人醒來了，爲夫人作白班的郭副官早已做了四五個鐘頭的事情，夫人的書房和臥室，經郭副官的打理，已經是纖塵不染，光可鑒人，通常夫人醒來並不直接起床，還要在床上待個個把鐘頭，才會吃早點——儘管她的早點在常人看來已經是午飯。

她的早餐十分簡單，一般，她的早餐是由廚房準備一只托盤，裡面備有二片烤吐司、一小片奶油，托盤內有一只高脚杯，裡面放著浸泡了鹽水的西洋芹菜。

夫人最喜愛的食物就是這種生菜西洋芹，吃完西洋芹，再吃二片吐司，如果還有味口的話，會叫我們到冰箱裡面去拿一些點心，像是泡芙水果蛋糕之類的甜食，然後再喝一杯咖啡，這就是她的早餐。在一般人眼裡，這樣的早餐，其實是簡單的，不但份量少、質也不是很好，夫人會如此，主要還是基於保持身材苗條的考量，多年來她的旗袍始終很少修改過，這就可以看出她善於保持身材的一斑。印象中，她體重大約是五十公斤出頭左右，長久以來，都沒有太大的改變。

因爲她節食有時實在節得有些過火了，會有身體虛弱的狀況，醫官就會勸告她：「夫人！您的營養可能不夠，您應該多吃一點，可以吃一些牛排嘛！」

在醫官的建議之下，她早上起床後會吩咐廚房，爲她準備一份牛排，身體虛弱的時候，會主動要我們爲她準備牛排，而胃口好的時候，也有吃牛排的機會，但是，我跟在她身邊多年，見她吃牛排的機會實在並不多見。

中餐的時候，她也是只吃一點點，但是，因爲是陪老先生吃，多少要吃一些，先生吃的餐點是寧波菜，夫人則對那些菜式，不是很感興趣，只是吃一些青菜，像是炒芹菜之類的素菜，加上一些魚。晚飯吃的量比較多，但，還是以精緻爲原則。

在以前，夫人是歡喜抽煙的，她通常是抽那種比較薄的那種香菸，大概就是一般女士們喜歡抽的淡菸，有一次，夫人在和一群官夫人打橋牌，她忽然問一位副官：「某副官！你有沒有香菸？」那位副官有些吃驚，但還是反應很快地對她說：「報告夫人，有是有，但是我們抽的是『八一四』軍菸，味道很濃的！」夫人不假思索地說：「給我一根試試。」副官爲她點燃香菸，她還是很怡然自得地把那根向副官要來的軍菸抽完了，可見，早年夫人抽菸是濃淡不拘的，但是，她有一個原則，就是老先生在的場合儘量不抽，即使在官邸煙癮發了，也都是在自己的書房或是臥房抽，不會干擾到先生。

後來，老先生病了，她自已身體也不是很好，醫生勸她少抽，她就很少再吸菸了。

第九回　宮廷化妝術與審美觀

之一　夫人的化妝秘訣

夫人是一位非常重重視化妝禮節的一位長者，和夫人長年相處，她的化妝方法和她的化妝藝術，在我這個同樣也是女人的心目中，留下深刻的印象。

因爲我最初是值夜班的，所以最初就注意到她卸妝，她卸妝時，不像我們現在的小姐，都是用肥皂，而是用一種油。她是先用那種卸妝油，把她臉上的妝卸掉，然後，再用一塊小的白毛巾，把臉上的卸妝油以及脫落的粉，用力擦去，直到那塊潔白的小毛巾佈滿了一層白粉，她再用溫水把臉洗一遍，這樣就算完成了卸妝工作。

她化妝的程序，是晨起盥洗之後，擦一些LOTION之類的油在臉上，然後再畫畫眉、擦擦口紅、再梳頭。

夫人畫眉的顏料，非常特別，聽說是以前的「宮廷秘方」，就是拿紙燒成灰，作爲畫眉時的顏料，後來，官邸的工作人員發現，用現在的報紙燒灰當作畫眉顏料，效果十分好，而且遠比以前老方子用一般的紙燒灰來得理想，而且也不失其自然的特色。

至於口紅，則是一般的口紅，並沒有什麼特殊之處。

畢竟，夫人是年紀大了，有時畫眉或是擦口紅的時候，常常不是畫低了就是畫高了，總是參差不齊。抹粉也常是一邊的臉比較白、一邊比較暗的情況。假如不出門見客，純粹是家居而已的話，我們明知道她的化妝好像有些問題，也不去干預她，假若是她要出門、甚至是要參加重要如國宴般的宴會或是約會，通常她會主動問我們：「我化的妝有沒有什麼缺點啊？」我們就幫她指出來，或是告訴她眉線畫歪了、口紅抹出界了、還是臉上抹的粉有不匀稱之處，她聽了我們的提醒，就決定是不是要重新來過，還是要再補妝等等，有國宴的時候，我們會主動幫她化妝，務必讓她手姿綽約、亮麗沈穩地出現在公衆場合。許多朋友向我問起，爲什麼宋家姐妹的頭髮都是在後腦杓上，結了一個像包包的髮髻。

起先我不是那麼接近夫人之前，我也覺得有些納悶，後來，我才知道，夫人的髮髻是那樣的特別，可能和她的兩位姐妹亦有不盡相同的地方。

普通她在化好妝以後，她便開始梳她的「包包頭」，其實「包包頭」是眞髮做的類似一個髮髻的包包，裡面的頭髮才是夫人自己的，她把裡面像是一結馬尾的眞頭髮往上梳到後腦杓上，再扣上包包的假髮，再以六支到八支的長型髮叉叉上去，就成了夫人獨特的「包包頭」。夫人偶爾會到圓山大飯店去洗洗頭髮，但是去的次數極少，一年難得去上一次，而她的「包包頭」倒是經常要去圓山整理，此話怎說呢？因爲，那個「包包頭」不是我們會處理的，用久了它總有髒的時候，夫人只要覺得「包包頭」該清理了，就交待當時孔二小姐的「女朋友」蕭太太，叫她把那只「包包頭」拿到圓山飯店地下樓的女子美髮部，叫美髮部的師傅清洗它，清洗完畢再立刻送回官邸給夫人梳上。這個任務成了蕭太太的重要工作，每隔一陣子就要負責去送「包包頭」清洗、梳理。

許多人對夫人一口的編貝皓齒，印象深刻，其實夫人雖然喜愛吃甜食，可是，她的牙齒保養，卻堪稱是一流水準，比如說她刷牙的器具，在十幾二十年前，她就擁有電動刷牙機，可以自動沖刷牙縫內的食餘，她的牙齒比蔣公（一口假牙）當然是好得太多了。

基本上，夫人把化妝當作是一種社交禮貌，而且很嚴格地畫分「等級」，比如若是只見些比較親近的人，像是陳誠夫人、孔二、或是幾個她的副官，她是不化妝的。但，如果像是蔣經國、蔣緯國或是蔣孝文等兒孫輩來了，夫人是一定會化妝，其他的正式場合更不要說了。本質上，夫人的外貌是很美麗脫俗的，她的皮膚白皙，即使到了晚年，她的皮膚還是光豔如昔，她的臉龐有一個特點，是顴骨比較高，臉上並沒有外傳的什麼有很多雀斑，甚至到了晚年，一些老年人常見的老斑，都不曾在她臉龐上出現過。

由於夫人長年閉鎖在士林官邸，對一般士女最有興趣的流行裝扮、衣服飾品，根本完全脫節，夫人也知道自己在這方面的缺憾，她便經常向比如孔二的朋友——蕭太太、或者是蔣緯國夫人邱愛倫等人，打聽外面的流行時尚是什麼，而且經常托蕭太太等人爲她採辦一些外面的時髦東西，讓她開開眼界。

之二　蔣介石和迷你裙

我去了官邸不久，來了一位護士小姐，她比我年輕幾歲，人也十分活潑外向，那時，民國五十幾年正是迷你裙最流行的時期，許多女孩喜歡穿這種短裙。

那位護士來了以後，大概也沒有人特別提醒她，在士林官邸服務要注意衣著打扮，不要太新潮大膽，這位護士小姐每天來的時候，都是花姿招展，迷你裙短得不得了，那年，老先生身體還好，經常在官邸內外走動，他有天在夫人房間見到這位護士，穿著超短的迷你裙，老先生兩隻眼睛亮了一亮，眉頭皺了皺，一聲不響地走開了，隔一天，我正在值班，老先生突然走到夫人旁邊，輕聲地對夫人說：「妳找機會對那個新來的護士說說，以後不要穿那種短裙子，那麼短，大腿都露出來了，成何體統！」嘟囔了幾句，老先生就走開了，夫人就把我叫到跟前說：「妳聽到了吧？！去跟她講講，以後注意了！」

我立刻找到那位護士，轉告她以後別再穿短裙子了，從此，我們都曉得老先生的脾氣，再也沒人敢穿那種被他視爲「奇裝異服」的迷你裙。我十分淸楚老先生的審美標準，他認爲女人衣服最美的就是旗袍，不然就是一般老式的長裙子，那種長度必須長過膝蓋的裙子，只要露出大腿，老先生就有意見了。

除了不喜歡人家穿短裙，他也討厭女人穿長褲，他覺得穿長褲的女人，沒有女人味，這大概便是夫人始終很少穿長褲的一個原因吧！後來，凡是去士林官邸服務的女性，都受到指示，「儘量穿素淨一點的服裝，不要穿花的或者是暴露的，迷你裙更是絕對禁止！」

第十回　夫人寶庫

前面講過，夫人的冰箱裡，永遠是裝滿了各式各樣的進口水果、巧克力、自製點心，除此之外，夫人還有許多外人不知道的寶貝，存放在只有少數人淸楚的地方，我姑且名之爲「夫人寶庫」吧！

官邸樓上有間小屋子，是夫人放禮品的地方，就算是她的禮品間，裡頭堆了好幾口大皮箱，這些大皮箱裡，放了些啥東西呢？後來我才知道，這些超大尺寸的大皮箱，全是用來放置別人送給夫人的布疋專用的，裡頭綾羅綢緞，應有盡有。

這些布疋，基本上大多數是動都未動過的，以我們常人的眼光來看，存放在裡頭的布疋都是最名貴的，可是，夫人卻不以爲意，一大半以上的布疋，從一開始，就一直擺放在那兒的，因爲，夫人實在用不了那麼多，而且，名貴不一定就是夫人喜歡的，所以，多少歲月以來，許多貴重的衣料就這樣塵封在官邸的這間小屋子裡頭，始終得不到這位第一夫人的青睞。

夫人的旗袍是出名的多的，在士林官邸，有數不清的壁櫥，是供夫人存放旗袍的地方。

在她的臥房裡，有二個衣櫥是掛著較好的旗袍，例如她穿的黑絲絨的旗袍就存放在那裡面；還有另一個衣櫥是存放一般性衣服的，衣櫥多，裡面的衣服亦是不盡其數，但是，夫人喜愛的衣服，老是只有那幾件，衣櫥裡面百分之九十以上的衣服，是她這一輩子從來沒穿過，或是根本只穿了一二次，就被永遠「冷藏」在衣櫥裡面的。

自己喜愛穿的衣服不多，主要是她喜愛的式樣和質料的關係，而且人年紀大了，難免對某些東西特別有感情，這只有夫人自己清楚了。

至於夫人的首飾，則是放在一個黃色的眞皮皮箱裡，這只皮箱乍看之下沒有什麼特別的地方，形式古拙、色澤略微幽暗，細看便知道這是大陸帶來的東西，而不是新品，通常，這只略帶幾分神秘感的皮箱，是放在夫人書房的一個小櫃子裡。

夫人的首飾箱，裡頭金光閃閃，的確是放了不少寶貝，當然，這也是夫人長久以來貼身的一些行當寶物，我看過幾次這只首飾箱，裡面放的多半是珍珠類的飾品，再不就是些鑲鑽的東西，純鑽石的首飾倒是不多見，比如她常戴的耳環、戒指，都是鑲鑽的，至於珍珠項鍊，是比較少戴的，大概只有國宴場合才會配戴。

這口夫人隨身的首飾箱，裡面東西很多，任何只要看一眼，即使是外行人，也會知道這些都是質感品相很好的珍寶。

儘管如此，夫人從不誇耀這些東西，她也從不像些暴發戶似的，出門總是穿金戴銀、珠光寶氣，可是，她仍然隨時隨地展現她那不凡的氣質，這不是穿金戴銀可以襯托出來的。

夫人是一位喜愛藝術的女性，所以，談到她的「寶庫」自然不能忽略她收藏的一些唱片啦、古色古香的留聲機之類的骨董，唱片櫃子和留聲機就放在臥室旁邊的一條走道邊上，唱片櫃子是那種古典式樣、兩邊帶著蹺起的高角的木製櫃子。

那些唱片多半是古典樂曲，不是小提琴、就是鋼琴獨奏的音樂，她有時覺得沈悶，就叫我：「陳小姐，你放放音樂唱片聽聽吧！」可是，我並不會使用她的那種老式電唱機，只好找他的副官劉副官來為她放唱片，或是要等孔二來的時候，請她為夫人放音樂聽。

第十一回　財神到、夫人笑

我照顧夫人有一陣子之後，經常會發現夫人一段時期總有那麼幾天心情會特別好，這個起伏我早已發現，可是，我始終不清楚，一個七十多歲（當時）的老婦人，爲什麼還會有年輕人才有的心情起伏？

後來有一回，有位官邸的服務人員，和我聊天，他也很奇怪地問道：「我覺得好奇怪，夫人這幾天特別開心，見到先生的時候，常常是噓寒問暖、眉開眼笑，話也講得比較多了，妳說是什麼道理？」我說，我也察覺到了，可是我實在不清楚她爲什麼事情高興，這一陣子確實夫人對先生特別親熱，講起話來的語氣也特別熱絡，大概是她有什麼喜事吧。

他說：「妳猜對了，妳難道沒見到前幾天管老先生荷包的周主計長來過了？他還拎著一只大包包。」

我有些恍然大悟地說：「哦！周某某啊，他是來過啊，難怪我覺得周主計長來的時候，每次都是一付神秘兮兮的，深怕被誰看見似的，他每次來的時候，是都拎著一只皮箱，匆匆來，又匆匆走。」

官邸上下，都傳說著，先生每隔一陣子就會「送錢」給夫人，但先生不可能自己拎著錢送到夫人面前，當然是由負責總統府主計工作的官員做這個事囉。

後來，每次周主計長來的前後幾天，我就刻意觀察夫人的情緒起伏，確實是和平常不太一樣，和先生一起吃飯或是做什麼事情的時候，總是比較親熱不說，還經常是小鳥依人，忽然間年輕了好多歲數似的，隔不了多久，果然周某某出現在官邸了，他還是老規矩，手上提了一只手提箱，臉色木然地走進官邸，然後，夫人就會告訴我們這些隨從說：「請你們暫時離開一下，我有話要和周主計長商量。」我們當然聽命退下，不多久，周主計長出來了，只見夫人十分高興地走出了房門，周主計長再向她鞠躬之後便退出官邸，搭車離去。

那幾天裡，夫人的心情就格外顯得輕鬆，對先生也相對的顯得比較親熱，會打破慣例，對先生問東問西，關懷備至，大家就知道，原來周主計長是來送錢了。

周主計長究竟是送的什麼錢？大家都不清楚，可是，大家猜想不外是先生的薪水，再不然就是先生定期給夫人的津貼吧，周主計長不是每個月來，大致上是二三個月才來一次；那時官邸很多下面的人，都在臆測，夫人每隔一陣子就會拿到一筆錢，那她的錢都會拿到那裡去呢？夫人沒有自己的親生兒女，她不可能把錢交給蔣家的後人，那她會把錢交給誰「保管」呢？一時之間猜測紛紜，有不少人因此猜測，夫人的錢大概全給了孔家的人，比如說孔二或是她的哥哥孔令侃等人。不論如何，隨著夫人的赴美，這個傳說，外人恐怕永遠也找不到答案了。

第十二回　夫人鬧低氣壓的時候

夫人也有鬧脾氣的時候，不過這多半和官邸下人無關，而是和老先生鬧點小意見什麼的。

夫人鬧脾氣，基本上是滿文雅的，她不會像某些婦女喜歡大吵大鬧，她大部份是以生悶氣來取代哭鬧，我們和她相處了一段時間，也清楚她的個性，只要是她那天悶不吭聲、不講一句話，我們就明白有名堂了，一定是和先生之間有什麼意見了。

一般的情況，老先生都會主動跑到她的面前，很誠懇地問候她：「達令！妳有什麼不舒服嗎？」

夫人對老先生的問話，根本不當一回事，理都不理，老先生看這樣子有些尷尬，可是心裡又很想知道是怎麼回事，連忙又巴上來對夫人問道：「如果有不舒服，要不要請醫官來看看啊？」夫人就是相應不理，通常講這些話的時候，多半是在吃飯或是到她臥房來的情況下，旁邊還有我們這些服務人員，老先生大概也不能太低聲下氣，只好低著頭獨自離去。

遇到這種節骨眼上，夫人喜歡躺在床上悶不吭聲，一個人獨自生悶氣，總是要無精打采好幾天，才又會恢復正常，官邸一些服務人員都說，總統那樣大的官，可是見到夫人還是要讓三分，二個人鬥嘴，那一次不是老先生私下投降稱臣。

和先生會鬧意見，和我們這些服務人員，如果有人不合她的意的時候，她也會不假詞色的。

比如說吃東西如果不合味口、肉煮得太老，她就會問副官劉鳳瑞：「這是什麼人煮的，怎麼味道不太好啊？」劉副官就會去告訴廚房，今天那道菜是誰煮的，老夫人講話了，以後注意一點。

像是郭副官幫她作些私人事情的下人，夫人若是對她作的不如意，常常是會當面責罵的，所以，爲她做事的人，都不敢稍有懈怠。

她對表現得好的下人，當然也有適當的鼓勵的話（但是，實質鼓勵或是給獎品的似乎並不多見）例如，對某道菜覺得很欣賞，她也會告訴劉副官，問問這道菜是誰作的，副官回答她是某人作的，夫人便很高興的說，你下去告訴他，說他做得很好。賞懲分明、公平合理，是官邸下人對夫人普遍的印象。

第十三回　蔣家年節即景

由於老先生和夫人身體的關係，我們那時的醫護人員，在士林官邸工作時，幾乎所有的農曆新年，都是在官邸度過的。

蔣家過年，當然和一般家庭沒有什麼兩樣，是全家團圓的時節，像蔣經國全家、蔣緯國一家、和一些蔣家的一些近親，都會在這天回到士林官邸，但是，偶爾像蔣緯國太太邱愛倫、兒子蔣孝剛他們不一定在國內則例外。

士林官邸的年夜飯，多半是在除夕的下午六點半開飯，有一定的菜餚，夫人會參加一些菜餚的意見，叫官邸的廚房作一些比較特殊的菜色，夫人儘管比較愛西式餐點，但是，過年的年夜飯，全部是中式餐點。

本來，平常時候先生和夫人吃飯，都是在夫人的大書房，夫人和先生都喜愛用活動的餐桌進食，偶爾孔二會來和老先生夫婦一起吃飯，但是，很少在樓下大客廳吃飯，而吃年夜飯，則是在樓下的大客廳吃的，因為樓下大客廳比較寬敞，經過佈置，很有年節的氣氛。

除了新年，像耶誕節也是官邸特別注重的節慶，熱鬧的程度不下於新年。

此外，家族間的生日，亦是官邸不會遺漏的紀念日子。老夫人雖然表面上有人說她和經國先生感情不怎麼樣，但是，夫人每逢經國先生生日，都會爲慶生，當然，最熱鬧的，還是先生的生日。

先生生日的時候，不但在官邸裡面的壽堂佈置得喜氣洋洋，晚上還在官邸前面的空地上，施放低空煙火，可供外面的民衆觀賞。

夫人陰曆生日前後，和士林官邸僅一牆之隔的士林園藝試驗所，特地開放一天，供外面民衆入內參觀，試驗所開放的日子，多半是三八婦女節那天，那時距離她的陰曆生日很近，我們都認爲試驗所開放，是爲了配合慶祝夫人誕辰。

不論是先生或是夫人、經國先生，他們過生日都過的是陰曆生日，先生的誕辰，是陰曆的九月十五日，夫人的生日則是陰曆的二月十二日，先生到了國定的十月卅一日，循例再過一次生日。

這三個誕辰日子，是官邸比較熱鬧的三天，然而，在熱鬧程度上，自然以先生誕辰爲最。

第十四回　與第一家庭旅行見聞

第一家庭幾乎每年都要出門旅行好幾次，正如前面說過的，旅行的地點，夏天就是角板山、後來角板山不常去了，而是以去日月潭爲主；冬天則是以去高雄澄清湖較多。

第一家庭出門渡假，經常是全官邸上上下下全部出動，所以可說是行旅浩蕩。總統家屬倒是不多，就是老先生夫婦，另外加上孔二等人，至於蔣經國和蔣緯國等兒孫輩，是較少隨行的。由於是先生要出行，所以，官邸所有的工作人員諸如從侍衛長開始到武官、內務科科長到所有人員不管是煮飯的、燙衣服的、打掃的、甚至抬驕子的，也都要隨行出發，我們這些服務人員和隨身副官更不在話下。

有幾次，老先生夫婦要到日月潭，剛好孔夫人宋靄齡女士帶著大女兒孔令儀、長公子孔令侃（官邸人員一般稱他為大先生）和老么孔令傑等人來台灣探視老先生夫婦，恰巧老先生想去日月潭避暑，老先生就邀請孔夫人一起去日月潭，孔夫人那次也一起前往，並且和老先生夫婦一塊兒下榻在日月潭的涵碧樓，老先生夫婦住在涵碧樓的二樓，孔夫人一家就住在三樓的幾個套房裡。涵碧樓基本上內部的格局和士林官邸老先生夫婦住處內部，是大略一致的，當初作這樣的設計，大概是著眼於讓老先生夫婦不致認生，生活方式可以保持一貫。

大人腳傷時常復發，在官邸的那些歲月當中，每年我都是要跟著夫人和先生外出旅行的，便於就近照料。

因為先生和夫人年紀都大了，不堪長途乘車之苦，外出旅行，都要坐一段飛機。我們通常是先到台北的松山軍用機場，搭乘總統專機「美齡號」，先飛台中清泉岡。因為老先生有睡午覺的習慣，因而，我們每一次都是在下午二點前後，老先生起床了，就從士林官邸搭總統座車出發，一路綠燈到松山機場，十幾分鐘就可以搭上專機，直飛台中空軍基地。

到了台中清泉崗之後，再接在那兒等候的總統座車，循中潭公路直奔日月潭，到日月潭大約要一個多小時的車程，到日月潭都已經是下午五點左右，休息一下，洗洗弄弄，大概也到了吃飯時間。

我們算是服務老先生夫婦的重要人員，所以，幾乎每一次都是和他們夫婦同一架專機，同行除了我們醫護人員，還有侍衛長、龍頭侍衛官、武官、秘書人員等等。其他的官邸服務人員則全部先乘那種老式的C-47或是C-119所謂的「老母雞」運輸機，到台中候駕待命。我有一次就是奉命搭「老母雞」去台中清泉崗待命，飛機還沒起飛，我就暈機暈得厲害，差點沒吐出來。

和總統夫婦同坐專機，他們夫妻倆是坐在前面的專用座艙裡面，和我們是隔開的，據我了解，夫人坐飛機是不暈機的，她以前在大陸還是「航空委員會」秘書長，怎麼會暈機？先生更不用說了。

夫人在專用座艙內，偶爾會叫我過去，多半是她有事，或是那邊不舒服了，要我給她作些服務工作。

關於夫人暈機的傳說，我只有一次親眼目睹的經驗，但，那是一個很特殊的狀況，那一次，我們從日月潭出來，先生可能是希望早一點回到台北，有人向他提議，說距離日月潭不遠的埔里，有一座小機場，可以停直昇機，老先生是軍人出身，什麼飛機都可以坐，那次，幾個人陪老先生夫婦搭同一架直昇機，直昇機是比較顛簸些，夫人坐在機上十分不舒適，她抱怨直昇機實在是折騰人，所以以後再也不曾坐直昇機，而埔里的那座小機場從此也不再使用，以後來回台北和日月潭間，始終是以淸泉崗作爲飛機和座車的接駁地點。

在這些陸空之旅的旅途中，以台中到日月潭的中潭公路路程花費的時間最久，有軍警交通管制的情況下，沿途順暢走來，也要一個多小時的旅程時間，座車不比飛機，有各種盥洗設備，方便兩位老人家上廁所方便解手，特別是老先生，他老年時代有頻尿的狀況，從日月潭到清泉崗路上，他的方便問題，就是侍衛人員必須好好考量的問題。

記憶中，有幾次在中潭公路上的荒郊野外，老先生說要上廁所，侍衛張望一下四週，到處都是渺無人跡的荒煙漫草，中潭路上，有不少路段，一邊是沿濁水溪的峭壁，一邊是面向集集大山的山壁，侍衛見四下無人，就扶老先生下車，讓他面對山壁，就地方便，以解內急。這時，所有的侍衛人員都在四週警戒，當時中潭路上還很荒涼，沒什麼人車，大致上沒有任何安全上的顧慮。

有了一次那樣的狀況，我們途經中潭公路，只要聽到車上的無線電裡，傳來最前方先導車的龍頭侍衛官下達的指令說停車的時候，我們就曉得是怎麼一回事了。最後幾次，老先生身體狀況愈來愈差，一路行經中潭公路，總要停個好幾趟，七八部座車和其他警戒車輛，就如此走走停停，時間上自然要比原時間稍有擔擱。

第十五回　夫人體檢表

夫人儘管如今已經高壽九十六，在過去的漫漫歲月中，她曾經和各種疾病搏鬥，這份私密體檢表，是我照料她多年的些許心得。

早在大陸時期，夫人就有嚴重的皮膚過敏症狀，這種皮膚過敏病症，就是一般人所說的「蕁麻疹」，這種病是有過敏原的，只要少食用或接觸那些固定的過敏原，就可以避免或減少過敏的機率。但，若是沒有做到這點，病人一旦不慎接觸了過敏原，便會在身體表面起一種「風疹塊」，全身痛癢難當，十分不適。

夫人這種病症，過敏原是海鮮類的食品和芒果等水果。

基本上，夫人不喜食用海鮮食品，也很少吃，所以這個過敏原對她的影響程度較低，倒是芒果是夫人最喜愛一種水果，在士林官邸時代，夫人的那二台冰箱裡，總有吃不完的進口水果，芒果（那時夫人官邸已經都是進口的愛文品種的大型進口芒果）經常是滿滿的一整台冰箱，夫人明知自己不能吃這種水果，但是，有時也拗不過自己的嘴饞，才吃一點，她身上就開始長風疹塊，屢試不爽，可是，她還是照吃不誤，只不過份量吃少些罷了。

民國五十八年，陽明山上的那次總統座車車禍事件中，夫人是最大的受害者，她的頸椎受到一些挫傷，頸椎有移位現象，還好及時治癒，那次車禍中，她的坐骨和右邊膝蓋也受到一些傷害，走路經常感覺沒力，因而還有幾次摔倒的紀錄。我想這些問題，都是她後來經常要服務人員為她按摩的主因，為她按摩的部位，就是以上述受傷的部位為主。

（筆者按：宋美齡此生，在筋骨方面眞正多災多難，根據文獻記載，說她在抗戰時期也有一次受傷的經歷。

那些充滿傳奇性的記載中，是這樣描寫她的：

一九四〇年，就是對日抗戰打得最激烈的一年，有一次，宋美齡和她的美國顧問端納等人，開了一輛吉普車，到前線視察，車子正在行進中途，突然有一架日本飛機朝他們的車子俯衝過來，一陣機槍掃射，駕駛員不斷擺動方向盤以躲避掃射，不料就在一個轉彎的彎道上，吉普車突然失去控制，翻到一條水溝裡去了。

後來，宋美齡被發現倒臥在一個泥坑裡，渾身是泥，宋美齡在摔倒過程中，肋骨折斷，被送進醫院住了好一陣子。）

這些舊創讓夫人經常有酸痛復發的情況，在夫人晚年生活中，全身性的酸痛，經常困擾著她。

民國五六十年之交，夫人因爲經常犯關節痛的毛病，痛苦不堪，官邸有人告訴她，台北有位台籍中醫師黃明德，醫術不錯，建議請他來官邸爲夫人作個針灸，黃明德曾經去士林官邸二三次，每次來的時候都是下午四五點鐘光景，黃先生人長得很魁梧、舉止文雅，但是，畢竟夫人的關節毛病多年了，一時要完全斷根，固非易事也。

民國六十二三年前後，夫人還動了一次乳癌外科手術，這是夫人少見的一種婦科疾病，另外有一種傳說，說她年輕時代，在美國就把子宮切除了，所以不能育子，但是，這個說法除了夫人本人之外，沒有人可以證實其眞確性。

夫人和那位爲她開乳癌外科手術的醫生，私交很好，一九九三年，那位醫生不幸去世，夫人爲此非常悲痛。

夫人晚年最困擾她的，除了皮膚過敏之外，便數膀胱炎這種疾病了。夫人會罹染膀胱炎，有兩個最重要的原因，其一，是這種病原本就是老年病；其二，和夫人生活方式比較洋化有關。

關於第二點，據我的觀察，主要是夫人的穿著和我們有些不同，我們中國女孩子是先穿底褲，再穿褲襪，可是，夫人大概是因爲生長於美國，生活方式完全是美國化的，美國女人有些是從來不穿底褲的，只直接穿褲襪。

有次，我和夫人閒聊，談到這個問題，我才曉得美國婦女的衣著方式，原來是這樣奇特的，而她還覺得不解，爲何現在的台灣女人，要穿什麼底褲呢？

入睡時，夫人大概平常也是穿個單薄的褲襪，即使冬天亦不例外，我覺得她的膀胱炎會不斷復發，和她這樣貪涼有關；我們都很淸楚，婦女在過了更年期以後，膀胱的荷爾蒙少了，原本就很容易感染，再加上夫人特殊的衣著習慣，更容易因爲著涼而感染，讓膀胱炎發作。膀胱炎發作典型的症狀，便是容易頻尿，隔不了一陣子，就想上廁所解手。

醫生也淸楚她的習慣，就勸告她，一定要注意下身的保暖，不要著涼了，她便聽從醫生的指示，但是，奇怪的是，她的底褲竟然是穿在褲襪的外面，她認爲，這樣她才習慣，不然總覺得有些不舒服。她是一位很和醫生配合的病人，醫生要她注意下身的保暖，她就遵照勸告，開始穿褲裝，膀胱炎的次數顯然變少，情況有所改善。

民國七十八年，美國醫生在爲夫人體檢時，發現她卵巢部位長了一顆瘤，醫生建議爲了安全起見，還是把這個日後有可能成爲惡性瘤的腫瘤切除。那時，夫人住在台北某醫院，開刀則是由夫人一向最信任的那位美國大夫操刀的，爲了給美國大夫開刀，還引起外界的疵議，說爲什麼外國醫生沒有台灣的醫生執業執照，竟可以在台灣的醫院爲病人開刀？爲此，鬧了一場小風暴，後來也不了了之。

腫瘤切除以後，夫人保養了好一段時間，後來，她的皮膚病又復發了幾次，這是老毛病了，治也一直治不好，她等於終生受皮膚病之苦。年前，她還得了帶狀泡疹，治療了好久才康復。

除了這些病痛以外，她去年在半年之內就摔了兩次跤，花了不少時間才治療才好的，畢竟是九十六歲風燭殘年的人了，不過整體來講，夫人的身體狀況還是很不錯的。

現在，比較苦惱她的病痛是重聽，她的隨從和親人，要和她溝通，經常得拉高嗓門，她才聽得見。

第十六回　第一家庭家族群像

〈隨從L小姐和K小姐的回憶〉

之一　夫人和蔣經國之間的母子關係

照料第一夫人多年，我對夫人和蔣經國之間的情感，始終覺得他們是表面和諧熱絡，在許多情況的表現，我感覺他們之間始終是很淡薄的，母子兩人交往，客套的成份很濃。官邸裡，我早就聽人說，蔣經國實際上對夫人只是一種表面文章，他對夫人排擠他的生身母親的往事，實際上是耿耿於懷的，然而，夫人又何嘗不知道呢？

有好幾次，蔣經國來士林官邸，想見夫人，蔣經國已經在樓下等候，由副官通報想求見，夫人躺在臥榻上，沒精打采地告訴副官：「你跟我轉達一下，就說我身體不舒服，不方便見他，請他改日再來吧，我要睡了！」夫人舒不舒服，外人是不清楚，可是，我們朝夕與共，能說不知道嗎。

我們始終覺得，夫人所以在老先生時代，以至日後蔣經國掌權的時期，之所以對蔣經國表面親熱，一個最要緊的原因，便是夫人在現實生活上，須要有人給她實質上的支持，她希望經國能夠維持他的父親時代給她的一切利益，這大概是母子二人間，得以維繫情感的基礎吧！事實上，後來，蔣經國對夫人的待遇，是維繫了老先生時代的作法，並沒有太大的改變。

之二　我照顧蔣公的回憶

我覺得老先生是一個很可愛的老人家，以前最早他身體還好的時期，他的隨從若是做錯事了，經常會罵人，他罵人最常用的一句詞兒便是「混帳！」，我覺得沒有一個人罵人的時候會像他那樣，把所有的力氣都集中到那兩個字上面，罵出口時，眞是鏗鏘有力，到今天，我都還記得老先生罵人時的情景，我始終覺得沒有人罵人能夠像他那樣罵得有精神，罵得夠勁！

可是，他罵人是看對象的，他對有專門技能的人，是絕對不會亂罵的，所以，對待像醫生和護士或者秘書，眞是很客氣，更沒有罵過人。

他發病以後，身體不能亂動，只能躺在床上，要想上下床的話，就得由副官去抱他，有時躺在床上悶得發慌，或是想喝口水什麼的，就朝一旁值班的我們叫道：「喂！」我們便曉得是先生要叫人了，可是，我們並不曉得他要叫誰，因此只要在他身邊所有的人不管是副官、醫生或是護士還是秘書，全都要過去，看他吩咐什麼事，再由適當的人去辦。

我經常爲先生餵飯吃，他有一個脾氣，只給餵順手的人餵食，普通人他是不喜歡的。我們在給他餵飯之前，要把餵食的食物，先用秤量好重量，再餵給他吃，他吃剩下來的東西還不能直接就倒掉，要再去量量看剩了多少，再以原先未吃前的食物扣除剩餘的份量，這樣才曉得他到底吃了多少，便於醫生控制他的飲食和開藥處方之用。

有時候，我們爲了訓練他的手勁，偶爾會讓他自己拿湯匙自行餵食，可是，通常滿滿的一湯匙飯菜，他用最穩當的那隻手拿湯匙，餵到嘴巴裡的時候，已經被他發抖的手抖掉了大半湯匙。

印象中，老先生除了喝水之類的事情，最常叫「喂！」把我們找過去的事情，就是問我們「幾點鐘了？」因爲，那時他有隻手因久病而萎縮了，沒有力氣舉起來，手錶也就不戴了，就經常問我們幾點了？後來，我觀察，他最常問幾點的時候，多半是在每天傍晚時分，正是蔣經國每天慣例要來看望他的時間，我才曉得老先生是在盼兒子早些回來，可見，老先生對蔣經國的愛護依賴之深。

蔣經國來的時候，多半是在他從行政院下班以後，所以來也是下午五點之後了，父子倆見面，泰半是談些國家大事，比如蔣經國說，今天在那兒開了個什麼會啦，談了些什麼重要的決策啦之類的，蔣經國經常會在床邊問老先生，對某某事情有什麼意見嗎？老先生那時發病了，會有什麼意見，反正蔣經國說什麼，他只有一個勁兒的說好！好！好！

之三　我照顧蔣經國的印象

我因爲照顧夫人的身體，有一段時間，特別是在特別病房的時期，蔣經國等於是住在醫院，方便就近看顧老先生的病情，我們醫護人員分爲三組，共有六個人，我呢，專門負責爲蔣經國打胰島素和每天固定的驗尿工作，因而，對經國先生有一段深刻的印象，再加上因爲經國先生不太在意自己的身體，每天早上，爲了給他打針和驗尿，總要經過一場成功的追逐戰，才能克盡全功。

那段時間，我們和蔣經國的隨從副官有個默契，就是請值班的副官，爲我查看蔣經國是否已經起床，只要知道他已經起床，我就必須去他的房間打胰島素針。

那些副官也眞是夠絕的，他們知道蔣經國通常是每天清晨五六點鐘的樣子起床，可是，爲了愼重起見，副官必須細細傾聽蔣經國的動靜，在五點左右，副官就在蔣經國位於特別病房老先生病房邊的蔣經國房間門口，先是看看門縫底下有沒有微弱的燈光出現，如果有看到燈光被擰開了，那就表示蔣經國已經起床，這時，細心的副官還要聽聽有沒有沖馬桶水的聲音，如果有的話，那就表示蔣經國已經完成盥洗動作，可能這時正在梳頭，這光景，副官就會跑過來告訴我：「教育長已經起床了，現在可能在梳頭，妳可以敲門進去打針了。」

於是，我便拿起準備好的醫護用品和打針的藥品，到特別病房旁邊的一處小房間門口，輕輕敲了一下門，經國先生大約知道是爲他打針的來了，便輕輕應門說：「請進來！」

我們聽到應門聲，就進去爲他注射胰島素針，經國先生給我最深的印象，便是他一向都是那樣客客氣氣的，對我們這些醫護服務人員非常有禮貌，大家對他也非常敬重。

每天早上在蔣經國起床以後，打針是他根本跑不掉的例行公事，但是他似乎對驗尿特別抗拒，可是，對一個糖尿病的病人來說，驗尿查血糖現況，是必須的工作，而經國先生似乎對這項工作有意躲避。

在老先生從特別病房回到士林官邸以後，經國先生照舊會在每天早上，從七海官邸趕到士林，來看望老先生的病情順道來向老先生問安，醫官就交待，在蔣經國來的時候，除了爲他打針，還要他留下一個小瓶子的尿液，作驗血糖之用，爲了這一罐區區的尿液，我們每天都要和他玩一場追逐戰。

我們通常是等候在官邸的幾處廁所門口，見到經國先生要上洗手間，就刻意提醒他：「報告教育長，別忘了留下一些尿液在馬桶邊的小瓶子裡，驗尿糖用的。」他聽見我們的話，總是很客氣地說：「好，好，好」可是，等他走出洗手間，快步離去趕上班之後，我們再去洗手間查看，才發現那只原本要給他留尿的小瓶子，根本是空空如也，一點尿液都沒有。

這樣子幾次之後，醫生也覺得奇怪，怎麼老是沒留尿，八成是護士小姐沒有向蔣經國報告清楚，他才不知道而沒留下尿液的，醫生便找到我們說，下次一定要請他留下之尿液了，要先提醒他一下嘛！我們滿腹苦衷，可是又不知如何是好。

隔天，經國先生又來了，我們見到他第一件事情，便是提醒他留下尿液檢體的事情，他仍舊是客客氣氣、不慍不火，到了要離去士林前，我們見他又要去洗手了，就又再一次提醒他：「教育長，不要忘了哦！」他仍是一貫的好好好，連三好，可出來的時候，尿液檢體瓶子裡頭依舊是空空的，我們拿他毫無辦法，他就是不和醫護人員合作。

和經國先生處久了以後，才知道他是一個非常不注意自己的身體的一個人，在處理健康問題的時候，他老是隨隨便便，得過且過。

七十七年的元月十三日，蔣經國總統去世，我當時就有一種感慨，如果經國先生像他的爸爸那樣注意自己的身體，是不會那麼早走的。

之四　我所認識的孔二

在第一家庭所有的家族成員中，孔二小姐孔令偉，應該是最特別的一個人了。

那一年是在陽明山的中興賓館，老先生固定每年要到山上避暑，有天，夫人問我：「怎麼好久沒見到令偉了，妳去幫我看看，她到底在幹什麼？」

我受命之後，就從夫人的書房，趕到孔二的房間去轉達老夫人的意思，還沒進孔二的房間，就聞到一股濃濃的酒氣，我猜想她八成又是在飲酒作樂了，我走近她的房門，她的房門是虛掩的，輕輕敲了二聲，孔二應聲回了一句：「誰啊？」我就答話說是某某人，她聽了就順口說聲：「門沒關，妳自己進來！」我進去之後，嚇了一大跳，只見孔二上身只穿了一件薄薄的男人汗背心，坐在那兒正和老先生醫療小組的兩個醫生在喝酒談天，我有些不好意思地說：「夫人要我來探望您一下，看看您在做什麼。」她明白了我的來意，神色自若地說：「妳回去告訴夫人，我在和朋友聊天，但是不准說我在喝酒！」我自是唯唯稱是，那時我眼睛餘光看見孔二下身穿著西裝褲，足登那雙慣常穿的尖頭綁帶子皮鞋，整體看起來簡直讓人無法相信她竟是一個女人。我知道孔二只要有酒喝的時候，她是最高興了，什麼天大的事情都不重要了，除了喝酒，她更喜歡和朋友擺龍門陣，一聊天就忘了今夕何夕，我只好回去向夫人覆命。

夫人見我回來了，就問我：「她究竟在幹什麼呀？」我便向她報告：「報告夫人，總經理正在和二位醫官聊天呢！」夫人連眉頭都不皺一下說：「聊天？聊天會聊那麼久，根本就是在喝酒對不對？」我不敢說對，也不敢答不對，只好低頭默然不語，夫人顯然對孔二的行蹤，是了然於心的。

至今，孔二穿著男人汗背心，和朋友擺龍門陣的那一幕，還深深刻在我的心版上，歷歷不忘。

孔二除了喜歡喝酒，更喜歡吃些小零嘴，她的零食和一般人的也不太一樣，比如說她經常吃的一種牛肉干，便是她要圓山飯店廚房特地爲她製作的，那種牛肉干，到我離開官邸這麼多年來，我還沒吃過同樣好吃的牛肉干，那種牛肉干是呈束狀的牛肉干，大概是用一條一條的牛腱去醃製的，風味特別鮮美可口。她那時經常會叫我跑腿做事情，我都會幫她達成任務，我有時去她房間找她，她對我非常客氣，經常拿這種特製的牛肉干招待我。

（筆者按：談到孔二小姐，許多人對她的身世背景，有著各式各樣的傳說，官邸底下的服務人員流傳最廣的一種說法，就是講孔二是夫人的「女兒」，關於這個說法，基本上是欠缺實際證據的，他們的論點只是根據孔二的身材，他們說，孔家的幾個兄弟姐妹當中，大家都是高高壯壯、福福泰泰的，惟獨這位孔二小姐，是一個五短身材、又瘦又小，如果從身材上來評斷，孔院長（孔祥熙）和宋靄齡夫婦的幾個小孩，老大孔令儀小姐，長得高高胖胖的，很像孔院長；老二孔令侃，身高大約有一七五到一八〇公分左右，體格魁梧，相貌堂堂；老么孔令傑，沒有哥哥令侃高大，可是，也有一百七十幾公分的樣子；全家就數孔二小姐孔令偉最矮小，若以身材來說，孔二確實和他兄姊不像，若論長相，則和她母親宋靄玲女士，父親孔祥熙，都有神似之處。

但，以外觀來論斷孔二是夫人的「女兒」，事實上是極其主觀武斷的，我常常在想，如果孔二眞是夫人的骨肉，夫人斷沒有故意掩耳盜鈴的必要。可是，不管孔二是不是夫人的親生骨肉，我覺得從她們之間的一些舉動，可以看出一些梗概，我認爲，她們即使不是親生母女，她們的感情實在有逾於母女的關係。官邸隨從表示曾親眼見過幾幕孔二對夫人撒嬌的情景，見到這幕情景，任何人都會有些懷疑，孔二和夫人的眞正關係是什麼？

爲什麼孔二是夫人「女兒」的說法，竟然如此甚囂塵上？夫人對孔二如此寵愛、嬌縱，應該就是外人把孔二視爲夫人親生女的主因，所有的孔家子女、也就是夫人的外甥子女中，夫人固然對每位外甥子女都很疼愛，可是，對孔二確實是有一種獨特的關愛情懷，特別鍾愛此姝，這也是有主觀上的原因的，而孔二的聰明幹練，恐怕是一個很要緊的因素。）

說到孔二的聰明幹練，我是有相當深刻的體認的。

我最初到官邸服務的時候，孔二是住在士林官邸上方一個小山坡上的小型招待所裡，她給我的第一印象，是學問淵博、無所不知，和她聊天，可以上通天文、下知地理，跟她談文學，她能夠和妳滔滔不絕，跟她講科學，她也可以和妳談出一番道理。她這個人不是讀死書，懂得重點吸收，靈活運用。這一點，在老先生心臟病復發期間，得到了徹底的印證。

她為了研究心臟病，竟然把所有找得到的有關心臟病的書籍，全部找來閱讀，甚至包括配藥的書籍，她都找遍了，整個人都鑽進了研究的核心裡面。

就因為她那時讀了不少有關心臟病的專書，所以，許多醫生都很「怕」她。老先生臥病期間，她會問醫生：「老先生這種病，應該是配這種藥嘛，你們怎麼用那種藥給他？」她是以一種質詢的口吻在問醫生，有時醫生被她乍然一問，也會不知所措、難以回答，醫生告訴她，各種病症有不同的狀況，就因為有不同的狀況，而且病症牽涉很廣，因而用藥不是一成不變的。她有時就聽不下去這些解釋，認為醫生搞錯了，還拿出她找到的書詰問：「你們看，這本教科書上是這麼說的，你們看過沒有？」她的詰難，經常弄得醫院的一流大夫頭痛不已，有些醫生知道她在士林官邸的威權，都刻意迴避她的鋒頭，虛與委蛇。

記得先生剛剛發病的那一段日子，那些為先生治病的大夫，眞是左右為難，我們這些護理人員更是不知如何是好。匆匆間，甲醫師要我們為老先生配一種藥，隔了不久，乙醫師又要我們為老先生配另一種毫不相干的藥，一天要改好幾次，心臟科有心臟科的建議，泌尿科有泌尿科的處方，一會兒孔二又軋了進來，說要改配藥，她的處方才是對的！眞是弄得我們護理站不知該怎麼辦好，最後根本做不下去了，沒辦法配藥，因爲不知道要聽誰的，不知道誰是眞正正確的。

最後，夫人知道了整個事情的來龍去脈，她非常生氣，說：「怎麼可以這樣處理，這樣是不行的。」

夫人說了話，孔二就不再積極揷手醫藥問題，總統的大夫們也成立了一個小組，並且有一位小組的召集人，來針對老先生的病情，作一個總其成的工作，隨時向夫人負責。一場風波，總算平息了下來。

除了博覽群籍，孔二還有一個專長，就是蒐集情報，整個士林官邸的動態，不論是個人隱私、或是私人醜聞、還是貪贓枉法，都逃不過孔二的法眼，也都是孔二全盤向夫人匯報，官邸任何的風吹草動，根本不必勞神夫人出現，都會由孔二傳到夫人耳中，因而，孔二的角色，有時眞像是官邸的情報局長，如果官邸下人犯了過錯，最怕被她知道，可是總又難逃她的細密調查。

孔二照例每天要見一次夫人，她每天就是把從外面聽來的東西，再加油添醋地講一遍給夫人知道，如果夫人想了解某件事情，可是，自己出面又不方便，即找孔二出馬去打探消息，等孔二調查淸楚了，便把所有得悉的消息，源源本本地告訴夫人，夫人耳根子特軟，只要是孔二在她耳朵邊咬個幾下子，夫人就深信不疑，並且留下了刻板印象，誰來說情都改變不了，所以，官邸內外大家都曉得，如果要擺平某件事情的話，先得要打通孔二的關節，否則一切休想成功。

爲了要讓日子好過一些，官邸裡面的一些工作人員，不論官階大小，當然得在孔二身上多作些關係才行，像現在多已經是一些名人的軍情首長、退休高階人員，當年都是孔二座前的常客，在官邸的夜晚，這些人都要在孔二的房間「集合」，陪孔二喝酒、聊天、下功夫，酒酣耳熱之際，不外乎要談些士林官邸的有關事務。當年官邸上至侍衛長、乃至武官、秘書、侍衛官、副官……，只要孔二晚上有興緻，都要到她的招待所報到，幾杯黃湯下肚之後，這些工作人員如果有什麼心裡事情要講，趁此良機，向孔二作一番表述，也許就可以萬事ＯＫ。老先生還在的年代，士林官邸當權，夫人講話十分有份量，那時，只要把孔二這關打通了，夫人那廂大概已經八九不離十，但是，如果某人要是得罪了孔二，而且此人做事眞有值得非議之處，只要孔二一句話，嘴巴向夫人耳根子稍稍靠一靠，此人的大好前程，大概也少了一半，搞不好還要捲舖蓋滾蛋。

什麼時間是這位官邸「情報局長」向夫人報告情報的時間呢？據我觀察，她不外是在晚上，也就是在夫人休息前的一段時間，夫人反正也寂寞得發慌，每天就是巴望著她最疼愛的孔二小姐，和她談談官邸、或者是圓山、婦聯會、振興等單位的各種大小事情、是是非非，聽了孔二的報告，夫人不是頷首稱是，就是眉頭緊鎖、狀似生氣。孔二和夫人談天的話題，十之八九都和人有關。孔二的例行報告，也成爲夫人茶餘飯後的最大消遣。

官邸當年許多人便說，孔二小姐是夫人的靈魂，如果沒有孔二，夫人勢必失魂落魄。

有一回，孔二和夫人鬧彆扭，幾天都不上夫人房間報到，那時，先生身體不是很好，平常下午的外出兜風也停止了，夫人已經幾天沒出門，孔二又不來，心裡更是悶得發慌。久等不來，夫人就叫我去傳話，叫孔二上書房來看她，我也不知道她們鬧彆扭的過程，但夫人要我去叫孔二，我就得去，到了她住的招待所門口，只見孔二一個人躺在床上看書（可能是武俠小說之類的）我便向她報告，夫人想見她，孔二看見我去了，她便挪動了一下身體，頭朝裡一歪說：「妳告訴她，我今天身體不舒服，我不去！」

我不能一直呆立在房門口，只有連連稱是退出，回房向夫人回報，夫人微微嘆了一口氣，大概隔了幾分鐘，夫人實在熬不住了，要我們陪她親自上孔二住的招待所探視孔二，親自跑了一趟，才讓孔二心中平息，又和夫人親膩如故。

人家說「母子連心」，孔二固非夫人的女兒，可是，她們情同母女，有時候，難免一個鼻孔出氣，例如，有一陣子，某位女副官好像是要請假離開官邸幾天，夫人覺得她不該請那麼久的假，就要副官少請幾天，但是，她卻堅持要請假去處理私事，語帶衝撞僵持不下，孔二知道了，就和夫人一起「教訓」那位女副官，孔二說，我們蔣家對妳這麼好，妳死了丈夫，沒依沒靠，夫人肯收容妳，還把妳的四個小孩安排到華興育幼院等學校去就讀，妳怎麼可以爲請假就這樣堅持，妳要知道夫人身體不好，需要的就是你們的照顧，妳卻不留情面，簡直是「忘恩負義」、「對蔣家不忠」云云。

最後夫人和孔二取得了共識，只要那位服務人員敢走，就要她立刻把小孩從華興轉學，她在官邸取得的一切福利也全部取銷。此事，後來鬧得很不愉快，是在彼此情緒極爲惡劣的情況下收場的。

之五　蔣家家族的語言和稱謂問題

夫人和蔣家家族講話和稱謂用法，具有非常深刻的寓意。

在一般情況下，夫人講話常常是講夾雜著英文的上海話，但是，大家都曉得，官邸是一個人員非常複雜的地方，官邸內務的每一件事情，都有專門的人負責，比如清潔有清潔的人、插花有插花的人、開飯有開飯的人、做衣服有做衣服的人、燙衣服有燙衣服的人，爲了避免有些話不方便在閒雜人等面前講，夫人有時就會用英文和孔二等人交談，這樣可以不讓工作人員知道他們的談話內容。

夫人和先生之間，是講上海話的，很少講英文，因爲先生的英語不是很好。

我大概可以這麼講，夫人在和一般家人講話時，是夾雜著上海話和英文的；和先生則是純粹用上海話溝通；和我們服務人員或是專業工作人員，通常是以比較好懂的上海話、還有夾雜著國語和英文的綜合語言溝通。

老先生和蔣經國兩人，在講話的時候，講的是上海話，基本上，上海話和寧波話是有些相近相通的地方。

孔二講上海話，可是，她的國語講的非常標準，一口的京片子。

第十七回　爲退出聯合國，蔣介石心臟病發作

〈官邸某隨從的回憶〉

記憶中，官邸在民國五十八九年，爲了聯合國的問題，內部也發生了嚴重的分歧。

那一陣子的某天（後來我察覺到，那天正是我們國家發生了聯合國代表權問題的關鍵日子）我見到沈劍虹幾次來士林見老先生夫婦，然後，夫人就開始忙碌起來，那一整

天，我只見到夫人專心地伏在書桌上，拿了一支紅筆，在一張紙上塗來改去的，不知在忙些什麼，改了很久，夫人才把那張紙拿給沈劍虹取走。士林官邸的服務人員都對沈劍虹有深刻的印象，那時據說因爲他的頭髮開始微禿，在公衆場合上，都是戴假髮，他來官邸的時候，許多工作人員都會注意他戴假髮的樣子。

稍晚，我才曉得，夫人是在批改由沈劍虹寫的一篇有關我國退出聯合國的英文聲明草稿，那時我才曉得，我們國家外交方面所有的重要事宜，幾乎都是透過夫人參與決策，並且在許多重要的文稿上，皆要經過夫人過目，才能發交外交部門，送到相關的外國政府去。有人講，夫人等於是實質上的外交部長。

爲了那封信，夫人那天一直忙到夜裡一點鐘，才完成稿子的修改，我覺得她的表情，不像往常那樣平靜自若，明顯有著重重心事。

當時的那幾天，我總覺得官邸上下，好像有什麼事情不對勁，氣氛不太好，孔二老躲著蔣經國（本來孔二就對蔣經國是有些敬畏）甚至刻意不上餐廳一起和老先生夫婦吃飯。我再回顧一下更久之前，孔大先生（孔令侃）也來過台灣，至官邸來商量什麼事情，孔令侃那時住在圓山飯店，來了一陣子，就回美國去了。

之後，我聽說，孔令侃和孔二他們，事實上對先生父子提出所謂「漢賊不兩立」

——也就是只要中共進入聯合國中華民國就退出聯合國的政策，是極爲反對的，他們認爲我們應該和中共一起待在聯合國，即使中共獲得了安全理事國的地位，也基本無損於中華民國在聯合國擁有代表權的既有地位；包括孔令侃在內的一批人認爲，就聯合國這個事情來看，中華民國在作法上應該要更有彈性和妥協的空間。

但是，老先生和他的兒子蔣經國，卻不這麼認爲，他們覺得對聯合國問題，中華民國沒有任何妥協的餘地，否則就是縱容姑息主義、就是與虎謀皮。

爲此，孔家和先生父子的意見有著天差地別，兩邊談得不投機，氣氛也搞僵了，把夫人夾在中間，左右爲難，也不知道拿什麼主意，最後只有聽從丈夫的意見，夫妻一命，和中共「漢賊不兩立」，並且以宣佈退出聯合國了事。

事情過了以後，我還聽見孔二在和夫人言談之中，似乎還透露著孔家對這件事情的扼腕痛惜。

巧的是，老先生就在我們聯合國出問題後，心臟病就發作了，許多工作人員可以想像得到，老先生對我國退出聯合國，在心理上造成他很大的打擊，他對美國總統尼克森更是不滿，那時蔣家家人也深深表示了對尼克森「忘恩負義」的強烈不滿情緒，但是，那時除了徒呼負負之外，又能如何呢？

（筆者按：蔣介石總統心臟病的發作，是在民國六十年的八月，而民國六十年那年，美國總統尼克森開始接近北京政權，表示將解除對中共的全盤貿易禁運，以及將親自訪問大陸。八月二日，美國國務卿羅吉斯宣佈，美國將贊成中共加入聯合國，但反對排除中華民國於聯合國之外。換言之，美國當時的政策是主張中國在聯合國應該一國兩席，包括當時在美國一直被目爲中華民國「地下大使」的孔令侃，都接到華盛頓當局的訊息，強烈表示美國對中國代表權問題的此一立場，但是，美國這一嚐試性的訊息試探，卻受到來自中華民國內部強烈反對中共入會的勢力的堅決反對，認爲中華民國和中共應該勢不兩立，絕對不允許妥協，誰妥協就是中了「姑息主義」的毒素。

孔令侃當時的職位，雖然不是大使，但是，他的職務是蔣介石「欽定」的國策顧問，經常代表蔣介石政府和美國進行高層磋商，他帶回的資訊，不但引起中華民國內部極大的震撼，而且，也在官邸蔣氏家族內部引起一陣爭議。以孔令侃、孔令偉爲代表的孔家家族親美勢力，堅決主張要在當時艱困的國際局勢中求自保，只有配合美國在聯合國的運籌帷幄、策略運用，爭取一國兩席，換言之，孔令侃認爲應該靈活運用，以一國兩席作爲中華民國的最低利益底限，而不是採取全然放棄、讓親痛仇快的完全退出聯合國的消極動作。

由於官邸內部派系勢力的糾葛，和國際政治的變化，蔣經國主張的「漢賊不兩立」政策，最後被蔣介石首肯接受，但是，就在蔣介石得知聯合國代表權問題勢不可爲的狀況後，突然心臟病發作而病倒。）

第十八回　政治婚姻？鶼鰈情深！

不少外界的朋友，喜歡拿政治婚姻的名詞，套在先生夫人身上，我覺得這是不盡然正確的。

我自己也結婚廿來年了，我對婚姻的體認也十分深刻了，我再回想夫人和先生當年的狀況，我覺得外界是不了解他們，才會有那樣的誤解。

在先生身體還好的時候，先生對夫人，一向便是關心之忱，溢於言表，我可以感覺到，先生對夫人的情愛，絕對是眞誠的，起先，我發現夫人似乎對老先生的關懷比較冷淡，反應不是太熱絡，但是，這種感覺到了先生生病之後，又有了不同的觀感。

例如，早些年只要孔二不在夫人的身邊，她一定會找來一些官太太，叫她們來士林官邸和她聚會聊天，度過無聊時日，可是，等到老先生病了之後，夫人摒除了一切的嗜好和交際，全心全力地爲老先生的身體竭智盡慮，陪著老先生一起住院就醫，長年如此，這是不容易的。

（筆者按：蔣老先生從青年時代，就有各種的風流故事，他在和宋美齡結婚前，公開的妻妾就包括了毛福梅毛夫人、姚冶誠姚夫人、陳潔如陳夫人以及被外界談論最多的也就是一位日本小姐，至少有四位，儘管宋美齡在婚後，對蔣可說已經既往不究，然而，蔣過去的紀錄是抹不掉的，至少宋美齡心中的印象是無法消除的，加上一些「漏網新聞」經常在時人口中相傳，聽到宋美齡耳朵裡，當然會引起軒然大波。

比如，抗戰時期盛傳蔣的老情人陳潔如，從美國回來了，這則傳聞並且說宋美齡為此和蔣大鬧大吵，最後以蔣低頭認錯收場云云。

類似的傳說，實在不一而足，似是而非，難以令人置信者亦所在頗多，然而，宋美齡在一篇正式文章中，對她和蔣介石總統夫妻之間的情誼、和她對蔣介石崇敬之情的敍述：「在這麼多年來我與先總統共處的日子裡，幾次聽到他平靜而又堅定地告訴我，他的目的乃是將自己奉獻給國家和黨。讀到上面的話，我要情不自禁的淚眼模糊了，並不是因為我對於先總統精神之了解——而是在我內心那份油然湧出的驕傲感。我所驕傲的是在這艱難的時代，我們有這麼一位不平凡的領袖，使世界人們確認中國永遠是一個民族、一個國家，我們不再被蔑視為歷時約三個世紀之久的東亞病夫。……」。）

第十九回　巨星的殞落

先生發病，我們醫療小組的醫生和護士，當時是相當辛苦的，一個最重要的因素，是當時上面交待，要把有關老先生生病的消息全部封鎖，所以，除了我們官邸服務人員之外，不准其他的醫療人員，知道老先生出了狀況，以免消息走漏，影響政局，後來，據我們了解，這是夫人的意思，可是，外頭的消息似乎傳得很快，有些敏感的人似乎都已經曉得先生好像得了重病，暫時不能視事。畢竟，紙是包不住火的，老先生本來經常出現在各種媒體上，接見外賓、主持會議，太久不在公衆場合出現，當然會有這種情況發生了。

不久，心臟權威余南庚博士回來主持治療先生的病情，他一回來，我們就奉命給老先生移床，移床行動是極其秘密的一次行動，在所有相關人員小心翼翼之下，終於完成了這項任務，安全把先生送到醫院特別病房，進行漫長的療程。

雖然，夫人是不用爲先生作些細瑣的照顧事宜，甚至大概連開水都沒爲先生倒過一次（事實上官邸人員衆多，這種小事那兒要夫人操煩？），可是，在後來先生淸醒期間，她還是經常會問老先生：「你要吃些什麼嗎？要不要我叫誰給你弄點什麼東西吃吃啊？」關懷之心，溢於言表。

民國六十四年的四月四日，深夜十一點多，我去士林官邸上班，到門口時，我就發覺那天官邸的氣氛有些不對勁，怎麼忽然來了那麼多的黑頭大轎車，還沒進門，一位在官邸打雜的熟人低聲告訴我：「先生大概不行了！」我一聽，知道老先生可能眞的出了什麼狀況了，我三步併作兩步，快走上樓，準備去看看需不需要幫忙，那一陣子夫人剛剛因爲乳癌開刀，亟需我們護士的照料，我從夫人住的書房，通過一條通道，走進先生的房間，只見當時裡面護士和醫生亂成一團，孔二小姐見到我走上樓，跑了過來，她對我說：「L小姐，妳去換換手好了，先生好像眞的不行了！」孔二小姐講話時的表情十分沉重，她的意思似乎是要我去幫忙醫護人員，爲老先生作最後階段的心肺復甦術，我當然毫不遲疑地跑到先生病床跟前。

不知道內情的人從病床旁醫療儀器發出的聲音，還以爲老先生的心跳還在維持，然而，實際情況已經十分糟糕的，那些響聲完全是呼吸器的音響，老先生的心膊早已停止，甚至連生命現象都已經終止了。那時，經國先生一個人坐在床邊的一張長沙發上，面龐表情痛楚，低聲啜泣著。

過了幾分鐘的樣子，醫官走到經國先生跟前問他：「報告教育長！是不是要報告夫人啊？」蔣經國不假思索地說：「好！你們就去報告她好了！」

夫人已經早就心裡有數，知道先生爲時不久，她走到先生床前，表情非常沉重，但外表看來似乎還挺得過去似的。

醫官們還是奮力在搶救著，大家都還是抱著一線生機，爲老先生的性命努力著，大概施救到半夜十二點多快一點的時候，總統醫療小組的召集人正式宣佈施救無效，老先生已經逝世。

令人不敢相信的，就在醫療小組召集人宣佈老先生已經逝世的消息時，窗外突然吹進來一陣大風，幾響雷電之後，便下起了大雨來，服務人員都直覺那是一種異象，但是，大家根本無暇去觀看那樣的「奇景」，上級告訴我們，一會兒五院院長要來瞻仰遺容，要我們趕快把書房所有的醫療器材收好，有好長的一段時期，爲了醫護工作的便利，老先生的房間裡，到處擺滿了各種急救藥品和醫療器材，這些醫療用品全部放在老先生房間的一張檯子上，副官們的手脚很快，不到一會兒的功夫，那些原本還雜亂放在檯子上的醫療用品，已經全部收到旁邊另外的一個小房間裡去了。在此同時，副官和內務人員幫忙把老先生的床單整理好，衣服穿妥當，房間內務也都處理清爽了，老先生的遺容看起來顯得很安祥。

五院院長一起來瞻仰過了遺容，我們就準備移靈工作，那時，只有榮民總醫院才有存放遺體用的冰櫃，移靈的時間是六日的凌晨一點多的光景，移靈的車隊冒著滂沱大雨，從士林出發，夫人和孔二小姐坐同一部車，從外表看起來，夫人並不像一般的未亡人那樣，一把鼻涕、一把眼淚哭得不成樣子，但是，從我長年跟隨她的經驗來研判，我覺得夫人是一個很善於壓抑自己情緒的人，那天，她一方面是在壓抑自己的情緒，一方面也是因爲她早就知道了老先生已經不久人世，所以，老先生的死，並沒有讓她震驚莫名。

到榮總之後，我們非常訝異的是，榮總不但安頓妥當移靈各項作業，而且已經擺好一個簡易的靈堂，供蔣家親屬和聞訊趕來的各級首長悼唁。更令人不可思議的，原本榮總正在施工興建新大樓，因而外面的馬路遍地泥濘坑洞，可是，只不過幾個小時的時間，等隔天我們再陪夫人去榮總時，門口原本泥濘不堪的馬路，已經鋪上了簇新的柏油，路面也整理得十分平整，因爲，榮總從第二天早上開始，四處擠滿了來自各地的中外賓客，到榮總悼唁。

爲老先生移靈當天晚上，我們還是陪夫人回到陽明山中興賓館休息，那個夜晚，可說是夫人度過的最長的一個夜晚，整夜就見她翻來覆去久久未眠，我很可以體會出她內心的痛楚。夫人一生和先生廝守共處，一起度過了許多家國的危難，儘管有人說他們是所謂的「政治婚姻」，但，我覺得在晚年，夫人在先生晚年眞的作了很多的犧牲，特別是生活型態上的改變，更顯現她對先生深情一面。

老先生死後那些日子，夫人的生活狀況，仍然和以往相同，每天還是要服務人員爲她按摩，由於，隔了幾天後，老先生的遺體已經從榮民總醫院移往台北國父紀念館，夫人固定每天下午要到國父紀念館去，爲方便照顧她，我奉命換成白天班，可以專門陪她去國父紀念館守靈。每天下午，大概吃過中飯不久，她看了一會兒書，她就會告訴我們說她一會兒要去國父紀念館了，我就曉得該去換衣服了，她隨後也去把家常的旗袍換下，穿上黑色旗袍，官邸內務科也爲我訂做了一套黑色旗袍，只要夫人說要去國父紀念館了，我就去換那套穿起來實在不好受的黑色旗袍。

老先生過世的陰影，在官邸內部造成深遠的影響，這層陰影就像陽明山濃得化不開的雲霧，久久不散，逝去的日子，在她心中烙下深刻的印記。六十四年下半年，夫人就離開台灣赴美國治病，另一段新的生活正迎向夫人和我們所有隨從她去美國的工作伙伴們。

第二十回　夫人重要隨從素描

談到夫人的幾個重要隨從，大概先得從為她管理密笏機要的兩三個人開始說起。

在文書秘書方面，夫人身旁一直跟著一位陳小姐，此姝長得魁梧壯碩，塊頭特大，學問聽說相當不錯，有人講是夫人美國魏斯里大學的學妹，當然，在年紀上要比夫人年輕多了。

陳小姐的英文造詣很好，但是，夫人對英文修辭是很注重的，我經常見到陳小姐小心翼翼地拿了篇文稿，送到夫人面前，夫人就很不客氣地拿起紅筆，在文稿上面，這裡畫畫、那裡改改，一篇文章的草稿總要個把鐘頭才會改好，等夫人改過了，陳小姐再把那張已經被紅藍筆塗抹得不成樣子的稿子，拿去再用打字機重新打字，等打好字，再請夫人過目，一切沒問題了才准發稿出去。

陳小姐平時沈默寡言，但是吃起東西來很有辦法，夫人特別喜歡招待人東西吃，每次她來，夫人知道她喜歡吃點心，就吩咐廚房，給陳小姐準備點心來，等廚房把點心送來，陳小姐通常是照單全收，全部搬回去大快朵頤一頓，她根本不怕胖，愈胖愈吃！

夫人的得力助手裡面，還有兩位兄弟檔，就是知名的游建文、游建昭兄弟。

有公事要辦時，游建文一向跟著老夫人身邊，須臾不離，我對這個人的印象是，規規矩矩，客客氣氣，後來因爲夫人經常去美國洽談公務或是久住不歸，夫人就要外交部把游建文調到美國紐約當總領事，如此，游秘書就可以名正言順地在美國，爲夫人辦些公私雜務了。

游建文待在美國的時機比較多，可以說是夫人當年在美國的總連絡人，至於游建昭，就是專門負責台灣部份的事務，在台灣，游建昭主要的工作是在婦聯會，早期，婦聯會爲軍眷區蓋了不少房舍，幾乎都是他一個人在幕後幕前張羅，孔二小姐來了台灣以後，游建昭就歸孔二小姐節制，反正所有婦聯會的事情，多半要經過孔二經手，再向夫人報備同意之後，孔二再交予游建昭去辦，建昭扮演的角色等於是執行者，完全風承孔二意旨辦事。

建昭在兄長過世之後不久，亦辦理退休，現在美國養老，不過夫人交待什麼事情，大概也難免還要跑跑腿。

除了上述這幾位之外，夫人還有一位貼身的武官叫宋亨霖，此人五短身材，可是精力充沛、幹勁十足，思維想法更是細膩週延，很討夫人信賴喜歡，在現在美國宅邸人丁稀少的情況下，宋武官成了夫人極力仰賴的棟樑，宅邸內外，都是他一個人張羅奔走，對夫人更是忠心耿耿。

第二十一回　美國官邸的一幕茶杯風暴

〈美國宅邸某隨從的口述〉

夫人去美國之後，基本上，她的生活作息上還是沒有大的改變，還是和以前差彷彿，只是來往的人比較有些不一樣，夫人嘛還是和些孔家的親人在一塊兒，孔二大部份時間陪伴在她的身邊，把夫人旁邊的一些隨從工作人員管得怨天尤人，但，總而言之美國官邸的生活還是很平靜的，因爲夫人在美國紐約住的，是屬於自己的一幢公寓房子，房子很寬敞，當然沒有像台灣這樣的排場氣派囉！

因爲地方小，隨從們的生活苦悶，難免就要出現些小問題。

夫人是民國六十四年的九月間，去的美國，到了隔年的四月初，正值老先生去世週年，她總要回來看看哪！我們陪了她回來之後，就有位同事請調，太辛苦了受不了，夫人也覺得對原先護士不滿意，也同意換人，於是就換了一位護士。

這位護士人長得白淨漂亮，脾氣也不錯，夫人還滿喜歡的，就選上她和大家隨行去美國照顧夫人。

誰知道去了美國之後，卻發生了意想不到的問題，我記得那是民國六十八年的冬天的事，外頭著大雪，我們下面的服務人員好多在講悄悄話，我見了好奇，就湊過去聽，這下子我聽到了驚人的消息。

原來，夫人的一個貼身隨從某某，和那位新來的護士搞上了，兩個人焦不離孟，孟不離焦，那位老隨從人足足比我們新伙伴大二十來歲，都可以當人家爸爸了，連兒子都已二十幾歲，大學畢業了。

我輾轉聽到的說法是，那位新護士原來有個很要好的男朋友，是台北某醫院的醫生，但，交往幾年論及婚嫁時，男方的母親反對，認爲兒子是醫生，當然要找個門當戶對的醫生小姐才夠格當她家媳婦，這位護士小姐一氣之下就和男朋友分手。

而分手那段時間，正是她答應接受來美國照顧夫人的任務的前夕，那位護士大概想，遠離台灣可以遺忘一些事情，如此，她就懷抱著鬱悶的心情來到美國紐約夫人宅邸。

到了紐約之後，大家工作都很單調、心境自然也很苦悶，工作的小圈子裡，就是那麼幾個人，日久難免有些搞七捻三的事情發生，夫人的那位老隨從嘴巴一向很甜、很會講話，又懂得女人的心理，三下兩下，就贏得了新護士的芳心。

最早，我們都沒注意兩人眉來眼去的情形，倒是那位護士的室友，發現了兩人的交往內情，因為，美國宅邸不像台灣那樣寬大、房間數目也沒有士林官邸多，她們有兩位護士是共住一個房，那位老隨從經常在下班之後，和新護士一起進她的小房間，兩人一進去就是老半天，不用說，也知道他們兩個人在房內做什麼事，起先，不知情的室友衝了進去，立刻花容失色地跑了出來，消息就是這樣傳開來的。

那位護士室友實在也是倒楣，每次下班了就是她心情最差的時刻，因為她不知道要躲到那兒去，房間裡有一對情人，裡面正在情話綿綿，又不便在裡面當個超級大電燈泡，只有流浪在外，美國宅邸不比士林，沒地方可以躲，只有那邊窩窩、這邊走走，下班比上班還苦。

後來，這位老隨從也曉得如此做來，話傳開來不好，每天下班以後，就和那位護士相約，由那位仁兄開車，乾脆開車到市區找地方去瀟灑。

前面講過，孔二是夫人的情報局長，這種事情那兒能逃得過她的法眼？三兩天便傳到她的耳朵裡，然後夫人也很快知道了，夫人聽了似乎一肚子火氣，可是又沒有好方法去干涉別人私人的問題，畢竟那裡是美國，是一個講究私人隱私權利的國度，夫人也只能很感慨地嘆息：「唉呀！這眞是造孽啊！人家年紀輕輕的，大好前程都毀了嘛！這個小姐也眞是的，誰不好看上，偏偏會看上他，年紀都可以做他的阿爹了，眞是的！」

後來，夫人有次「順便」問了一句那位隨從：「聽說最近你有喜事？」某隨從臉不紅心不跳，很自然地說：「報告夫人，我準備和我太太離婚，過不久我就娶某護士！」

夫人聽了苦笑笑、頭搖搖。

爾後，果然某隨從和他的元配離了婚，付了筆豐厚的贍養費。他們在工作的時候，向來是兢兢業業的，從不出紕漏，老夫人只好任由他們去，再也沒有作聲管這檔子閒事。

後來，某隨從和這位年輕貌美的護士婚後，生了一個小寶寶，老來再得一子，這位老兄十分得意，算算年紀這個小孩目前總有五六歲了。

第二十二回　進軍大陸

反攻大陸是一個無法兌現的夢想了，孔宋家族早在民國四十年代，就抱持這樣的看法，只是大家沒有說穿而已。然而，當民國七十六年，台灣的政府漸漸開放大陸政策以後，所有的台灣生意人都去了大陸，蔣家家族對大陸還是十分保守遲疑的。

但是，孔家在最近期間，特別是民國八十三年以來，更加緊了對大陸經商活動的試探行為，民國八十三年初，孔家的一個私人代表，悄悄到達了北京和上海等地，期待能在大陸市場已經開放得無以復加的現階段，能夠分上改革開放的一杯羹，當然，以他們在中國近代史上所佔有響亮名聲地位，中共當局自是十分歡迎的，然而，據我側面的了解，孔家的這個代表團，雖然在大陸受到熱誠的款待，但是，基於穩當的考慮，而且在目前大陸外商雲集而不見得家家獲利的情況下，孔家即使有大陸高幹的允諾，短時間內，還是不會有斷然的投資行動決定下來。

但是，進軍大陸，仍是孔家在美國目前仍稱龐大的家族財團勢力未來最終目標，時勢如此，就是老夫人本人，大概對孫輩的行動亦抱持充份認同的態度的，夫人有幾篇名為「我將再起」的文章，我想，她絕對亦是贊同孔家或是宋家的經商威名重新在神州大陸「再起」的。

第三章　宋美齡生活的吉光片羽

——一位宋美齡隨從的自白

第一回　燕居歲月濃淡皆宜

宋美齡是民國卅九年元月來到台灣的，剛回到台灣來的時候，那時，正是台灣地位最危急的時候，爲了發揮全體軍民的整體力量，宋美齡領導的婦聯會，和蔣介石父子領導的黨政軍力量，內外一致地致力於所謂的反共抗俄復國大業。

在婦聯會這類的組織剛成立之初，宋美齡的確花了很多心思和精神，可是，畢竟宋美齡是個很重視生活的人，而且，五分鐘熱度一向是中國人的性格，經過幾年熱烈的活動，婦聯會基本上慢慢恢復了往日的平靜，本來是每天的活動，變成只在節日才舉行類似的活動。

在婦聯會由絢爛歸於沈寂的情況下，宋美齡再度開始過著平靜的日子，宋美齡基本上是一個很懂得享受的人，加上宋美齡出身於大陸最大的資本家家庭，又是留學美國的人，她的生活更是充滿了神秘色彩。

然而，這樣一個出身世家的富家女子，為什麼在近年的一些報章報導中，要把她和一些什麼「垂簾聽政」、「婦人干政」等等的字眼詞彙類比在一塊兒，這究竟是何原因？根據我數十年來在蔣介石夫婦身邊的觀察，我覺得宋美齡絕不是一個有強烈政治野心的人，外界之所以把宋美齡塑造成一個「垂簾聽政」的人，大概和她耳根子一向太軟、並且和一貫對孔祥熙家族言聽計從有關。

初來台灣的時候，宋美齡過著一種像是清教徒般的生活，她四出勞軍、巡視，並且以婦女領袖的身份，到各地視察婦聯會分會運作的狀況，但是，這些繁忙的活動，其實只是一種表象，在表象的背後，宋美齡的生活本質上並沒有產生太大的變化。

基本上，宋美齡的官邸生活是很平靜安逸的，即使在海峽兩岸軍事情勢最緊張的時期，宋美齡還是沒有改變她的生活方式，她是我看過最懂得享受的人。我因為工作的關係，長期陪伴在她的身邊，對她的生活作息，和平日瑣事，都有比較深刻的觀察。

我心目中，宋美齡是一個思維很單純的一個人，儘管貴為第一夫人，也有她天真可愛的一面，記得有一次，我在宋美齡的身後不遠處隨侍，她突然像是看見什麼似的，眼睛一直盯著一個女性服務人員的頭髮瞧，我當時還沒注意，她忽然衝著那位小姐問道：「妳頭髮上綁的彩帶是什麼地方買的？妳可以幫我買一些回來嗎？」

我們往那位小姐的頭上看過去，原來是一條很普通的絲帶，那是以前年輕女孩綁頭髮用的，價格十分便宜，那位小姐有些不好意思地說：「如果夫人喜歡的話，我可以為夫人帶一些來讓您選，因爲我買了不少這樣的絲帶。」可是宋美齡卻淺淺地一笑，回答：「妳還是幫我去買一些來吧，我很喜歡這種絲帶，下午妳就去買，叫他們派部車去吧！」

宋美齡一向是結髮髻，似乎她有意要改變髮型，給自己一個久久不曾有過的新鮮感受吧。據說，那天下午，宋美齡果然吩咐了官邸內務科人員，爲那位小姐派了一部車，特地到台北市中山北路的晴光市場，去買宋美齡交待要買的那種廉價絲帶。

那次一共爲宋美齡買了十幾條絲帶，宋美齡顯得很高興地，馬上把那些絲帶全部拿到她的書房，然後就在梳妝鏡面前，要人幫她把絲帶綁上，然後，左邊看看，右邊瞧瞧，一連二天頭髮上都綁上這些彩色鮮豔的絲帶。

隔天下午，宋美齡還是綁上彩色絲帶，和蔣介石一起到官邸花園散步，就在散步的途中，宋美齡突然問蔣介石：「達！（夫人一向稱先生「達」，為英文DARLING的略稱）你看看我頭上綁的這個髮帶怎麼樣啊？好不好看嘛？」通常，蔣介石對他認同的事情，如果不是很重要的話，遇到有人問他意見，他大概不外是說聲：「嗯！嗯！」。那天，我依稀記得，他只是嗯了二聲，然後衝著宋美齡腦杓後面的那撮紅色髮帶，用眼睛的餘光掃了一下，然後就把目光挪到別的地方去了。

一般，假如蔣介石對某件事情不怎麼贊同的話，他就會直接說了，我印象中，那次蔣介石聽了宋美齡的話又輕描淡寫地補充了一句：「哦！這種絲帶不都是小女孩綁的嗎？」

宋美齡知道蔣介石這句話裡面是話中有話，他顯然並不喜歡宋美齡綁的那種顏色鮮豔的絲帶，那天散步回去之後，宋美齡就悄悄把絲帶收了起來。

從這次的事情，也可以看出，宋美齡也有她天眞的一面，更可以看出，她其實和一般的婦女朋友一樣，抱持著「女爲悅己者容」的心態。這個事例也能夠看出，宋美齡雖然外人很多的說法都認爲她本來是一個很跋扈的人，而且天不怕地不怕，但是，經過這件事情之後，我才知道原來宋美齡是這麼的尊重蔣介石，他們和一般傳統的夫妻固然不同，可是，宋美齡也有她可愛的一面，綁髮帶就是一個最具體的事例。絲帶事件發生後，官邸一時之間引爲笑談，大家都對宋美齡居然如此具有童心，感到不可思議。

儘管宋美齡出身世家豪門，可是，在我的觀察中，她並不是一個奢侈浪費的人。有一些早期大陸關於宋美齡著作，曾經誇大報導她早年的生活作息，例如有的書說她經常要佣人爲她更換絲質床單，一天總要更換個好幾回，又說她用的紙巾，一張就要耗費美金二十元，一年光是花在衣著上的開銷就要耗去一百多萬元（大陸時期的袁大頭銀元），這些說法，在我看來，至少在台灣時期，宋美齡是沒有這樣的狀況的。

就拿她的床單來說，也不過是普通的純棉織品絕非外傳的什麼絲床單，也沒有一天換個好幾次的情況，大部份時間是一二天換一次是眞的。

許多人認爲，宋美齡和蔣介石是典型的政治婚姻，基本上，我對這個說法，只同意一半。在早期，宋美齡和蔣介石確實有可能是所謂的政治婚姻，那可能是早期大陸的政治環境，不得不耳的一種情況，然而到了台灣以後，或許是人本來就會日久生情，所以，宋美齡和蔣介石二人間的關係，也發生了本質的改變。

陪伴宋美齡多年，我覺得宋美齡是一個生活得相當單純的人，她在生活作息上，和蔣介石可說是完全相反，蔣介石是早睡早起，而宋美齡則是一個夜貓子，晚睡晚起，十足是個享受生活的人。

早上，她起來以後，就由一位女副官爲她作全身按摩，通常，她要躺在床上好一段時間，才慢條斯理地起床，剛到台灣來的時候，是由蔡媽爲她梳頭、化妝，後來，蔡媽離開官邸退休，才另外找了一個副官服侍宋美齡早上梳妝和盥洗等事宜。

在此同時，副官和內務科的工作人員已經爲她備好茶水（她通常喜歡喝淡淡的龍井茶）和報紙，她也歡喜在臥榻上斜躺著，點起一根薄荷菸來抽（後來她為健康上的理由，戒除了抽菸的習慣，戒菸的時間大概是在民國五十年代末期，也就是陽明山車禍之後的事情。）

因爲她起床的時候，多半已經超過十點，所以偶爾她會在床上吃早點，而蔣介石早在清早就已經吃過早餐，所以，早飯宋美齡是不和蔣介石一塊兒吃的。

宋美齡非常注重自己的體重是不是過重，所以，她不常吃肉類食品，但是，她很重視醫生的建議，只要有醫生告訴她，該吃一點蛋白質的東西，她就在早點時，吃一個蛋，她偶爾才吃一點肉，有時候，她患感冒了，也會吃一個蛋，來增加抵抗力，宋美齡的早餐菜單十分簡樸，由此可見，宋美齡對吃東西是從來不挑剔的，她並不像外界宣稱的那樣大魚大肉，一點沒有節制。

士林官邸大客廳有二台大冰箱，這二個冰箱，都是宋美齡專用的冰箱，一個冰箱裡面放的是水果，另一個放了不計其數的巧克力糖，當然，這些巧克力糖都是別人送的禮品，大多數是高官孝敬的。

宋美齡很喜歡吃水果，幾乎每天必吃，水果不一定是進口貨，大部份是些時鮮水果，少數是國外進口的東西。

因爲她對熱量的控制很嚴格，所以，她幾乎很少吃什麼糖果或是巧克力，別人送的東西有很多都在冰箱中腐爛了，才全部丟棄，或是交給官邸工作人員送給外人吃。

蔣介石官邸有一個習慣，凡是冰箱裡吃的東西，只要有腐爛的情形時，通常官邸內務科的人會向宋美齡報告：「報告夫人，冰箱裡的某某東西已經爛掉了，必須丟掉了！」必須告知宋美齡，內務科的人才敢把快爛掉的東西丟掉。有時候，腐爛的情況並不是太嚴重，宋美齡會說：「那麼乾脆把它送給某某人的小孩吃吧！」內務科的人當然也要照辦。

中飯和晚飯，假使不是有什麼事情，宋美齡是要和蔣介石一塊兒吃的，但是，儘管是一起吃，可是，兩人吃的東西口味完全不同，蔣介石喜歡吃中式餐點，特別是江浙口味的飯菜，至於宋美齡，她通常只吃西式飲食，對中式餐飲只偶爾嚐上一嚐。

從蔣家吃飯的情形，也可以一窺官邸的生態和政治動態、人際交往。

和親族進餐，官邸可以說很少有全員到齊的情況，大部份時間，官邸都是只有宋美齡和蔣介石二個人吃飯。

偶爾，蔣經國和蔣緯國來官邸進餐，我總覺得餐桌上實在顯得太安靜了些，大概只有餐具碰撞的聲音，除此之外，全程根本沒有人講話。但是，宋美齡有一個習慣，就是喜歡爲來客揀菜吃，蔣緯國就最「怕」宋美齡爲他夾菜，因爲，宋美齡對客人一向非常客氣，只要是客人，一定爲他揀菜揀到客人吃飽爲止。

從每次官邸宴客的經驗來看，蔣介石、宋美齡夫婦和親人之間的關係，並不是太熱絡。

如果要在經國和緯國之間，作一種比較的話我感覺宋美齡對經國還是比較親切的，我認爲，這和經國掌握實權，而緯國的權力相對比較小有關，畢竟，宋美齡非常淸楚，蔣介石有心要把政治權力轉移給蔣經國，在那個時候，蔣家除了蔣經國之外，沒有人可以膺此重任，也只有蔣經國有這樣的能力，因而，宋美齡對蔣經國自然是另眼相看，這道理很簡單。

但是，蔣經國的太太蔣方良若要和蔣緯國的太太邱愛倫比起來，宋美齡和邱愛倫之間，似乎比較聊得起勁，據我的觀察，是因爲邱愛倫比較年輕，也愛打扮，在衣著裝扮上，總是比較新潮，宋美齡看邱愛倫的衣著儀表，自然會和她閒聊，說這個首飾在那裡買的，你的頭髮好漂亮，是叫什麼髮式。

即使到了七八十歲的時候，宋美齡還是保持著一顆愛美的心，只要是邱愛倫身上的服飾或是裝扮，她覺得很欣賞的，必然就要叫人爲她打點好，讓她也感受一下時髦的氣氛。

蔣經國和蔣緯國一般只有年節場合，或是二老夫婦過生日的時候，蔣經國和蔣緯國才會帶著老婆到士林共度佳節。否則，平常士林官邸很少看得到這二位太子的身影，可見宋美齡和他們的交往並不頻繁。

夜晚是官邸早年最迷人的時候，儘管宋美齡已經不復當年的年富力強，可是，她對生活情趣的注重，絕非輕易改變。

晚上，宋美齡喜歡利用來作爲休閒活動，例如她會叫副官爲她打開電唱機，放些旋律優美的古典音樂，靜靜欣賞。

偶爾，她會叫勵志社電影股的人員，把一些精采的首輪電影片子，拿到官邸來放映，沒看電影的時候，就叫些官太太來官邸和她聊天，一般的情況，她和官太太閒聊的話，可以談到十一二點，然後才「放」官太太離去。

有時候，官太太會起哄打牌，她們不是打的麻將牌，而是玩的橋牌，純粹是娛樂性質，沒有任何的賭博色彩在裡頭，後來，有些官太太起哄，何不在玩橋牌的時候大家「小」

玩一下，輸的人不管，只要是贏來的錢，一律「充公」，當作華興和振興的創辦基金。

第二回 神奇多樣的官邸宗教活動

宋美齡早年因爲家庭的關係，是一個非常虔誠的基督徒，據說早年她的娘家會答應蔣介石的求婚，一個最大的理由，也是因爲蔣介石應允在婚後信奉基督教或是信奉基督教義。

大陸時期，蔣介石爲了夫婦倆禮拜天有做禮拜的地方，到處設立所謂的凱歌堂，到了台灣，也在士林官邸旁，建了一處私人禮拜堂「凱歌堂」。後來，連蔣介石和宋美齡經常去遊歷的地方，那怕是荒郊野外也興建私人教堂，像南投日月潭的涵碧樓，其後側就蓋了一棟教堂，就是給蔣介石和宋美齡專用的。其他台灣各地的歇脚地點，也有不少蔣家的私人禮拜堂，可見，爲了他們的宗教生活，政府還要花費大量的公帑，去爲第一家庭蓋教堂。

早期在士林官邸，星期天作禮拜，是一件很愼重的事情。

官邸警衛組爲了每個禮拜天「凱歌堂」的禮拜活動，還要大費周章設計通行證，控制進出人員並且佈置嚴密的警衛系統。

一個最大的原因，凱歌堂的此一盛會，凡是當時黨政軍高層人員和夫人們，都在應邀之列，當然，宋美齡是以基督教徒爲應邀對象，可是，在那個人治色彩那麼濃厚的時代，大家都清楚，如果要生存，就要跟領袖「同甘共苦」，領袖吃苦，大家跟著吃苦，領袖信教，大家最好也跟著信，跟著潮流走嘛！

宋美齡從小就養尊處優慣了，而且是個典型的夜貓子個性，遲睡晚起，最早，宋美齡每到星期日，必定是起個大早，絕不缺席禮拜，到了禮拜天上午的十點半鐘左右，總是和蔣介石二夫婦，連袂出現在凱歌堂，等他們二人到了教堂，儀式就正式開始。

因爲宋美齡早期，對宗教活動還很熱衷，所以，下面的一些官太太們，也不得不跟著樂此不疲，可是，若每個禮拜這樣作，對宗教比較不是那麼熱情的人，當然會暗自叫苦。

不要說官太太受不了，就是宋美齡的隨從也有受不了的傳聞，有的侍衛人員，最怕禮拜天上凱歌堂作禮拜，尤其是奉命派在凱歌堂裡面作內衛工作的人，更是叫苦連天，因爲，侍衛人員多半是不信教的，如果被安排在禮拜堂的前排，那更是「麻煩」，別人喊阿們，你也要意思意思跟著做樣子喊阿們，別人在聽牧師證道，你也要跟著聽證道，作禮拜少說也要一個多鐘頭，若是坐在前面的隨從人員，自然視作禮拜爲畏途，當然，如果本身是基督教徒的人，就不會有這樣的感覺了。

宋美齡本人，除了士林凱歌堂的禮拜活動，還有婦聯會每週一次小型祈禱會，在婦聯會活動頻繁的時期，宋美齡也是每個禮拜都不會錯過，一些婦聯會喜歡搞關係的夫人們，也積極參加，向少缺席，可是，等到民國五十年代初期，蔣介石以下的官員比較少喊反攻口號以後，婦聯會活動也開始清淡，這類的小型祈禱會，也在宋美齡本身不是很積極的情況下，變成三天捕魚，二天晒網的情景。

但是，五十年代，凱歌堂的禮拜活動，還是未曾中輟，不但在官邸宗教活動正常進行，就是蔣介石出門度假，有些重要的度假據點，蔣介石也叫人蓋了專用的禮拜堂。就像前面講的日月潭，便是一個明顯的例子，可是，等日月潭的那座教堂建好之後，蔣介石的身體狀況卻一天不如一天，他沒體力再到各地度假，當然更不可能再到各地的度假地點做禮拜了。

讀聖經、祈禱、唱聖歌是蔣介石每日的必修功課，即使在病中，也從未中輟，可見，蔣介石晚年對宗教信仰之堅定，這一點，他是充份實踐了他答應宋美齡母親的結婚條件。

在這方面，蔣介石恆心是絕不輸給宋美齡的，當然，宋美齡的書房桌上，也擺著聖經，教義之類的靈修書籍，她每天都要利用下午的時間，閱讀一小時左右的聖經，讀完聖經還用英文寫日記，這成了她每天絕不中輟的例行節目。

民國五十年代末期，宋美齡一方面是受到陽明山車禍的影響，身體受了嚴重外傷，後來調養了好一陣子，大概從這個階段開始，宋美齡比較疏於禮拜活動，特別是像凱歌堂的禮拜，有時候，她大概是前一天睡晚了，第二天起來沒什麼精神，便囑咐屬下說：「告訴先生，說我身體不舒服，禮拜我不去了。」

宋美齡因爲身體的緣故，減少去作禮拜的次數，有些官太太見到夫人不去做禮拜了，人也慢慢減少，最後留下來的，都是對宗教眞正有興趣的人，所以難免看起來凱歌堂作禮拜時，是有點冷冷清清的樣子，愈到後來愈是如此。

基本上，宋美齡的宗教信仰，是源於家族傳統，所以，宗教精神是自然流露在她的身上，而官邸的其他蔣家成員，對宗教的感受和表現方式，就不是十分一致了。

以蔣介石來說，可說是蔣家成員中，對宗教信仰最眞誠的一位，蔣介石的書房裡，掛了三張照片，右邊進門的地方是耶穌基督的畫像；對面是他的母親王太夫人的遺照，書桌的正上方，則是國父孫中山先生遺像。

蔣介石身體還健康的時候，每天都要作早課，所謂早課，包括靜坐、祈禱、唱聖歌等，作完這些動作，蔣介石就進自己的房間，先後到國父、王太夫人、耶穌像前脫帽一一行禮致敬。宋美齡則不像他那樣重型式，但是，宋美齡還是有她自己的一套宗教觀，她曾說過：「按天性，我不是宗教家，至少不是一般人所謂的宗教家。我的個性不喜歡玄虛，而愛好實際，我很重視世間事物，有時或許重視得有些過度了。……」

宋美齡對自己和宗教發生的關係，也把它分爲三個階段，而從宋美齡的這一分段，也可以看出宋美齡宗教信仰和政治和她的家族之間的互動關係。

她說：「第一個階段，我極度的熱心與愛國，也就是渴望替國家做些事情。我的機會很好，我與丈夫合作，就不難對國家有所貢獻了。我雖有這樣的抱負，但只賴我自己，我實在還缺少一種精神上的定力。

「接著是第二階段。我在上面已說過的種種憂患，使我失望悲觀，頽喪消極了起來。到慈親去世，眞覺得眼前一團漆黑。北方有強敵的鐵蹄，南方有政治的裂痕，西北旱荒，長江水災，而最親愛的母親，又給上帝呼召了去。除了空虛，我還有些什麼呢？

「我母親的宗教精神，給了蔣委員長很大的影響，我於是想到，我在精神方面，不能鼓勵我的丈夫，實在覺得萬分遺憾。委員長的太夫人是熱心的佛教徒，他的信仰基督教，完全由我母的勸導。爲了要使我們的婚約得到她的許可，委員長允許研究基督教義，並且誦習聖經。後來我發現他謹守前約，我母去世之後，也絲毫不變初衷，但教義中，他起初很有一些不能瞭解的地方，讀時很覺沈悶。他每天誦習舊約，苦思冥索，自多困難，所以我在日常談話中，實有把難解之處，委婉示意的必要。

「……我就把我所知道的精神園地，引導丈夫進去。同時我因生活紛亂，陷於悲愁的深淵，也想找一自拔的途徑，於是不知不覺地重又回到了母親所信仰的上帝那裡。我知道宇宙間有一種力量，它的偉大決不是人們所可企及的，那就是上帝的力量，母親鼓勵委員長精神生活的任務，既由我擔負了起來，我也日漸和上帝接近了。……由此而入第三階段。我所願作做的一切，都出於上帝的意思，而不是自己的。……。」

由此可見，蔣介石的宗教信仰是來自宋家特別是宋美齡的啓發，可是，蔣介石就和一般老一輩的人一樣，他把基督教中國化了，而且還和他的政治信仰、意識形態結合在一起，這恐怕是宋太夫人所始料未及的，但是，無可否認的是，蔣介石對宗教的執著，在外在形式上，是絕對超過宋美齡的。而宋美齡到了晚年，反而對徒具形式的禮拜不感到興趣，而把宗教信仰內斂到整個心靈世界中，這是二人在宗教信仰上，明顯的特性差異。

儘管蔣介石篤信基督教，可是，他並不反對進寺廟，像他和宋美齡一起去日月潭的時候，就曾經去了好幾次文武廟之類的廟宇，一般基督教徒是比較避諱去廟宇的，可是蔣介石並不覺得去廟宇就是有損他的宗教信仰。他每次進佛寺或是道教的廟宇，必定會交待下面的隨從：「給廟裡一些香油錢！」在信仰方面，他的確有四海一家的觀念。然而，宋美齡在這方面就比較拘謹。

宋美齡對蔣介石的宗教生活發揮了很大的作用，但是，對蔣介石的幾個兒孫，她發揮的力量，卻不那麼明顯了。

像蔣經國，早年曾經去過一段時候凱歌堂，陪著蔣介石夫婦一起作禮拜，後來大概一方面是政務忙，一方面大概也是自己對宗教沒那麼大的興致，所以，後來極少見到蔣經國去士林的凱歌堂作禮拜，

蔣經國的子女宗教信仰則更是光怪陸離，其中最令人駭怪的莫過於蔣經國的二子蔣孝武。他生長在蔣介石這樣的基督教家庭，可是，卻是一個佛教徒，蔣介石和蔣經國死後，每逢這二位長輩的生日或是忌日，蔣孝武必定要吃素齋來紀念他們，他的父親過世的時候，除了官方的基督教儀式之外，蔣孝武還在台北北投的一間廟裡，也以佛教的規矩，設了一處靈堂，供蔣家近親祭拜。

當時就有官邸的工作人員私下談笑，蔣家眞是一家兩教。

當然，以中國人的觀點，信教本來並不是一件很重要的事情，一般老一輩的人並不

看重，何況蔣介石的母親和蔣經國的母親，原本都是虔誠的佛教徒，如果，蔣介石和蔣經國二人本身帶有若干潛意識的佛教信仰，這也是一般人可以理解的。

第三回　宋美齡的美感與養身

女人對美感的品味，是言人人殊的，但是，愛美則是女人的通性，生長在豪門世家的宋美齡自是更不例外。

在大陸時期，宋美齡因爲家世淵源的關係，自始便非常重視外貌妝扮。基本上，宋氏姐妹都喜歡把頭髮梳成一個小圓髻，結在頭的後側，宋美齡本人對穿著更是講究，在大陸的時候，最早喜歡著洋裝，後來一直就習慣穿著旗袍，她的旗袍有一個基本的特色，就是都很合身，加上她也喜愛穿三吋高跟鞋，走起路來，搖曳生姿，丰姿高雅，把她曲線優美的身材，襯托得淋漓盡致。

據老一輩的侍從人員告訴筆者，宋美齡早在大陸時代，便十分注意身材的維持，在官邸她的臥房備有一具小型磅秤，每天她都要磅磅看自己的體重是不是增加了，如果超出她的預定標準，她立即開始控制自己的日常飲食，直到體重恢復她的標準爲止。例如，她若是發現自己體重略爲超重，正餐往往只吃一點蔬菜沙拉，一旦體重又恢復正常值的時候，興致來了，會要官邸廚房爲她上一客牛排，也許是從前留美期間養成的習慣，她對牛排始終情有獨鍾，對烤雞和豬排的興趣，則不似牛排那樣高，但也是她經常食用的餐點。

因爲她的皮膚有蕁痲疹的毛病，所以，宋美齡非常重視日常飲水，在大陸時期，因爲各地的飲水還不是那麼乾淨，所以，宋美齡陪蔣介石到各省份視察的時候，總是要隨從人員爲她備妥一些蒸餾水，或是高品質的礦泉水，以免影響她的皮膚和健康，此外，宋美齡也喜歡喝檸檬汽水，在大陸時代，侍衛人員隨扈蔣介石夫婦外出的時候，總是不能忘記爲她特別準備幾瓶檸檬汽水，以備宋美齡口渴時，隨時召喚侍從人員取來飲用。

到了台灣之後，宋美齡歡喜喝台灣本地的清茶，每天早上，在宋美齡還沒起身之前，副官就爲她沏好了一杯清茶，她的茶杯非常特殊，爲了怕燙，還在茶杯外緣套了一個銀製的茶杯套。

包括這些茶杯套子，每天清晨，都由值班副官或是宋美齡的副官，用布頭擦拭得亮晶晶，除了茶杯套子之外，官邸上下所有的銀製器皿，如餐具之類的物品，都擦拭得一塵不染，潔亮光鮮。宋美齡最喜歡官邸裡面的各種用品，整理得有條不紊、清潔亮麗，官邸內務科的人員知道她的這個習慣，對官邸內外的環境自是格外注意。

至於外間有傳說，指宋美齡洗澡洗的是牛奶澡，事實上，這完全是子虛烏有之談，士林官邸的工作人員，或是南京黃埔路官邸的服務人員，都從來也沒有看見爲了給宋美齡準備牛奶洗澡水的，這是人們不了解官邸實情的誤傳。據一位跟在宋美齡身邊多年的女性隨說，宋美齡對化妝的品味很高，可是，到了台灣之後，她使用化妝品的時候，卻是令人意想不到的節省，有的化妝品，甚至是她叫官邸人員，用土法自行製造出來的。就以她的眉毛來說，據了解，宋美齡在年輕時代就已經把原本的眉毛剃掉了，而是以她自己「家傳」的方法，爲自己「紋眉」。

在台灣時期，士林官邸內務科的服務人員，幾乎每隔一陣子，就要拿不用的舊報紙去燒，有些初進的侍衛人員不清楚這是幹什麼用的，便注意觀察夫人的隨從在作什麼，結果，發現夫人的隨從，竟然拿這些舊報紙燒過的灰燼，收集起來，然後小心翼翼地，把這些報紙灰燼調成黑色的膏狀的液體，再拿到夫人房間。

起先，新進的侍從人員都覺得百思不解，怎麼官邸連舊報紙燒成的灰，都捨不得丟棄，難道這其間有什麼奧秘？

後來，大家才知道，原來這些紙灰，是要給宋美齡紋眉用的顏料。從年輕到老時，宋美齡每天都得花上許久的時間，在化妝鏡前，然而，比較特殊的一點，別的貴夫人，若是化妝多半是傭人幫忙或者全權代勞，可是，宋美齡別的地方幾乎全部仰賴下人，惟獨化妝是絕對堅持自己親自動手，連他的副官郭女士，也是不能置喙她的化妝。

在蔣介石死後，宋美齡有好長一段日子，是在美國度過的，在她去美國以後，有些夫人身邊的服務人員就不想再跟去美國，一方面，這些老一輩的工作人員，本身都已經進入老年，加上各人本身的家庭因素，不少人就表明不想去美國，所以，宋美齡身旁的人便愈來愈少，連副官也不例外。可是，雖然早期宋美齡化妝是從不仰賴下人的，而到她八十幾歲的時候，手脚都不是太靈活了，所以，化妝特別是在作一些比較細膩的動作例如塗擦口紅時，經常是偏離了嘴唇，塗得不成口型，然而，官邸裡面又偏偏沒有人幫她修整，因而經常出現口紅抹在嘴唇外緣，口紅與嘴唇本色交錯相雜的情形。

基本上來說，宋美齡稱得上是個美人胚子，外表輪廓實在是沒有什麼話講，然而，人就是怕老，人一老的話，外表就要靠化妝品來「撐場面」，而且皮膚大概是因爲罹染蕁痲疹的關係，一些老官邸都認爲，其實宋美齡近看之下，倒並不是那麼漂亮。

但是，比較細心的朋友就會發覺，宋美齡雖然離開大陸已經有四十餘年，可是，她的妝扮模式，還是沿襲過去民國十幾年代的妝扮方式，柳葉眉、薄嘴唇，唯一改變了的，是以前老一輩婦女，常見的額頭前留的那撮劉海不見了。

雖然宋美齡習慣自己化妝，而她老年時代，若是發現頭上長了白頭髮的話，就會叫副官郭素梅到她的書房，要郭副官爲她把白頭髮拔去，女人就是痛恨衰老，特別是看見自己有白頭髮的時候，更是又氣又急，無奈上帝對人類的年齡，一體同仁，絕不寬貸，也沒有公侯伯子男的階級劃分，這一點恐怕是宋美齡這種生於深宮之中，長於婦人之手的貴族階級，所不能消受的。

在家居時，宋美齡是依照氣溫來決定是不是穿旗袍，一般的情況，只要是比較冷的天氣，她會選擇穿旗袍，冬天特別冷的時候，她偶爾會穿長褲。在衣服的色系方面，他比較偏好亮麗一點的顏色，但是，鞋子則清一色是深色系的。衣服質料，她偏愛絲絨類的衣料。

第四回　宋美齡的首飾傳奇

菲律賓前第一夫人伊美黛，她的衣櫥和首飾盒，在她的先生前總統馬可仕亡命國外之後，成爲外界最熱門的話題，尤其是她那創下世界紀錄的高跟鞋數目字，更是各方議論的焦點，究竟，宋美齡的衣櫥裡的衣服，和她金碧輝煌的首飾寶盒裡，擁有多少珍貴的金銀首飾，目前對世人來說，還是一個難以解開的謎團。

以宋美齡出身背景來講，她的娘家是中國當年數一數二的大資本家，她的出嫁妝奩應該不會是區區之數，可是，在官邸老服務人員眼中，卻看不出她的首飾有什麼驚人的地方。一位在大陸時期曾經看過她的首飾盒的老隨從說：

「我也看過宋美齡的首飾盒，可是，我不覺得她的首飾有什麼特殊的東西，因爲，以她第一夫人的身份，她的首飾事實上不算多！」

宋美齡喜歡中國式的首飾，像是珍珠、翡翠、寶玉之類的飾品。有人曾經穿鑿附會地說，早在北伐成功之後，也就是蔣介石和宋美齡結婚後不久，西北軍人馮玉祥曾經送給宋美齡一顆巨大的明珠，作爲蔣宋的結婚禮物，後來，宋美齡把那顆超大的明珠，連綴在她的絲鞋上，云云。這個說法是眞是假？沒有人能夠證實，可是，據宋美齡的隨從回憶，他從來沒有看過宋美齡有穿戴過這樣一件首飾，或是穿過那雙綴著明珠的鞋子。

第五回　附庸風雅沉迷藝術

之一　蔣夫人學畫趣聞

宋美齡到了台灣之後，一改過去歌台舞榭、歡樂昇平的生活方式，而改以學習國畫，來修身養性。

畢竟，宋美齡學畫國畫時，已經是花甲之年，她周圍的人特地爲她請到當時國畫大師黃君璧，以及鄭曼青先生，爲她教授國畫。當然，以宋美齡畫齡的短淺，當然不能和大師級的先生相提並論，可是，宋美齡是一個十分好勝的女人，爲了學畫畫，可以茶飯不思，剛開始的前幾個月，宋美齡每到下午，就一個人鑽進自己的書房，埋頭學畫，因爲還在學習階段，畫室的地面到處是她畫壞揉作一團的廢畫紙。

某日，正當宋美齡又在一個人悶頭學畫畫的時候，蔣介石一聲不響跑到她的書房，在宋美齡背後靜靜地觀看她畫畫，大概是蔣介石看見地上到處是畫壞之後棄置的廢紙，加上看見宋美齡畫的國畫，還不是很成熟，就在後面忍不住笑了起來，宋美齡聽見是蔣介石的笑聲，馬上臉色凝重地回過頭來，瞅了一眼蔣介石，然後略帶嬌恬地說：「笑什麼笑？沒看過畫畫嗎？」

蔣介石大概發覺夫人有些不悅，自知無趣，就掉轉過頭，走出宋美齡的書房。宋美齡爲了學畫，禮賢下士，對黃君璧等人，可以說是極盡恭敬，只要是學畫的日子，一定要官邸內務科派車去接老師，最初的階段，因爲宋美齡學畫實在並不是很順利，這也許是她還未開竅的關係，而黃君璧這些大師，雖然是地位尊崇，可是，教宋美齡的時候，自然不能和教授其他的學生一樣，以最嚴格而制式的方式，去讓宋美齡按部就班，從基本動作開始。

所以，黃君璧等人，只有以跳躍式的教畫方式，爲宋美齡教授畫畫的技巧，有時候，黃君璧等老師發現夫人實在畫的不像樣，只好自己親自動手，拿起宋美齡手中的畫筆，幾筆功夫，就完成了一幅畫作，類似這樣的畫作，最後落款多半還是用的宋美齡名字。

關於宋美齡的國畫老師，還有一個傳聞，據說，最早宋美齡心中屬意的老師是溥心畬，可是，當溥心畬聽到宋美齡可能要找他當國畫老師時，當場就以半開玩笑的口吻說：「我們大清帝國就是被你們中華民國推翻的，我豈能教宋美齡作畫？」這一說是當時坊間的一則趣談，當然以傳聞的可能居多，儘管文人雅士多半率性，可是，溥心畬大概還不致如此出言無狀。

除此之外，在民國四十年代初期，宋美齡對畫癡迷到極點，那時，由大陸北平原來的故宮博物院撤退運到台灣的寶物，全部暫存在台中霧峰，宋美齡知道在霧峰有不少古畫，她三天兩頭就往台中跑，目的就是要到台中看畫，以她的地位和權勢，當然要看什麼寶物就看什麼，宋美齡對別的東西興趣倒不是太高，惟獨對古畫興趣濃厚。

所以，每次她到台中，便直奔霧峰，到了以後，故宮人員知道宋的興趣，一批接一批把庫中的古畫搬出來，毫無條件地供宋美齡觀賞，也不知道是不是那時鑑賞古物的設備比較簡陋，還是故宮的人對宋美齡刻意「優待」，宋美齡觀賞古字畫時，居然可以完全不戴手套和口罩，直接用手接觸古字畫，和現在古物鑑賞專業人員鑑賞古物時，全副鑑賞道具愼重其事的樣子，可說不可同日而語。

一面看古字畫，一面品頭論足一番。那一段時間，宋美齡只要下一趟台中，必然會去霧峰住上一陣子，每天下午吃完飯，就去看古畫，一直看到下午茶時間，才略事休息。

甚至還有傳言，指宋美齡除了把故宮古字畫全部拿到外面觀賞，還把古畫拿到官邸，作爲她臨摹的「範本」，這種傳言乍聽之下，當然令人覺得有些不可思議，可是，每位官邸人士對這個說法的認識都不盡相同，所以究竟實情如何，現在大概已是不易考證，然而不論如何，宋美齡熱愛藝術、熱愛中國國畫的事實，則是不容置疑的。

所謂精誠所至，金石爲開，宋美齡後來的畫作，有了很大的進步，已經可以不經過名師的親手「指點」，就能夠自成一家，氣勢恢宏，儼然大家。蔣介石對宋美齡的畫作，不但不再對她在背後發笑，而且刮目相看，對夫人的畫作相當欣賞。

民國五十年代，宋美齡畫的國畫已經漸臻圓熟，連總統府內蔣介石的辦公室都到處掛滿了宋美齡的畫作，當然，在重要慶典的時候，宋美齡更是交待總統府有關部門，要把她的畫作掛在蔣介石會見賓客的地方，讓國內外賓客都知道蔣介石有個會畫中國傳統畫的太太。

蔣介石對夫人畫國畫，始終是抱持著「婦唱夫隨」的心情，只要是宋美齡畫的畫，若是宋美齡覺得畫得很滿意，蔣介石就會在畫的旁邊題字，由宋美齡自己落款簽名，夫妻以此互娛，也不失為當年官邸的一大美談，只是好景不長，民國五十八年，總統座車在陽明山發生車禍之後，宋美齡左腿嚴重受傷，她曾經住了好長一陣子的醫院，纏綿病榻之後，宋美齡再也沒有什麼閒情逸致畫畫，至此以後，官邸畫室空了好長一段時間，等宋美齡身體好轉，不久以後，蔣介石的身體又急轉直下，所以，士林官邸蔣介石和宋美齡在畫室內眉目傳情、鶼鰈情深的一幕，已經成為絕響，而第一夫人以作畫自娛的情境，也從此走入歷史。

之二　故宮寶物和宋美齡

民國六十二年，圓山飯店落成那年，宋美齡特地交待圓山的管理階層，要在圓山飯店內，複製一幅清朝的「清明上河圖」，放在圓山飯店一樓的咖啡廳牆上，就在這幅複製的清明上河圖正完成的時候，宋美齡還親自到圓山視察，她看到這幅複製的圖，覺得十分滿意，當時，她突發奇想，就告訴身邊的人說：「我覺得清明上河圖裡面，最精彩的就是左邊的御花園的部份，我們何不在台北設計一個公園，完全就仿造清明上河圖裡御花園的樣子試試看。」

於是，當時的台北市政府在上級授意之下，開始規劃位於士林官邸佐近的雙溪公園，後來當然是因爲限於經費和工匠的技藝，根本不可能做成和御花園同樣的效果出來，不過，從這兩個例子可以看出，宋美齡對古文化崇仰程度。民國卅八年，國民黨從大陸撤退到台灣來，北京故宮的寶物，也悄悄從大陸運到台灣。

當初在大陸時期，故宮一共有三個處，包括了書畫處、器物處、禮儀品處等，撤退的過程中，管從前皇帝禮儀品的那個處，臨陣開溜，跑去投奔共產黨去了，所以，來台灣的雖然只有二個處的古物，可是古物的數量已經叫人瞠目結舌，嘆爲觀止。

宋美齡是民國卅九年元月，從美國來到台灣，她來台灣的時候，故宮的寶物還不像現在管理編號列帳如此完善，有許多都還是從大陸剛運到台灣，連箱子都尚未拆封，有些則是很零亂地堆放在最早台中霧峰設備簡陋的庫房裡。

據宋美齡的老隨從的說法，她早期剛到台灣來的時候，大概三天兩頭就往台中跑，但，宋美齡的興趣主要還是不在骨董上，她一直對中國的古畫有濃厚興趣，所以，基本上比較少去看故宮骨董。

然而，從後期士林官邸擺設的一些古物來看，宋美齡和蔣介石伉儷對古物的喜好，還是維持著相當高的水平的。但是，畢竟宋美齡在台灣時期，特別是蔣介石當權時代，喜歡逢迎拍馬的人大有人在，這些王公巨賈，手頭闊綽，動輒以家族收藏的骨董相贈，這應該是常有的事，而且友人之間的相互饋贈，本屬禮尚往來。

例如，據說有一回，宋美齡到北投林太太（她是清末名臣盛宣懷的第五個女兒）家串門子，宋美齡在和林太太聊天的時候，突然看到林家客廳裡擺著一對明代的磁瓶，覺得很討人喜歡左右端詳了一陣子，林太太知道宋美齡很喜歡，在宋美齡告辭之後，就吩咐家裡傭人，立刻把那對磁瓶包裝好，隔天馬上差人送到士林官邸。宋美齡從沒向人開口要過東西，可是，基於友誼，或是基於利害，許多人都心甘情願送她喜歡的東西，大家皆大歡喜、賓主盡歡，這也是威權時代，夫人政治的一環。

之三　宋美齡的跳舞奇談

談到跳舞，有關宋美齡的傳言，簡直是多如牛毛，但是，究竟是有幾分眞實，則沒有人能夠一言以蔽之。

傳說中，宋美齡在抗戰前後，就經常去上海小住，宋美齡去上海小住的原因，據說有一部分是和她喜歡玩樂有關係，而這裡面尤其和她對跳舞的濃厚興趣，有密切的關聯。

有一個最為人所議論猜測的，莫過於她和一位美國記者之間的傳言，宋美齡因爲喜歡跳舞，難免在舞池裡會認識一些跳舞的同好，而這位洋記者某君，便是因爲曾經大膽邀請宋美齡跳舞，而彼此結識的。

一回生二回熟，宋美齡和這位美國朋友的交情慢慢深了以後，外面難免有些人喜歡撥弄是非和說閒話的，幾句話這麼一說，就什麼都變了調、走了樣。

不久，大概蔣介石也知道了有這麼一回事，然而，無奈傳說中的男主角是個外國人，尤其是個碰不得的美國人，何況是個記者，更是得罪不起，這要是換成一般的中國人，早就請軍統的人出面「處理」了，在投鼠忌器的情況下，蔣介石想出了一些方法，把這位美國朋友「請」出了中國的國境。

當然，這個大陸時期的傳聞到底是否屬實，現在誰也沒有辦法去查證，但是，早年大陸的新聞自由比現在的台灣或是大陸，都要開放上一百倍，那時，一些報紙的小道消息特別多，而政府部門大概礙於國際視聽，不敢公然對報紙太過壓制，所以，有些新聞或者流言就特別盛行，因而，宋美齡和朋友跳舞的消息是否會被扭曲成上述的說法，就不得而知了。

大陸時期，宋美齡經常在孔祥熙的公館裡，舉行舞會派對，但參加的成員多半是自己家裡的親族，或是十分親近的友好，並沒有外面的閒雜人等。當然，所謂的友好，自然包括當時具有舉足輕重地位的政經人士。到台灣來以後，大概一方面是孔家已經移居美國，另方面，蔣介石也不會允准宋美齡在士林官邸搞什麼舞會派對，所以，並未傳聞有什麼官邸家庭舞會的說法，何況，來台以後的宋美齡已經是年過半百，大概對跳舞亦不復當年的熱衷程度了吧。

之四　宋美齡的娛樂愛好

在大陸時代，官邸可說經常是絃歌不輟的，每天午休時刻，蔣介石和宋美齡喜歡叫侍從人員放留聲機音樂，樂曲多半是世界著名的小提琴演奏曲，最早，蔣介石是沒有聽音樂習慣的，會開始聽音樂，是受到宋美齡的影響。

台灣時期，據蔣介石的隨從人員指出，官邸通常會在下午以後，請副官放些古典音樂，這些古典音樂基本上都屬於比較輕鬆的音樂，如果，宋美齡自己想聽，可是又怕吵蔣介石的話，就在自己書房放低音量自己聽（因為，宋美齡和蔣介石的書房只有一牆之隔。）

大致上，宋美齡對音樂的品味，是屬於西式的，而蔣介石則是偏好傳統的作品，例如京戲和紹興戲之類的。

除了音樂，宋美齡是一個電影的狂熱愛好者，她可以為了看電影，看一整個晚上，看到深夜都不厭倦。早年，勵志社的電影股，就是專門為宋美齡服務的，只要宋美齡想看電影的時候，就透過侍衛或是她直接叫勵志社的人，去為她張羅，在官邸的名號之下，任何的公民營電影公司誰不買她的帳？都爭著把自己公司最賣座的電影，送到官邸給宋美齡欣賞。

後來，勵志社的功能逐漸喪失，並且慢慢解體，民國六十年代以後，主要是因為蔣介石生病，所以，宋美齡減少看電影的次數，但是，偶爾她還是會吩咐官邸內務科的人員為她準備首輪電影，有時候，孔令偉（孔二小姐）會主動為她準備一些錄影帶，給宋美齡過過電影癮。

第六回　夫人政治深宮奇譚

之一　夫人政治

剛到台灣來的那一陣子，因爲孔二小姐孔令偉還沒有來台灣，所以，宋美齡多半和官太太相處來打發時間。

官太太裡邊，陳誠夫人陳譚祥女士是士林的常客，我們所有的工作人員當中，一般對官太太的感受大概都很一致，而在下人的心目中，陳夫人是大家最喜愛的一位客人，她對任何人都是一副和靄親切的表情，讓人覺得她是一個絕不擺官架子的人，每次她進官邸大門的時候，看到我們陪伴在夫人身邊，總是會面帶微笑地和我們打招呼，絲毫都不會有高傲之感。

她的外表當然也十分出衆，但是，我感覺她最吸引我的地方，是她高貴的氣質，和有內涵的談吐，她是民國政界聞人譚延闓的女兒，據說，譚延闓在去世之前，宋美齡和蔣介石有天去探望他，病榻旁，譚延闓親自把女兒的終身大事托付給蔣介石夫婦，後來，蔣介石夫婦就把陳譚祥女士介紹給了陳誠，並且爲他們證婚，完成了譚延闓的生前遺願。

太太小姐們聚在一塊兒的時候，難免會唧唧喳喳，像個吵雜的市集，可是，陳夫人她似乎向來都不會給人這種惡劣的觀感，她總是靜靜地坐在一旁，偶爾輕聲細語地和宋美齡以及其他的官太太們交換意見，從來沒看過她臉紅脖子粗的情況，我在一邊悄悄觀察，發現宋美齡事實上對陳譚祥女士也是最熱忱的一個，宋美齡總是不厭其煩地要陳夫人吃這吃那，招待個不停。

在台灣籍的名門貴夫人當中，和宋美齡關係最密切的，大概就數士林的林太太了，由於林太太是台灣的著名世家，從林家和蔣介石、宋美齡之間的關係，可以看出兩岸非常微妙的政治關係和家族系絡。

其實，林太太本身並不是台灣人，她的父親就是著名的清末郵傳部大臣盛宣懷，而林太太是盛宣懷的第五個女兒，早年，林太太和宋美齡同是留美同學，所以，二人之間很早就建立了深厚的情誼。

宋美齡的哥哥宋子文從美國學成歸國的時候，就是透過宋美齡和盛家的關係，把宋子文介紹到盛家的產業「漢冶萍公司」擔任英文秘書，那時，宋家在政經界的關係，還不是很圓融的時代，無論在財力或是人脈上，都不能和盛家相比，在盛家的公司做了一陣子，宋子文看上了盛家的七小姐，並且曾經非常認眞地追求了一段時期，無奈，落花有意，流水無情，盛家根本看不起宋子文，所以，沒有辦法成就這門好事。

據說，宋子文爲此對盛家始終懷恨在心，在寧漢分裂結束之後，宋子文當上了南京政府的財政部長，曾經有意公報私仇，極力主張要沒收盛家這個前朝權貴家族的家產，可是，盛家畢竟不是省油的燈，大概在南京政府官員那裡花了不少錢，宋子文報復計未得逞，最後還是徒呼負負。

後來，孔祥熙當了財政部長，林太太經常帶著她的弟弟盛蘋臣，到孔祥熙的家裡，和宋靄齡打關係，林太太為了讓孔家夫婦高興，還特意受洗為基督徒，而且，每週都到孔祥熙家裡作禮拜，成為孔家的常客。盛蘋臣和孔祥熙的大兒子孔令侃成為結拜兄弟，林太太和孔家的關係自然更不在話下。

大陸淪陷之後，林太太回到台灣，從此很少再離開台灣，而這位盛家五千金，自此也成為台北官太太圈子裡面，最活躍的一個人。

林太太為了夫家的家族利益，在蔣介石夫婦和林家之間，穿針引線，相濡以沫，久而久之也成為蔣介石家族和台灣本地勢力的一個中介，蔣介石夫婦透過林家，和台灣本地的士紳家族慢慢結合成一種難分難捨的關係。

為要討好蔣介石和宋美齡夫婦，林家不惜把自己祖上傳下來最好的土地，送給蔣家，蔣介石剛來台灣的時候，他的手下接收了不少日本人留下來的房產，可以供蔣介石家族居住，，可是，老蔣是一個相當講究風水的人，他對住的地方的方位和地靈人傑各方面的問題，都十分注意，所以，林家爲了表功，據說捐了不少地給蔣家，而且全都是風水寶地。

最早，蔣介石一家並沒有想到要林家捐地，在民國五十年代，爲了趁大陸搞文化大革命時，派兵反攻大陸，爲要因應可能的大規模軍事行動，台北可能在中共的核子或空中攻擊的半徑之內，所以，蔣介石和蔣經國父子便商議，在距離台北比較近，可是又比較隱蔽的地方，新建一處戰時指揮部兼戰時官邸。

這時，蔣介石夫婦和蔣經國，便盯上林家祖傳的一塊風水寶地——慈湖。

好人做到底，林家爲徹底討好蔣介石一家，便無償地奉獻慈湖那塊地，供蔣介石蓋戰時官邸，蔣介石那個時期似乎特別「怕死」，慈湖在地勢上，和地理位置上，可說已經夠隱密了，可是蔣介石還交待下面，在這處堅固的戰時官邸的後山，興築了一處核子防空洞，俾萬一發生國共大規模軍事衝突的時候，蔣介石可以躲在地下指揮三軍繼續作戰。

蔣介石並沒有像他的支持者喊的口號那樣，可萬歲不死，民國五十八年之後，蔣介石的身體一天不如一天，早先美國亦曾警告國民黨當局，不准蔣介石政府輕舉妄動，對中國大陸作出任何攻擊性的軍事行動，蔣介石的反攻夢想，最後終歸破滅，而蔣介石本人大概也沒有想到，慈湖反而成了他厝靈之處。

爲了這些因素，蔣介石夫婦對林家特別是林太太這樣不計代價的捐輸，當然銘感不已，宋美齡因而更對林太太這位昔日老同學，格外熱絡，林家也因而成了宋美齡外出時，少數幾個會走訪的地方。然而，話說穿了，宋美齡和蔣介石所以會如此借重林家，不外乎林家是當年台北地區數一數二的大戶人家，而林家又和大陸有那樣深厚的歷史淵源，自然更是人不親土親了。

和林家之間的密切關係，可以說是蔣介石夫婦家族和台灣本地首富家族，從利益上結合的一個起點，更爲蔣家和台灣著名家族結合，樹立了一個模式。

基本上，這種政治家族的交往結合，大致上是基於利益考量，如果沒有利益，就不會有紮實的基石。這是宋美齡玩弄夫人外交時，一個最主要的基調，即使到晚年都不例外。

比如，到民國八十年，宋美齡帶走一百多箱寶貝，搭乘李登輝爲她準備的專機，離開台灣後，由於原本屬於宋美齡系統的若干非民非官機構，例如振興復健醫院，因爲經營不善，在財務上不理想，在宋美齡的外甥女孔令偉的建議下，希望能夠在國內找到一個較爲可靠的「金主」，而這個金主除了必須是婦女領袖之外，還要有點政治色彩，最好是態度傾向官邸這一派的資本家代表。

之二　深宮傳奇

官太太來士林官邸時，大概總有個廿來個人，當時，另外有一位官太太姓徐，她的先生曾經當過中央銀行總裁，只要是這位徐太太一來，那官邸就吵翻天了，她的嗓門特別大，講話的時候簡直像是打雷，毫無節制，所以官邸上下對她的聲音都很熟悉，有些下人對此人也特別沒有什麼好印象，原因很簡單，徐夫人是一個看上不看下的人，她和另外的一些個官太太，眼中是從來也沒有我們這些下人的存在的，我們爲她們遞茶敬菸的時候，她們連正眼都不瞧我們一眼，似乎覺得眼前爲她們服務的這些人，生來就是活該爲她服務的。

官太太之間的教養，各有不同，所以才會出現如此迥異的場面。像陳太太這樣溫文有禮的人，一看就知道是出身名門閨秀，經過良好的家庭教養，所以了培養了優美淡雅的氣質，不經刻意做作，人家也可以看出她的家世背景很好。

在所有的官太太中，我可以看得出來，宋美齡的確對陳譚祥女士特別好，感覺上，那是一種長輩對晚輩的溫馨，一種出自內心的關愛。有時候，宋美齡想下棋，陳譚祥女士假如又剛好在官邸的話，宋美齡喜歡和她二人一起下下象棋，一起共娛。

宋美齡對陳譚祥親如自己的姐妹子女，陳譚祥也一直是謹守分寸，從來不逾越，我常常看著陳夫人，她總是那樣閒逸自然，宋美齡給她吃什麼東西，她就有禮貌地接下來，很文靜地在一旁傾聽別人的意見，是一個十足的傳統女性，可是又有現代婦女的大方開朗。

後來，聽說徐夫人的先生，因爲當時轟動全台的青果合作社弊案，受到牽連，蔣介石對徐先生聽說相當不高興，我記得那一陣子，大概有好久沒見到徐夫人的人影，她不來之後，官邸好像又少了什麼東西似的，隔了好幾年，徐夫人才又重現官邸，但是，她的氣勢似乎已經不復當年，可見人眞是在一口氣，如果沒有那一口氣的話，連講話都變得沒勁了。

我們官邸的工作人員，對杜月笙的太太印象也很好，據說她出身梨園行，但是，她在任何公共場合，總是謹守本份，規規矩矩，不會像徐太太那樣粗獷，因此，大家對杜夫人都十分尊重。

這些官太太平日在聚會的時刻，蔣介石照例是避免在這個場合出現的，即使進出時，碰到官太太在聚會的時候，也只是禮貌性地和官太太們打聲招呼，我從來沒見過蔣介石進來參與官太太的活動，和她們打成一片的。偶爾，宋美齡會留官太太們在官邸吃飯，這時，蔣介石才比較有機會和官太太們打照面。

宋美齡到官太太家的情況也有，但是比較少，我陪伴她去過孫沂方的家，還有士林林太太的家，其他的地方就很少去，這和她的身份有關，畢竟一個第一夫人，應該是別人去拜訪她而不應是她去拜訪別人。

官太太聊的事情，不外是妳的孩子如何啦？妳的衣服好漂亮啦？那兒買的之類的話。普通的情況，宋美齡和這些官太太之間都是說國語（當然是帶點上海腔調的國語）交談，語言的使用，往往可以分辨出宋美齡和這些官太太們的親疏遠近。

假如，宋美齡突然在和一個官太太輕聲以上海話咬耳根子，那表示宋美齡和此人的交情，是所有的官太太當中比較親近的。為要和宋美齡親近，並且有親切感，許多不是江浙省份的官太太，只好開始學上海話，即使短時間內不會講，也要學會聽，一時之間蔚為風氣。例如，當時台灣省參政會議長黃朝琴的夫人，為要在官太太圈子裡打滾，就學會了包括上海話在內的好幾種方言。

上海話在那時，彷彿成了台北官場的共同語言，大概是另一種官話吧。

台北的官太太中，也有一些是從來不在士林官邸出現的，例如嚴家淦的夫人，宋美齡就很少和她有交往，據說，有人批評嚴夫人有點像是老媽媽，而且，嚴夫人來到官邸，總是一個人坐在那兒，因爲，她和官太太們沒有共同的話題，所以，士林她很少來，如果來的話，大概也是有什麼儀式在官邸舉行，基於她丈夫身份的需要，因而不得不隨行。

雖然，宋美齡是婦聯會、華興育幼院等單位的主要負責人，可是，她似乎很少去管那邊的事情，那些單位的主事者，也極少來官邸爲了公事去煩她，所以，據我的觀察，宋美齡早期所有的人際交往，就是以官太太爲主，這些婦女，來官邸另一個原因，是爲了給宋美齡排憂解悶。

中篇

宋美齡——美麗與哀愁

大陸祕史之部

第一章　買辦家庭天之驕女

一個人從小的性格塑形，可能是他一生命運的關鍵，宋美齡自然也不例外。

一九〇二年，宋美齡年方五歲，她的父親爲了讓宋美齡將來能夠到美國唸書，特地供她讀上海的一所外國教會學校——馬克諦耶學校，她的姐姐宋慶齡也讀過這間小學。

在念外國小學的年代，宋美齡的父親就如同現在時下的一些父母一樣，爲她進行「才藝」上的惡補了。據宋美齡後來的追憶說：「記得小時候練習鋼琴，每週要上兩次課。因爲星期三星期六要上課，我總在星期二、五才拚命練習，星期一星期四三都懶得練。先生看我如此，有一天便對我說：我可以『教』你，但『學』要你自己來，就好像我可以替你做好飯，但不能代替你吃。」

父親對宋美齡就如同對她的姐姐哥哥一樣，同樣充滿了熱切期待的，在這一方面，宋耀如顯然沒有一般中國人的那種重男輕女偏見。

在馬克諦耶小學讀了五年，她就被父親遠渡重洋，從上海送到美國，雖然那時宋美齡已經十歲，可是，無疑的以現在的俗話來說，宋美齡是一個名符其實的小留學生。

正如日後宋美齡就讀的魏斯理大學校長麥克阿斐女士說的：「蔣宋美齡的雙親在打破國內的習俗，送其東方生長的女兒來西方學校裡求學時，實在需要想像力及勇氣的。由於鼓勵他們在一個文化中成長的女兒到另一文化中求學，宋氏父母實為東西文化融合的前驅。」

初到美國，宋美齡的父親把她安排在喬治亞州的梅康市修了六年的語文和小學、中學課程。在此之後，宋美齡進入梅康市的魏斯里安學院就讀，這是間專門招收貴族子女就讀的學校。

美國的學校環境和美齡的二個姐姐，給她在少年時代的人格塑型上，造成極大的影響。

關於魏斯里安學校的種種，從宋美齡後來的片段回憶中，可以看出一些吉光片羽。

宋美齡回憶時說：「這無憂無慮和快樂的童年時代所曾熟悉的園地，……早晨，用震盪的鈴聲驚醒我們的好夢的裘利亞和麥咪，小姑娘們那時認為這是很難忍受的時刻。

他們還隨時親切照看我們，呵責我們天眞的淘氣；可惜她們現在都已不在人世。永遠面帶笑容、隨處出現、一頭灰髮的管門人湯姆叔叔，也已物故；和我經常玩樂作伴，影形不離的愛洛伊斯·艾音斯沃士以及其他許許多多的人，都已離開此地。」（見一九六五年，宋美齡回美國喬治亞州魏斯里學院演講講詞，該講詞現集於「蔣夫人言論集」下册）

艱苦的宗敎生活，也深深在她腦海烙下印記，她在後來的回憶時說過：「我記得奎瑞博士每天十五分鐘的敎堂講話，有時對我們是件苦事——學期裡每天早晨必須默默背起的十字架；這好像就是昨天的事。然而回想起來，他那些談話確爲正心、力行及端正舉止的金玉良言。無疑地，他有許多寓意深長的精短證道詞，塑造了我們的觀念和思想。」（資料來源同上，係根據宋美齡在魏斯里安學院的講話）

這位奎瑞博士，給宋美齡最深刻的敎訓是什麼呢？是他告誡的「女士們應當高尙嫻雅。」

宋美齡是和她的大姐宋靄齡、二姐宋慶齡、兄長宋子文，一起坐船來到美國的，他們的父親——牧師宋耀如，把照管弟妹的責任，交付給大姐宋靄齡，由於宋靄齡自幼就負起照管宋美齡等人的重責，因而，宋靄齡便扮演起姐代母職甚或父職的角色，所以，宋靄齡的形象，在宋美齡年幼的心靈深處，烙印下深邃的刻痕。此時，宋靄齡已是威斯里安學院的學生，她曾經在離家的心靈衝突中，渡過了一段極爲痛苦的歲月，可是，學校繁忙的課業立刻塡補了她思鄉病的心靈空檔。

到美國之初，宋美齡沒有像她的兄姐那樣，感受到強烈的東西文化衝突，畢竟，她太小了，然而，惟一讓這位年少的中國女孩感到侷促不安的，就是她的那身中式服裝，她年幼的雙眼很快覺察到，中西服裝上的差異，她的那身裝扮，經常成爲同學取笑的對象。

然而，她那張粉白而充滿東方風格的臉孔，卻讓她的同學深深喜愛，所以，她的美國同學，並沒有對這位在中國咬著金湯匙出世的女孩，有任何令人難堪的汚蔑動作。

幾年的功夫，宋美齡已經完全融入美國青少年的圈子，她的外表是最顯著的證明，布扣子的唐裝已經被她丟棄，她改成每天穿著西式服裝，穿著和所有的美國少女一樣的長裙洋裝，模樣也越來越明豔動人。

但是，這時宋美齡的內心世界也起了極大的變化，她開始閱讀狄更斯的著作，並且由於她對文學的興趣，嚐試著和一些小朋友一起抄寫了一份小報，名字叫「三個小傢伙」。

同時，宋美齡也和當時的一些同學，加入了一個姐妹會，宋美齡在日後回憶時說：

「我清楚記得，在魏斯里安校中平靜歡悅的日子裡，我們約有二十人，多數是梅康市的女孩子，如何組織了我們自己的俱樂部，採用我們當時認爲莊嚴崇高、富有理想、而回想起來亦含深意的格言『實事求是』。當時，我們幼稚的心裡，認爲最大喜悅、最大成功，便是有一天我們被邀請加入校中的一個姐妹會。」（資料來源同上）

一九一一年十月，中國發生有史以來最重大的事件，滿清封建王朝被革命黨人推翻，動盪的時代背景，讓宋美齡對政治起了極高的興趣，特別是在她的大姐宋靄齡成爲孫中山的秘書，乃至和孫中山的助手孔祥熙結婚之後。

二年後，由於宋美齡的哥哥宋子文，這時北上去哈佛大學唸書了，爲了就近照顧方便起見，宋美齡必須也和她的哥哥姐姐一起，到美國北方的麻塞諸塞州魏斯里地方，就讀魏斯里大學。

這所魏斯里大學和前面宋美齡唸的那所學校「魏斯里安學院」沒有任何關聯，宋美齡早期在美國唸的是喬治亞州的魏斯里安學院，後來轉學唸的是麻州的魏斯里大學，是兩間不同的學府。（註：這兩校的中文譯音，是根據「蔣夫人言論集」的中文音譯。）

第一回　情荳初開私定終身？

十六歲，是最寶貴的浪漫年齡。

魏斯里大學規定全體學生（全部是女生）都必須穿一種像水手服的制服，宋美齡在穿起那樣的制服，再配合她的那張年輕而聰穎的東方面孔，和一條又黑又亮的辮子，讓人打心眼裡就對這位中國少女存在著濃厚的神秘感和好奇心。

剛到美國的那一陣子，美齡在她的房間門口，掛了一把中國寶劍，讓不少女孩都覺得她是一個很不可思議的女孩，因而和她都保持相當的距離，可是，美國同學慢慢發覺，這位中國同學，是一位和善而熱情的女孩。

她的同學慢慢喜歡接近她，然而，她們也逐漸發覺，宋美齡情緒變化無常，個性捉摸不定，她們發現，宋美齡有時很高興，有時又很憂鬱。

在魏斯里大學時，宋美齡的主修是英國文學，副修是哲學，其他的課程包括法文、音樂、天文、歷史、植物學、英文作文、聖經歷史、辯論等，此外，在一九一六年的夏天，宋美齡還在佛蒙特大學，修了一個教育學分。

從這裡可以看出，宋美齡是一個具有多方面才華的青年，在音樂的表現上，她不但精通樂理，而且還是小提琴和鋼琴的好手；在體育活動上，據她的師生表示，她並不是一個特別愛運動的人，可是，對游泳和網球似乎情有獨鍾。在此同時，宋美齡也參加了一個叫P·Z·E·的組織，這是位在魏斯里大學所在地的一個地區性組織，主要的活動項目是音樂和藝術，宋美齡在這兒，陶染了對音樂和藝術的濃厚興趣。

這些活動讓宋美齡醉心不已，可是，眞正讓宋美齡年輕的心扉，產生驛動的，大概是一種情荳初開的神秘情懷。

當她住在魏斯里大學附近一個名叫做木村的村莊時，由於宋美齡嫻雅的氣質，和清秀的外表，吸引了衆多青年的注目，於是，宋美齡在木村的住處附近，總是聚集了許多慕名而來的青年，這些熱情青年，希望藉著各種理由，以便接近宋美齡這位東方少女。

包括宋美齡哥哥在哈佛大學唸書的一些同學，也都對宋美齡有深刻的好感，也都喜歡和這位少女結交朋友。

但是，宋美齡早年的擇友卻因爲她的二個姐姐對她產生的影響，而在她的性格塑形上，產生了微妙的作用。

就當宋美齡還在魏斯里大學就學的時候，她的大姐和二姐，先後結婚。

宋靄齡的婚事，並沒有受到家庭任何的阻力，但是，由於姐夫孔祥熙是孫中山的財政助手，從而讓宋美齡開始注意到中國本身的政局發展。

而她的二姐宋慶齡的婚事，幾乎釀成宋家的家庭革命，畢竟，孫中山是宋慶齡父親的革命伙伴，爲了贊助革命，宋耀如做出了很大的奉獻，最後甚至把女兒也雙手奉獻給了革命的領袖。

宋耀如和孫中山之間的齟齬衝突，以及宋耀如對女兒宋慶齡強烈不滿的絕裂，都在年少的宋美齡心中，形成強烈的沖擊作用。

甚至可以這麼說，宋慶齡婚姻問題使得宋美齡在日後面對婚姻問題時，抱持著更爲強烈的自主態度，這在當時中國半封建的社會中，簡直是一樁大逆不道的事情。

傳說中的有關宋美齡爲逃避家庭強迫婚姻，而和友人「私訂終身」的「鬧劇」，後來被一些別有用心的人士，硬生生的移植到宋美齡和國民黨要人劉紀文的身上，說宋美齡和劉紀文有婚約，是蔣介石和劉紀文以政治條件交換，才「自動放棄」和宋美齡的婚約云云。

無論傳說，敍述有關宋美齡感情生活的內容是不是正確，可是，一位情荳初開少女的情懷，是難以用理性法則去估量的。從人性面來看這件事情，也並不是什麼不能擺在陽光下的事情。以宋美齡當時在學校傑出的表現，加上她清朗秀麗的外貌，且又是上海知名商人的掌上明珠，自是衆多中外青年競相追逐的絕佳對象。

大學四年，讓宋美齡在魏斯里得到了象徵最高榮譽的杜蘭獎，同時，也贏得了同學無上的友誼。此時的宋美齡在性格和意念上，已經全然是以美國人自居了，她在日後回到中國時，就曾經向一群美國人自承：「你們貴國——美國，我愛它僅次於我的祖國；你們知道我是在那邊求學的，我並常常看作是我的第二故鄉。」然而，事實上，若是以當年宋美齡在美國成長求學的時間如此漫長來看，宋美齡根本已經十足是個美國國民，卅餘年後，當她以中國第一夫人身份重遊故地時，她在美國國會發表的演講中說：「余在幼時曾來貴國，認識貴國人民，並曾與之相處。余在貴國度過余身心長育之時期。余操諸君之語言，不但操諸君內心之語言，且操諸君口頭之語言。故余今茲來此，亦有如見家人之感。」（見：宋美齡民國三十二年二月十八日講「在美國參議院演說」內文，民國六十六年十二月「中華婦女聯合會」出版之「蔣夫人言論集」下冊，頁1061起）

畢業，不但意味著宋美齡的學業完成了，更意味著她已經是一個十足的美國人，至少，在外表上看起來是這個樣子，初到美國的那些中國傳統服裝，早已進了舊衣箱。

然而，當別的美國同學正在為畢業慶幸的時刻，她卻和修得哈佛學位的哥哥宋子文，在憂慮回國後，如何調適多年來在美國的生活方式的問題。當時，民國政府已經成立，可是，這個脆弱的政府卻是被軍閥所把持的，中國還是處在深重的危難中。

第二回　鄉關遙遙新潮少女

在青年宋美齡的腦海裡，家鄉是個很模糊的形象，大部份時間，她會把自己待過的美國南部鄉村當作她的家鄉，可是，幼年的記憶，乃至眞正家鄉中國在呼喚她時，她又想起那個曾經在她幼年時代，在內心深處留下深深烙印的苦難國家。

宋美齡是宋家待在美國受教育最久的一個人，所以，當她學成歸國時，她的二位姐姐，早已先她和兄長子文回國。

回國，曾經深深苦惱著子文和美齡，可是，這是無可選擇的一種命定，他們的父母正在中國熱切期盼孩子的回國。

就像許多舊式的資本家一樣，宋耀如爲剛回國的子文和美齡請了一位私塾先生，教導子文和美齡複習已經幾乎完全生疏的中文，特別是美齡，她已經整整去國十一年之久，漢文根底要不是再加訓練，美齡根本不能寫一篇完整的漢文文章。

初回國時，宋美齡感受到的中西文化衝擊，顯然要比當年，少女時代初到美國時的衝擊要來得激烈，因爲，當年到美國時，美齡的意識形態根本尙在襁褓階段，在美國求學十一年時間，把宋美齡幾乎塑造成一個美國人，價值觀念上，她已經徹頭徹尾是以美國人的心態出現在公衆面前。

最具體的例子就是宋美齡的衣著，她喜歡一襲輕便的露出肩膀的短上衣，和剪裁合身的便褲，經常他還喜歡戴上頂帽子，讓她看起來根本就像一個美國青年。

然而，這些式樣新穎的服裝，都是宋美齡在上海專門爲洋人做衣服的裁縫那兒做的，穿上這些服裝，宋美齡立刻成爲衆親友側目的聚光點，親友的非議，一度困擾著宋家家人，在那個剛由帝制改朝換代到民國的過渡時期，在許多人還是紮辮子、裹小脚、穿旗袍的時代，這樣和那樣的批評非議，在宋美齡身上發生，是不足爲奇的。

儘管在宋美齡身邊有太多的疵議和批評，可是，這仍然不會更易她年輕而強烈的事業心。

回國之初，上海有好幾所學校，有意請宋美齡前去任教，但都被她婉拒了，她對教職的興趣不大，她寧願把時間花在學習和一些義務服務的工作上。

檢視宋美齡回國後最初參加的工作，包括基督教女青年會的活動，和全國電影審查委員會對電影的審查工作，以及有關童工的一個委員會，都是宋美齡一度熱心投入的工作。

除了參加這些公益活動，宋美齡就把剩餘的精力，用在年青人最喜歡的休閒娛樂方面。

以一個留學美國的青年來說，在當年的上海，除了少數資本家家庭之外，其他階級的青年，根本是絕無僅有的，因而，像宋美齡這樣的留美青年，便成爲上海上流社會、特別是當地的西方人最喜歡交往的社會菁英，只要是外國人舉辦的聚會，都絕對不會把像宋美齡這樣的人疏漏，因而，久而久之宋美齡便成爲上海上層社會以及外國人遊樂聚會的常客。

在這種場合，有來自各方的玩家，以及上階層的有錢人，他們見到像宋美齡這樣風姿綽約、而出身又是如此高雅的女士，難免會興起追求的念頭，可是，由於宋美齡對這些人都看不上眼，所以，許多紈褲子弟，難免也要在宋美齡身上碰上許多軟釘子。

就在宋美齡開始變成上海上層社會的熱門人物的這一刻，她的父親宋耀如卻突然被醫生告知得了癌症，這一消息對宋家來講，無異是一大噩耗，一九一八年五月三日，宋耀如寂靜地死去，宋家三姐妹都在宋耀如的靈前守護，宋家的大家長走了，對家族是一大打擊，對宋耀如的妻子——宋美齡的母親倪桂珍而言，更是晴天霹靂，宋美齡強掩本身的悲痛，同時也要從旁勸慰母親節哀順變。

憑著買辦工作的鵲起，宋耀如把宋家提昇到社會的頂層，如今他走了，難免對宋家家業的進一步發展，造成某種程度的頓挫，但是，值得欣喜的，是宋家的四兄妹都已經學有所成，宋耀如的死訊，反而更激勵了兄妹們向上奮進的決心。

第三回　愛情神聖政治無價

當孫中山和宋慶齡在一九一五年結婚時，蔣介石就是觀禮者之一，但是，那時的蔣介石還不在國民黨的權力核心之中。然而，當蔣介石當上黃埔軍校校長之後，孫中山漸漸把蔣介石視爲國民黨北伐的希望之所繫，蔣在黨內的地位明顯受到提昇，而此時的蔣介石，也自然成爲孫中山家中的常客。

就在一次到孫中山宅中作客時，蔣介石見到孫夫人的妹妹宋美齡，他立刻被宋美齡的丰姿綽約所迷醉，而宋美齡對這位站在眼前高挺英俊的國民黨軍事新星，也抱以相當的好感。顯然兩人都爲對方所陶醉，並且默默各自墜入愛河。

蔣介石曾經直率地向他的領袖——孫中山提出他的要求，希望孫中山以姐夫的名義，正式向宋家提出迎娶宋美齡的請求。可是，這項試探立刻受到孫中山的否決，一方面，他本身和宋家的關係爲了和慶齡的婚事，處得不是很好；另方面，孫中山的妻子對蔣介石的印象十分惡劣，她顯然對軍人或是蔣介石本人有非常強烈的偏見，她甚至向包括孫中山在內的親人表示，「寧願見到宋美齡死去，也不願見她嫁給蔣介石」。

宋美齡會愛上眼前這位當時已經有三位妻妾的軍人，是十分令她的兄姐吃驚訝異的，可是，宋美齡的兄姐們卻忽略了，宋美齡有這樣出人意表的舉動，完全是受到她的兄姐性格上的影響。

在對英雄的崇拜上，宋美齡和宋慶齡很像，然而，宋靄齡精明的現實主義觀點，也給宋美齡很大的啓示作用，事實上，正如前面說過的，宋美齡早在回國之初，在上層社交圈中宋美齡是絕對不乏追求者的，何況，有許多謠傳指出她有一位非常知己的未婚夫，但是，在衡酌蔣介石和這些追求者的現實利益大小時，宋美齡顯然看上了蔣介石，並且，很快地把一顆芳心樂於交給這位正在急急竄起的軍事強人。

蔣介石和宋美齡的因緣，肇因於孫中山生前，而兩人的因緣產生結果，則是在孫中山去世、國民黨內部出現領導權爭議之後，而且是在許多巧合下發生的。

一九二七年的三、四月間，宋美齡的哥哥宋子文受到漢口汪精衛政府的命令，吩咐他到上海募集款項，換言之就是募集軍費，這時，武漢的國民黨左派政府和南京蔣介石的政權發生了微妙的分裂危機。

無疑，蔣介石在知道了宋子文出面到上海籌措武漢方面的軍費時，內心的焦急是可想而知的，宋子文以孔宋家族和上海資本家的密切關係，要想在上海募集款項，實在是易如反掌的事情，然而，這看在蔣介石的眼中怎不為之動容心急呢？因為，這意味著南京方面處境的益加艱危。

一九二七年六月，武漢和南京的分裂更為表面化了，漢口方面的軍頭唐生智，召開了一次會議，決定對南京的蔣介石出兵，蔣介石為了防堵唐生智對他的討伐，從徐州前線抽調了原先要討伐軍閥的革命軍部隊，到南京以東的皖贛一帶和浙江一線。

情勢對蔣介石十分不利，漢口方面的底線，是要蔣介石下台，不過問政治，但是，最早顯然並沒有得到蔣介石立即的回應。

蔣介石沒有立即回應的原因，當然是基於政治全盤利益的考量，同時，他也在考慮另一個重大的問題，那就是有關他和宋美齡婚姻的問題。

在幾年之前，蔣介石曾經為了和宋美齡結合的可能性問題，向宋母倪桂珍女士作了一次試探，然而，倪桂珍長期以來對軍人就不存好感，何況，中國人向來對軍人的社會地位是十分輕視的；再者，蔣介石已經有婚姻紀錄，而且還有非正式的納妾紀錄，宋母對此不能釋懷；第三點也是宋母非常堅持的一點，便是蔣介石的信仰問題，因為宋家一家都是基督教徒，宋母當然希望宋美齡嫁給一個基督教徒，可是，蔣介石那時並沒有信基督教。

何況，宋家子女當中，宋慶齡和宋子文對蔣介石要追求宋美齡的事情，都抱持反對的態度，他們的態度，也在宋母倪桂珍女士的耳邊，起了一定程度的作用。

在蔣介石受到來自漢口的壓力，要他下台遠離權力核心，他就開始認眞思考，到底要如何才能挽回在政治舞台上的逆勢。他很自然地想起對武漢的財力支援起了很大作用的宋子文，以及想起他的妹妹宋美齡，蔣介石把這兩者之間結合在一起，他馬上就作了一種和現實很貼切的推理。

他想，假如他能夠說服宋母，和宋美齡女士結婚的話，憑藉著和宋家的姻親關係，他認爲自己有絕對的把握，重新在中國南方的權力舞台上找到施展的空間。

他在主觀上，對宋子文的寄望，除了在金錢方面，他更期望一種可能，是能夠藉著宋子文和汪精衛的關係，說服汪精衛放棄作國民黨以及統一後中國唯一領導者的夢想，和蔣介石分享權力，共同來治理中國，軍事權力歸蔣介石，黨的權力歸汪精衛，這是蔣介石主觀上的想法。儘管這是蔣介石一廂情願的想法，但是，在實際上，汪精衛夫婦不但和宋子文的關係好，和宋家大姐宋靄齡夫婦的關係也好得很。

因而，蔣介石的推理，不愧是一石兩鳥之計，他覺得斯時斯地，若能以大丈夫能屈能伸的修養，暫時引退，將來另圖東山再起的機會，可能要比現狀更爲可觀。

於是，他一方面在武漢方面的壓迫下，正式宣佈下野，另一方面，蔣介石以十分巧妙的手段，於民國十六年的八月十九日，把陳潔如弄到美國「唸書」，並且把早年和毛夫人離異的休書，和在陳潔如出國後不久於上海報紙刊載的公開啓事，作爲他和宋母談判的證物。

斯時，宋母正和宋美齡在日本休假，當她聽到蔣介石來日本的消息時，確實顯得極爲震驚，她直覺蔣介石是爲了追求宋美齡而來，所以，宋母毫不考慮地決定了躲開蔣介石的追蹤，暫時搬到別的地方繼續她們的假期。

然而，宋美齡這時顯然已經被蔣介石的追求深深打動，宋美齡和她的二姐宋慶齡一樣，對英雄有一種熱烈崇拜的情緒，儘管，從現實的一面來看，蔣介石是暫時處於落難狀態，可是，宋美齡知道，蔣介石只是一時的虎落平陽，他終有東山再起、宏圖大展的一日。

在面對蔣介石的追求時，宋美齡長久以來都是處於孤立狀態的，沒有人肯安靜下來，很理性地爲她分析利弊得失，不論是母親、二姐宋慶齡、兄長宋子文，不是對她疾言厲色，就是冷嘲熱諷，總之提到蔣介石都是沒有什麼好臉色看，惟獨大姐宋靄齡是支持宋美齡，並且獨排衆議，還從旁勸解宋美齡，鼓勵宋美齡應該勇敢接受蔣介石的感情。

宋靄齡贊成宋美齡嫁給蔣介石，一個最大的原因和考慮基點，當然還是基於家族總體的利益考量。

在當時的環境中，宋靄齡看得很淸楚，中國的統一只要國民黨團結，就欠臨門一脚了，而蔣介石是一個軍人，在全國未臻統一的前提下，在中國任何一個朝代，開闢疆土、建立政權的都要仰賴軍人，那時，宋孔二大家族，宋家是上海最大的一個資本家，藉著老大宋靄齡和孔祥熙結婚的關係，結合了山西——中國北方最大的一支財閥勢力；其次，藉著宋慶齡和孫中山的婚姻關係，和國民黨的政權體系掛上了鉤。

在整個家族圈子裡面，就是獨缺軍人勢力，而宋靄齡深知，在亂世，軍人是一股不可忽視的力量，而如今，蔣介石正是有難在身的時刻，而且，他又對宋美齡有追求之意，假如在此刻拉拔他一次，蔣介石必然會在日後知所圖報。這是宋靄齡打的如意算盤，也是她出面爲蔣介石在母親面前說項的基本背景。

在美齡的堅持、靄齡的勸解之下，宋母也開始軟化，加上，蔣介石提出了和前妻離異的休書，以及登載報上的啓事，此刻，蔣介石已經辭去革命軍總司令的職務，他已然不是軍人，更打動宋母的，是蔣介石允諾在以後適當時候，會受洗成爲基督敎徒，在此之前，他會努力以虛心的態度，研究基督教義。

會見宋母時，宋母寓意深遠地送了一部聖經給蔣介石，算是意味著答應把宋美齡許配給他。

日後，宋美齡在她的回憶中寫道：「我母親的宗教信仰，給了委員長很大的影響，我於是想到，我在精神方面，不能鼓勵我的丈夫，實在覺得萬分遺憾。委員長的太夫人是熱心的佛教徒，他的信仰基督教，完全由於我母的勸導。爲了要使我們的婚約得她許可，委員長允許研究基督教義，並且誦習聖經……。」（見蔣夫人言論集，民國六十六年十二月，台北「中華婦女反共聯合會」出版，頁四至頁五）

畢竟，中國人有一種習慣，父親不在世的話，家庭中重大事情，禮貌上還是經過兄長的應允，宋母這廂已經過關，而宋子文這邊，態度仍舊不明朗，就只好請出曾經對宋子文服務政壇有過知遇之恩的譚延闓，在請譚延闓出面週旋之前，宋子文和宋美齡之間，曾爲了是否接納蔣介石，鬧得不可開交，宋子文一度不讓蔣介石出門，後來，是宋靄齡向宋美齡獻策，才請出譚延闓來說服宋子文，經過一番勸解，宋子文終於答應不再從中作梗，宋美齡才如願以償，和蔣介石永結同心。

非但如此，經過一番折衝，宋子文還應允爲蔣介石作調人，在汪精衛面前說項，平息蔣介石和汪精衛之間的糾紛爭議，共同協議同時重回權力舞台，宋美齡亦透過汪精衛夫人陳璧君，爲調合蔣介石和汪精衛而努力。

從這裡可以看出一番梗概，宋美齡固然答應和蔣介石的婚姻，多半是基於個人因素，可是，協助蔣介石完成統一全國的使命，亦是宋美齡衷心希望達到的一個遠大願望。

第四回　黨恩家仇姐妹情結

民國十六年的十月廿一日，天津的大公報和上海的各個主要報紙都刊載了一個消息，這個消息的大意指出，日前出國到蘇聯的宋慶齡，據了解是和當時武漢政府的外交部長陳友仁「私奔」去了。

因爲宋慶齡當年和孫中山的結合，就是以私奔的方式達成他們的願望的，因而，社會大衆聽到這個消息都十分震驚，認爲孫中山的遺孀會作出這樣驚世駭俗的事情，實在是不可思議。可是，隔了幾天之後，這個消息傳到了蘇聯，令宋慶齡甚爲憤怒，立刻去電，向發表這則電訊的英國每日郵報表達了抗議之意，並表示將循法律途徑解決此一誹謗。

宋慶齡被誣指爲私奔的消息，立刻在滬上引起廣泛的關注，然而，了解宋慶齡爲人的人，都曉得這應該是一個謠言，最初有人就猜測，這個謠言可能是宋慶齡的大姐宋靄齡放的話，最大的原因，由於她是蔣宋聯姻的最大推動者，如果不是宋靄齡的推波助瀾，宋母倪桂珍是決計不會答應蔣介石娶她的女兒的，而對宋美齡嫁給蔣介石反對最力的家人，就是宋慶齡。然而，實際上宋慶齡反對的不是宋家的家人本身，而是反對宋家家族對蔣介石這樣一個法西斯軍人的曲予優容、並且把宋家最美麗的么女嫁給他，達成和蔣介石結合掛鉤的目的，而她所以會反對蔣介石，最大的心結乃在於她認爲蔣介石反叛了孫中山所一向堅持的主義思想，搞個人獨裁和恐怖統治。

有關宋慶齡和陳友仁在蘇聯「結婚」的傳言，是由美國和英國的新聞媒體發佈的新聞，這則新聞在報上發表之後，宋慶齡就氣得蕁痲疹發作，病了好一陣子才復元。

等她大病剛好，十二月一日卻又聽到她的妹子宋美齡和蔣介石在上海已經結婚的消息，她更是怒火中燒，急火攻心。

在宋慶齡早年爲了要嫁給孫中山，而與父母幾乎決裂的時候，那時在美國唸書的宋美齡，便是堅決地和宋慶齡站在一起，宋美齡有很多方面，受到宋慶齡的影響，包括她們的英雄崇拜，都有很多的相似之處。

寧漢分裂造成宋慶齡的遠走蘇聯，而宋美齡和蔣介石的婚姻，更讓宋慶齡心灰意冷，加深她長期自我放逐國外的想法。

就在宋美齡嫁給蔣介石不到十天之後，蔣介石決定和蘇聯斷絕一切外交關係，原因是稍早蘇聯支持武漢政府，公然和他唱反調，幾乎斷送了蔣介石的政治前途。蔣介石宣佈和蘇聯斷交這不啻亦是給遠在蘇聯的宋慶齡一個最大的難堪，宋慶齡曾經爲此發了一封內容嚴厲的電報，譴責蔣介石的此一行動。

冤家宜解不宜結，何況宋美齡本身和宋慶齡之間深厚的姐妹情，也牽動著宋慶齡的心弦，在這樣的情況下，南京方面在一九二九年，想出了一個妙法，要宋慶齡回國，那個妙法就是要把孫中山原來葬在北京的遺體，歸葬到南京來，並且爲孫中山舉行隆重的國葬儀式，可是，在蔣介石把類似的訊息透露出來的時候，宋慶齡顯然還相當猶豫，蔣介石知道宋慶齡的心結，就透過宋美齡希望能用親情，讓宋慶齡軟化，在宋美齡的設計之下，她自己不可能親自到歐洲去把姐姐請回來，便情商弟弟宋子良，來肩負這個任務。

於是，宋慶齡才心不甘、情不願地回到中國南京。但是，這並不意味著宋家姐妹之間感情的眞正和解，宋慶齡和宋美齡間仍有一種奇妙的隔閡，對蔣介石的痛恨仍然一絲未減，她的回國，絕對不是爲了蔣介石的國民黨選她當中央執行委員，而是基於對死去的丈夫的一種緬懷追念，或者基於中國人一個最基本的倫常觀念，在當時的時空環境下，如果自己丈夫安葬，而未亡人卻缺席，畢竟不是一件可以被衆人容忍的事情。

爲丈夫辦好了安葬，宋慶齡又離開了她的祖國，踏上前往法國的旅途，這體現了她對她的妹夫主導的政府的一種義無反顧的態度。

第二章　初戀情人是劉紀文？

第一回　到底誰是宋美齡的初戀情人？

一九二七年的十二月一日，一場全世界矚目的世紀婚禮，在中國的上海大華飯店隆重舉行，美麗的新娘正是宋美齡，這時，她已經是廿九歲的成熟女子，如果，她是一個舊社會的女人，她可能早在十年前，就在媒妁之言下出嫁，如果，她是一個講究生活的新時代女性，她應該已經有過十分浪漫的愛情經驗，可是，她卻碧潔光鮮地出現在婚禮現場，倚偎在當時中國的新強人——蔣介石的懷抱裡，當年，一些好奇的作家和新聞記者，開始默默挖掘有關宋美齡早年戀情的相關訊息，並且無聲無息地記載下來，這些吉光片羽的記錄，也就成為日後一些作家玩味的主題，究竟這位中國當時最大資本家的掌上明珠，在她結婚之前，到底有沒有初戀情人？我們不妨來看看一些著作或是報導，是怎麼看待這件事情。

希格瑞夫・史特寧寫的「宋家王朝」，可以說是海內外，一些關於宋美齡家族內幕寫得最「淋漓盡致」的一本書，當然，這本書當中或有若干是誤傳的內容，但是，一直到今天，仍有許多史家，特別是大陸的作家，喜歡拿這本書，作爲參考的藍本，就宋家的觀點來說，希格瑞夫的著作可說「流毒甚深」，然而，一個無可奈何的事實是，由於宋氏家族長期以來，不願或不屑去爲這本「蜀犬吠日」的書，作任何長篇大論的反駁（對若干問題提出辯白是有的）但是，這本由美國人寫的討論宋家的專書，依然成爲若干人心目中的「經典之作」。

「宋家王朝」書中說：「從一九一三年的秋天，到一九一七年的夏天，她（指宋美齡）都在衛斯理學院（按：即魏斯里大學）唸書，四年的時間，使她從一個嘟嘟的女孩，長成爲丰姿綽約的少女，……經常有男孩來到『木村』的台階上，約美齡外出，他們大部份是哈佛大學和麻省理工學院的中國留學生，也都是宋子文的朋友。對於這些來訪的中國人，其他同學只記得什麼張先生、李先生、王先生等等。當她聽到慶齡在上海法租界發生的事，她害怕自己回國後，也會被家人安排她的婚事，所以，不久之後，她宣佈和一位來自江蘇省的哈佛留學生彼得·李訂婚。當她的焦慮消失後，就又自行取銷。這項婚約，只維持了幾個星期。」（見希格瑞夫·史特寧著之「宋家王朝」頁一二四至一二五，台北，未註明刊行之出版社）

這個彼得·李的中國名字是什麼？他是什麼身份背景？史特寧並沒有作進一步的說明，並且強調當宋美齡在對家庭干預婚事的恐懼褪去之後，就自行取銷了和這位「李先生」的婚約，乍看之下，會讓人感覺宋美齡好像在利用這個李先生，也有點像是在辦家家酒，而不是有意和這位男士拍拖，因而，我們若說此人就是宋美齡的初戀情人，可能有些牽強，照史特寧的語意，充其量宋美齡此時還是一個荳蔻年華、情竇初開的純情少女，還談不上有什麼初戀情人。

另一位美國作家愛米·哈恩（EMILY HAHN）在其著作「宋氏家族」中，也提到：「有一次，美齡在繪圖室等待子文（宋美齡的哥哥）的時候，一個中國學生看見了她。這個無時無刻不在思念著祖國的學生凝視著這位年輕的姑娘，不禁陶醉在今後生活的遐想之中。那時，美齡體態十分豐滿，膚色異常健康，一條辮子垂在身後……。

她的一個朋友說：『總有一兩個漂亮的中國青年停留在美齡住所門前的石階上。』

美齡害怕回國後父母為她包辦婚姻，因此在魏斯里大學上學期間，就和一個中國學生訂了婚。當然，後來這門親事並未成功。」（中譯本見北京新華出版社出版一九八五年出版之「宋氏家族——父女·婚姻·家庭」，頁一〇三至一〇五，李豫生、靳建國、王秋海譯）

才子有意，佳人未必有情。從愛米·哈恩的著作可以看出，宋美齡在當時固然追逐者衆，然而並沒有明顯的證據說明，宋美齡有任何動心的特定對象，這個出身世家的名門閨秀，自是有其獨特的少女矜持，不會輕易接受男士的追求。這大概是愛米·哈恩等人沒有載明宋美齡的初戀情人到底是誰的原因。（當然，更有可能，愛米·哈恩等人根本不清楚宋美齡初戀時確切情況，因而始終無從肯定說明，一個嚴謹的史家也必須循著如此的作業原則辦事。）

類似這樣含混其詞的講法，還有許多著作，像一本由美國人ROBY·EUNSON著的「宋氏三姐妹」也說：「美齡害怕慶齡的婚事將使父母堅決要爲她包辦婚姻，因此下定決心要防止這類事情發生，她在離美之前準備訂婚，以便保護自己。於是，她選中了一位向她求愛的中國學生，並且答應在某個不確定的時候結婚。這完全可能是一個空口諾言，因爲她並沒有同他結婚。」（見北京世界知識出版社一九八四年出版之「宋氏二姐妹」頁四十九，MR.ROBY.EUSON是前美聯社副社長，曾在亞洲和歐洲採訪新聞多年）

綜合上述幾種著作的說詞，都異口同聲說，宋美齡在美國學生時代，追求者已經有如過江之鯽，可是，除了一位自願和她玩一場訂婚遊戲的「李先生」之外，並不曾交待任何確切的人稱得上是宋美齡的初戀情人（儘管，這並不意味著宋美齡在事實上絕對沒有任何的初戀情人）。

然而，另外有一些中外著作，卻十分赤裸裸地指名道姓說出宋美齡的那位意中人。例如，一本以愛米·哈恩著作爲藍本的「宋美齡傳」（龍流編譯，北京農村讀物出版社，一九八八年出版）敍述蔣介石在民國十二年前後，對宋美齡作長達五年的熱烈追求的時期，宋美齡早已有了一位要好的男朋友，書中說：「五年來，蔣介石不管宋美齡已與當時上海市市長劉季文訂婚，他仍不斷追求她，向她提出結婚的要求，但是宋美齡一直沒有答應，原因是宋老太太一直反對蔣成爲她的女婿。」（龍流編譯，頁八十七）（另按：上述書中所提及之劉季文疑為劉紀文之誤，而且，上海市長也沒有一個叫劉季文的人，上海市長亦可能為南京市長之誤，因劉紀文曾經二度擔任南京市長職務也）

台北出版的一本「宋美齡傳」，也有類似的記載和說法。（參考台北天元出版社，李桓編譯之「宋美齡傳」，一九八五年八月十五日初版，頁八十七）

台灣高雄一家出版社最近出版的一本「宋美齡前傳」上集有一段記載，書中指出，蔣介石爲了追求宋美齡，對她作了一番調查，結果發現「她（指宋美齡）住在霞飛路二十一號。她還有二個漂亮的姐姐靄齡和慶齡，都嫁給了中國的政界人物。另外，蔣介石還打聽到宋美齡有一位情人，名叫劉紀文，是宋在美留學時的同學。……」（見陳廷一著之「宋美齡前傳」上冊，第六章）

據查證，前二部著作的「劉季文」應該是「劉紀文」之誤，但是，如果，硬把宋美齡和劉紀文扯在一起，事實上存在著許多疑點和笑話，吾人可以一一加以點破。

其一，據香港波文出版社出版的「當代中國四千名人錄」的記載：「劉紀文，廣東東莞人，日本及英國留學生，歷任廣東金庫監理、廣州市審計處長、陸軍部軍需司長、大元帥府審計長、廣東省政府委員兼農工廳長、國民革命軍總司令部經理處長、南京特別市市長、江海關監督、國民黨三屆中執委、國民政府建設委員會委員、國大代表、總統府國策顧問，死於一九五七年四月十三日。」（香港波文書局「當代中國四千名人錄」）以劉紀文這樣的背景資歷，如果他眞是當年宋美齡的意中人的話，還何勞蔣介石去作什麼調查，恐怕早就是上海報紙津津樂道的話題了，更何況，根據劉紀文的生平資歷，青少年時代可說都一直跟著孫中山搞革命，這樣有名望的人，蔣介石如此孤陋寡聞，還要請包打聽去查訪，如此，蔣介石未免也太遜了點吧！

因此，可以說明陳廷一書中所作的這段敍述，存在著很大的疑義有待澄清。或許有人會說，那這樣的證據又何以說明劉紀文不是宋美齡的初戀情人呢？沒錯，但是，我們不妨來翻翻當年的報紙，又可以從中找出一些蛛絲馬跡，這可以作爲筆者反對指稱劉紀文和宋美齡有任何情愛關係的旁證。

比如，民國十六年十月五日上海的時報有報導指出：「蔣介石於去年七月九日在廣州東校場任北伐軍總司令，出師之前夕，政府當道，盛筵爲蔣介石送行，同桌中有宋美齡女士在，蔣一見之，遂屬意焉，以後雖在戎馬倥傯之際，每不能忘。」這段文字說明蔣介石某次邂逅宋美齡的場合，以及蔣介石追求宋美齡的客觀情況，報導接著指出：「當九月下旬，宋子文來日，先至雲仙，繼到神戶，……時蔣已經下野，忽聞宋家人之後亦來雲仙，九月廿八日，蔣偕參謀長張群、南京市長劉文島（筆者按：此處應為劉紀文之誤，因為當時的南京市長確為劉紀文，而非劉文島氏，按劉紀文係日本　法政大學畢業生，日文能力應當不錯，這是蔣介石要他陪同去日本的主因，劉為文臣，而張群為日本陸軍學校畢業，為蔣介石之武將，可說十分妥當的出訪幕僚搭配。）、秘書陳舜壽，並衛兵五名，在滬秘密上船，送行者祇日本領事清水氏一人而已，日本駐滬記者非常注意，大阪朝日、每日駐滬記者，均隨之出發……蓋蔣係中國近代偉人，其一舉一動，極爲世人注目，何況聞其又有一段姻緣，更足供新聞資料也。」

報導又指出蔣介石在接受日本和中外記者訪問時說：「余回顧過去一年間在戰場上之光景，令人感慨無量，今日能優遊於雲仙快樂之鄉，蕩滌戰塵，胸襟不覺一快，至於漫遊歐美與否，現尚未決定，與宋女士結婚問題，今日亦不能對各位表白，請諸君推測可也。」

據後來包括「宋家王朝」在內的書中都認爲，蔣介石這趟去日本，多半是爲了去說服宋美齡的母親倪桂珍，以便讓她的女兒嫁給他。(當然有一部份原因是和當時國民黨正在鬧寧漢分裂有關)

明白乎此，就可以知曉，如果劉紀文和宋美齡已有情愫的話，爲什麼蔣介石還會帶著劉紀文這個「情敵」，去日本洽談自己和宋美齡之間的婚事，這簡直是滑稽突兀，況且，就算蔣介石有這樣的「雅量」，難道劉紀文就有這樣的「雅興」，爲「情敵」舖婚禮的紅地毯？這是相當值得推敲的一個問題。

再回過頭來，我們再來審視一下劉紀文的求學背景。許多海內外有關宋美齡的書說，宋美齡在美國唸書時認識了劉紀文，但是，根據劉紀文本身的求學過程資料顯示，劉紀文從來不曾留學美國，他是日本和英國的留學生，曾經在民國十二年奉派去歐美各國考察市政，然而，有趣的是，宋美齡早在民國七年，就已經學成歸國，她不可能和劉紀文隔著一道太平洋「神交」吧！因爲根本二人根本沒有在美國交集的時間，劉宋二人如何能夠成爲「留美同學」？

緊接著，民國十六年十一月十四日「時報」報導說，包括蔡元培在內的一些黨政首長、學界人士等等，參加了十三日上午舉行的羅家倫和張維楨二人的婚禮，從日本回來有些時候的劉紀文也出席了這個婚禮儀式，在婚禮上，各個要人分別發表對婚姻的看法，結果，劉紀文也起來講了一席話，這則報導說：「……並有劉紀文君報告蔣宋之姻緣，……。」

我們以常情判斷，假如劉紀文眞的和宋美齡有過一段情的話，劉紀文怎麼會有面子在這樣的大庭廣衆面前，臉不紅氣不喘地作什麼「報告」？一個情場敗將會心甘自我墮落如是？這又是一個指劉宋夙有情愫之流言不盡情理的間接證據。

第二回　關於劉紀文的一些官方文獻記載

多年來一直被一些小道消息指爲宋美齡早年情人的劉紀文，到底他的宦途如何？蔣介石、宋美齡、劉紀文三人之間，到底有沒有傳說中的什麼政治條件？這確實是一個很有趣的話題。

老一輩特別是江浙一帶的大陸朋友，一定對劉氏名字不陌生，可是眞正對劉紀文的身世背景，以及和宋美齡之間，到底存在著什麼樣的關係，全盤瞭若指掌的人，恐怕至今爲數不多，即使少數對劉氏還有印象的朋友，大概也只是模糊記得，劉紀文是國民政府攻克南京並且正式奠都之後，首任南京市長。

根據民國十八年版，南京市政府出版的「首都市政」一書對這位南京市首位國民黨市長的背景，作了如下的交待：「劉市長紀文，廣東東莞縣人，現年四十歲，卒業於日本志成學校及法政大學，專攻政治經濟，隨從先總理革命十餘年，未嘗遠離左右，歷任中華革命黨財政部部員、廣東全省金庫監理、廣州市審計處處長、大元帥府審計局局長、陸軍部軍需司司長等職。民國十二年赴英國，在倫敦經濟大學及劍橋大學研究歐戰後狀況，由廣東政府特派爲歐美市政考察專員，赴歐美各國首都及重要城鎮實地考察，對各國市政制度及管理方法，極有心得，十五年歸國，由國民政府特任爲廣東省政府委員，兼農工廳廳長，後因革命軍北伐戰事緊急，特赴前方被任命爲國民革命軍總司令行營軍需處處長，及總司令部經理委員會主席、審計處處長、經理處處長、南京奠定後，被任命爲南京特別市市長，旋被選爲南京特別市黨部執行委員，十六年七月，復任南京特別市市長，於七月廿日就職，兼任國民政府建設委員會委員，十八年三月被選爲中國國民黨中央執行委員。」

這就是當年劉紀文任職南京市市長時，官方給他作的出身介紹。

有若干著作指出，劉紀文出任南京市市長的原因，是當時宋美齡答應嫁給蔣介石的條件之一，不論這個說法正確與否，從文獻資料上顯示，劉紀文在擔任南京市長期間，似乎有明顯受到上峰擠壓抑制的現象，種種跡象顯示，劉紀文名爲南京市長，實則不過是一個空頭市長，根本有名無權。

在上述這份「首都市政」刊行的時候，劉紀文事實上已經當了南京市長有二年的時間，這位市長對當局是存在著許多牢騷和不滿的，這一點可以從前述的「首都市政」中記載的事情，看出一番梗概：「中國國民黨於掃蕩革命之障礙以後，現已實行努力於全國人民生存方法改善之企圖矣，即本黨領導下之中華民國，已由軍政時期入於訓政時期……十六年六月一日，南京特別市政府負有建設首都之重任而產生，正我國民革命軍底定東南，繼續北伐之時，草創伊始，百廢待舉，非兢兢業業，無以處理此艱鉅之工作，非堅毅不撓，無以應付此險惡之環境，綜計慘澹經營，於今二載，然回顧吾人成績，其未能依原定計劃實現者甚多，是誠吾人所應引以自咎而懷疑吾人之才能或有未逮，而另一面，實以本市之經濟窘乏與行政權力之不足，以致吾人於市政設施上，無處不極感困難，茲將困難各點分述如下：一曰經濟之困難也，蓋經濟為一切事業成功之母，以言市政建設，尤如飲食於人生，為生命之榮枯之所繫，查本市舊預算每年收入不足二百萬元，而事業費及行政費之支出需三百萬元，收支相抵，不敷一百餘萬元，以言開源，則稅權支裂，源無從開，以言節流，則建設急迫，流不同節，雖曰市政公債，現已發行，實無從以言建設一宏偉之首都，夫財政既陷於窘迫，一切設施，自不得不受其限制而窒礙環生，於是吾人今日所處之地位，乃陷於無窮困難之域，蓋經濟問題，橫梗於吾人之前，而建設使命，正督促於吾人之後也。」

鬧窮，說市政建設入不敷出，是當時劉紀文最無法忍受的問題，所以，他把這個問題擺在最前面說明。

其次，這位劉市長又說：「二曰警察權力之喪失也，查建設之力量必須集中，建設之計劃，尤尚完密，為求力量集中與夫計劃完密起見，不得不嚴整吾人之組織，統一吾人之事權，然後建設工作，乃易觀效，若割裂其嚴整之組織，分散其集中之力量，則建設進程之延緩，自不待言，公安局係市之武力，亦即一切市政事業之維護者，南京特別市政府之手足也，舉凡市民安全之保障，風化之維持，不良之取締，戶口之注意，在在與財政工務土地教育社會衛生各局，有密切之關係，市政而無公安局，無以言建設，公安局而離市政，亦無以盡其用，乃本年三月間極端公安局改名首都公安局，隸屬於內政部，雖於其組織大綱上，規定本府仍有指揮之權，實則命令不行，成效毫無，市政掣肘，困難彌增，此項打擊首都建設之責咎誰歸，實以吾人以莫大之疑懼。」

以一個首都特別市的市長，卻連警察局長也沒有辦法指揮，市的警察大權完全歸中央掌控，劉紀文大概打從心眼裡就覺得窩囊，這到底是孰令致之？是蔣介石？還是劉紀文的其他政敵？抑或只是政策本身？

再來談到所謂「市公用事業之未能收回」的問題時，更可以證明劉經紀文的無力感和朝中無人，他說：「當本黨第三屆中央執行委員會二中全會時，曾經決議各市之公用事業，概歸各市政府監理，本府曾據以力爭，然轉輾曲折，終未收效，此放棄職權與夫不能副民衆期望，吾人所深自引疚者也。」

此又證明劉紀文在國民黨內部的人微言輕，連市公用事業收回市有的這麼一個小問題，都得不到當局的支持，這位留學英日的市長，能不心存怨恨？

更甚者，「四曰財政不統一也，……如市內田賦，屠宰稅，牙行稅，當鋪稅等等，乃由江寧縣政府暨江蘇財政廳，直接在市內徵收，喪失事權，紊亂市財政，莫此爲甚，而影響本市經費，危害市政設施，尤爲至重且大。」

一個辦事要錢沒錢、要人沒人，而且左右掣肘的市長，如果，像某些書說的，關於蔣介石要娶宋美齡的條件是包括了「保荐劉紀文當南京特別市市長」的話，劉紀文幹南京市長，權力何以如此萎縮？這是另一個值得疑問的地方。

第三回　關於劉紀文遺孀的說法

從民初的一些現存圖片資料顯示，劉紀文可以說是當年政壇人士當中，儀表相貌十分英俊的一位，正如童軒蓀先生在台北「傳記文學」雜誌第三十四卷第六期，寫的「劉紀文的生平及其他」一文中說的：「國民黨裡有兩個美男子都以豐姿偉俊為世所稱，而此兩人竟同字『兆銘』，一為汪精衛，一即劉紀文。」（見「傳記文學」第三十四卷第六期，童軒蓀作「劉紀文的生平及其他」，第六十三頁）

照童文的說法，從民國二年到民國十二年這十年間，劉紀文從來未曾離開過孫中山身邊，童文說：「劉氏參加革命早在民前二年即加入同盟會，……民三間『中華革命黨』在東京成立，他是總事務所的幹事。民國六年隨中山先生回國，於上海環龍路四十四號革命黨事務所的創立，他是總綰事務兼司財政的一員。後來中山先生回駐廣州，便代理了財政部長。」童文說：「自後民十八年任南京特別市第五屆，廿三年任第六屆執委兼常委。抑且於十八年開始連任中央三屆、四屆、五屆、六屆執行委員。於第一任南京市長之同時，正值蔣公辭去國府主席，隨往日本。……」

在「宋美齡前傳」一書中說：「說實在的，美齡自從美國歸來，在愛情的海中，她一直脚踏兩隻船。一是劉紀文，二是蔣介石，……在異國的國土上，他們就相識，以致於誰也離不開誰了。……」（陳廷一著，第九章政治姻緣）可是，劉紀文遺孀許淑珍接受童軒蓀訪談時，說明：「紀文曾親口告訴說他出身寒微，獻身革命奔走四方，沒有時間談戀愛。紀文和我結婚時，他已三十九歲。」接著許女士又說：「紀文初戀眞正的情人是古婉儀小姐。她的父親爲黨國元老古應芬先生。不幸古小姐和紀文訂婚不久，即臥病經年，臨終之前旬餘，紀文親侍在旁，可見兩人間愛情之篤，事隔多年，他無時或忘，時常和我提起。」

根據許女士的現身說法，以及本文前述舉出的各項例證，似乎可說明沒有任何理由相信劉紀文是宋美齡的「初戀情人」，因而，海內外其他關於宋美齡的著作中，凡是提到劉紀文的情節，因爲在證據上有稍嫌薄弱的問題，所以難免予人牽強附會的一種感覺，而失去了學術研究應有的權威性。

然而，畢竟愛情是一種隱密性很高的個人行爲，假如兩造雙方基於一種共同默契，或是基於某種利益承諾，還是有一定程度可能受到若干隱瞞的情況，所以，除非兩造共同或者至少有其一方，出面親自提出合理澄清，否則，恐怕很難有眞正水落石出的一天。

至於宋美齡和劉紀文之間，究竟存在何種關係，照童軒蓀訪問劉紀文的遺孀許淑珍的講法，是因爲「早於民國十五六年間在廣州識宋府諸人」云云，但是，究竟劉紀文是在何種情況下認識宋家人的，童文並沒有作進一步的說明，只附帶在述說自己和劉紀文婚禮，把蔣夫人（即宋美齡）和宋子文一起到場慶賀的情況，淡然一筆罷了。

所以，値得關切的是，童氏作的訪問仍有若干疑義存在，我們可以參酌「孔祥熙先生年譜」來看看另外一件事，年譜說：「先生（按指孔祥熙）贊襄國父整理黨務，經常出入國父東京寓所，負責中華革命黨經費的捐獻與勸募，同時更參與機密，協助國父處理文書函電，於是和國父英文秘書宋靄齡女士相識。……宋靄齡女士結婚後（按與孔祥熙），由她二妹宋慶齡女士遞補英文秘書。民國三年十一月廿五日，國父與宋慶齡女士在東京結婚，先生與國父結爲連襟。」（「孔祥熙先生年譜」，台北郭榮生編著，頁四十三至四十四）

假如，童軒蓀氏作的訪談沒有疏誤，那麼，劉紀文遺孀說的：「紀文早於民國十五六年間在廣州識宋府諸人」劉夫人是等於無意中露出了馬脚，兩相對照，實在令人很難不懷疑劉夫人許淑珍女士不是在說謊，試想，各種文獻都說劉紀文民國二年到民國十二年，都在孫中山的身邊，那麼既然劉紀文都一直陪在孫文身邊，怎麼可能不認識宋靄齡，乃至以後的孫夫人宋慶齡這兩位前後任的孫中山秘書？如果劉某認識宋大小姐和宋二小姐，又豈有不認識宋三小姐宋美齡的道理？

如果照許女士說明的時間，劉宋即便有意接近彼此，在時間上比較有可能的，應該是在民國十五年到十六年，比這個時期稍微更早一點的時候，即民前二年一直到民國十四年，劉一直是跟在孫中山的身邊，那麼，劉紀文認識宋家家族的時間，絕對是在民國初年，大約是在民國三年前後，而宋美齡是在民國六年回到中國的，所以，除非宋美齡是足不出戶，否則，劉紀文認識宋美齡的年份定然是在民國六年以後不久，絕對不會像許淑珍講的，要到民國十五六年間才認識宋家的人。（事實上，根據許多文獻記載，宋美齡回中國後，是很熱衷參加各種公益活動的，所以，她不可能足不出戶）

吾人可以大膽作一種假設，就是如果宋美齡和劉紀文之間，眞的彼此有心的話，他們間交往的時間，早在蔣介石和宋美齡結婚前，至少可以有近十年的交往空檔，這十年時光，要作一場愛情長跑，是綽綽有餘的，況且，宋美齡和蔣介石結婚時，她的實際年齡已是廿九足歲，即使在舊時代，一個廿九歲的女人，如果說從來不曾對一位男士動心的話，大概也要有很深的「修養」才勢必辦得到。

準此以觀，既然劉紀文的遺孀可以在劉紀文認識宋家家人的這一問題上說謊，這便難保她不會在別的問題上隱瞞眞相。（當然，她也有可能不是蓄意說謊，也許是時光錯置之類的問題，導致他無意中說了這個「謊言」）

劉夫人若可以在這個問題上作了錯誤的陳述，那麼是否意味著她也有可能在其他的問題上，作出了有利於劉紀文的陳述呢？這是一個大有意思的問題，那麼她說的什麼她丈夫「沒有時間談戀愛」、「眞正初戀的情人是古婉儀小姐」等等，是否也有極大的或然率是錯誤的陳述呢？說劉紀文沒有時間談戀愛，那麼國民黨的總理孫中山爲什麼有時間談戀愛追宋慶齡？難道老闆比伙計還要空閒？假若這些問題得不到一個比較合理的解釋，宋美齡早年的愛情生活，到底誰是第一位白馬王子的問題，恐怕永遠是一個沒有答案的歷史公案。

然而，在民國十六年十月九日，宋美齡接受日本每日新聞記者火田谷訪問時，火田谷問宋美齡：「蔣先生謂初見女士時，已認女士爲其理想之伴侶，但不知當時女士作何感想？」宋美齡微笑答覆：「此乃五年前事，當時余未注意之。」（筆者按：以蔣介石對宋美齡追求之勤，宋美齡居然說她當時沒有注意，那麼她是在注意什麼？在注意誰呢？）

最後，這位日本記者直接了當地問宋美齡：「女士婚姻何以遲遲至於今日？」問她

晚婚的原因，結果宋美齡臉上泛了一陣紅說：「因未覓得相愛之人故。」（以上，日本大阪每日新聞一九二七年十月九日電）

到底誰是宋美齡的初戀情人？蔣介石是不是宋美齡的初戀情人，宋美齡以上在六十七年前，接受日本記者訪問時作的澄清，是不是可以讓人恍然大悟，豁然釋疑？就看衆看官信不信宋美齡的這幾句言簡意賅的答覆了。

第三章　世紀婚姻轟動寰宇

要不是寧漢分裂，蔣介石可能還不會對宋美齡展開積極的追求，寧漢分裂讓蔣介石一度下台，可是，他巧妙地運用了槓桿原理，以四兩撥千斤的方式，化腐朽爲神奇，把原本水火不容的汪精衛，和他暫時妥協，且將原先根本持否決態度的宋母說服。

於公於私，蔣介石在寧漢分裂中，攫取了最大的利益，這個國民黨空前的分裂結束之後，不但蔣介石重拾黨內的軍政大權，而且，他也成遂了本身長久的願望，和上海——或是說全國最大的資本家家族結成姻親，一夕之間，蔣介石成爲全中國最有錢和最有權的人，他和宋美齡兩人的世紀婚姻，因而成爲全上海當時最轟動的一則消息。

一九二七年的十一月卅日，也就是蔣介石和宋美齡結婚的前一天，蔣介石草擬了一份啓事，預備刊登在隔天的大公報的第一版上，這則啓事是這樣寫的：「今日得以與最敬愛的美齡結婚，爲有生以來最光榮愉快之一日，余奔走革命以來，常於積極中忽萌退志，前輩常詢何日始可安心工作，常時未答，今可圓滿答覆，即確信自今日結婚後，革命工作必有進步，即從此可安心盡革命責任，余深信人生若無美滿婚姻，一切皆無意味，故革命當從家庭始，今日結婚實爲建築我二人革命事業基礎。」這篇啓事，其實就是蔣介石告別舊生活、舊婚姻的一個宣示，一個嶄新的生命正在等待蔣介石。

一九二七年的十二月一日，對蔣介石和宋美齡來說，是一個永生都不會淡忘的日子，一場世紀婚姻，馬上要在上海的大華飯店揭開序幕。當天下午三點零五分，蔣介石和宋美齡先在宋家位於西摩路的娘家，舉行教會型式的婚禮。爲了籌辦婚禮，西摩路的宋公館早已佈置得美倫美奐，喜氣洋洋，婚禮禮堂設在宋家的西首花廳，這個地方是宋家日常盛大聚會的主要場所。

在花廳的正中央，懸掛了一幅宋美齡父親宋耀如的遺照，廳堂中間有一張紅木長方桌，上面放了許多的鮮花。另外，從第一客廳到西花廳之間，還擺滿了各界贈送的花籃，正中間的行道是鮮紅的紅地氈，禮堂的右側，是親友的觀禮處，廳外的右邊是樂隊的席位。

宋家是上海最大的資本家，而蔣介石又是革命軍總司令，安全工作當然更不可忽略，在宋家和飯店都作了最周密的安排。

在宋家，從當天上午開始，就有各路來的保鑣，包括公共租界的警探好幾人，華人巡捕數名，西方巡捕二人，在宋家門口站崗保護，任何出入宋家的人，都要在宋家門口接受這些巡捕的盤查；而婚禮舉行地點的大華飯店，門口的警衛則是由蔣介石自己親自派了手下的衛兵，密密麻麻地佈滿了飯店附近，此外還有上海原本的黑道頭子，後來當了上海巡捕頭的黃金榮，統率了十幾名幹員，站在門口值勤佈防。

爲蔣宋聯姻，上海地頭上的黑白兩道精銳盡出。

蔣介石和宋美齡的婚禮儀式分爲二個階段，第一個階段是在宋家，先進行家庭婚禮儀式，再到飯店作公開的婚禮儀式。

下午三點，宋宅奏起基督教聖樂，一位男高音高聲唱著聖歌，唱完之後，響起鋼琴的樂音，音樂聲中，穿著深色西裝的蔣介石在男儐相劉紀文的陪同下，緩步至擺滿鮮花的長桌前站定，然後，主持宗教儀式的余日章牧師，開始致詞，講話結束之後，就由新郎和新娘宣讀各人的誓詞。

蔣介石的誓詞唸道：「我蔣中正，情願遵從上帝的意旨，娶宋美齡爲妻，從此以後，無論安樂患難，健康疾病，一切與妳相共，我必盡心竭力的愛妳敬妳，保護妳，終身不渝，上帝實臨鑒之，……」

接著由宋美齡唸她的誓詞：「我宋美齡，情願遵從上帝的意旨，嫁你蔣中正，從你爲夫，從今以後，……」

讀完誓詞，兩人就互相交換戒指，蔣介石以戒指套在宋美齡的手指上時，蔣介石低著頭，對宋美齡這位新婚妻子莞爾一笑，宋美齡這時也回眸報以一笑。

家庭婚禮正式結束，緊接著是公開儀式的婚禮。

下午四時許，蔣介石和宋美齡從宋宅趕到大華飯店，那時飯店門口早已擠滿了想一睹新人風采的民衆，二位新人基於安全理由，由保鑣護衛，從飯店靠靜安路的側門進入飯店內。

就當蔣宋二位新人走進禮堂的當而，司儀邵力子，以宏亮的嗓音，高聲宣佈請來賓入席，全體貴賓於是魚貫入座，主婚人蔡元培及證婚人相繼入席，蔡元培站在中間的主位，男女雙方的證婚人，包括何香凝、王正廷、蔣錫侯、李德全、譚延闓、余日章等人，全部也都站定位，司儀於是高喊：「請新郎入席！」

這時，所有的觀禮人員都屏氣凝神，等待這一幕最高潮的景象。

幾秒鐘後，蔣介石在男儐相劉紀文的陪同下，慢慢走向結婚禮堂，現場來賓響起一陣熱烈掌聲，就在同一刻，悠揚的樂聲奏起，在和緩優美的結婚進行曲當中，新娘宋美齡在二位捧著鮮花的少女，一位是陳明月小姐，一位是周稚英小姐伴隨下，宋子文手挽著妹妹宋美齡的手，沿著鮮花舖成的甬道緩步向前，女儐相是王正廷的女兒，另一位是倪吉貞小姐，王小姐用手扶著宋美齡，後面還有二位花童，分別是宋美齡的外甥女孔令偉和外甥孔令傑。

輕歌曼妙中，宋子文把妹妹交給了新郎蔣介石，這天的宋美齡格外豔麗動人，雍容華貴，新郎和新娘在禮堂正中央站定位後，所有的來賓全體起立，在司儀的口令下，新人向國旗、黨旗、總理孫中山遺像行三鞠躬禮，然後由主婚人蔡元培宣讀結婚證書，隨後一對新人用印，四點卅七分用印完成，司儀要一對新人相向，面對面行一鞠躬禮，全場這時又響起熱烈掌聲，新郎蔣介石這時輾然一笑，二位新人向前方站立的主婚人和證婚人行了一鞠躬，又向來賓敬了一鞠躬，博得全體來賓一致熱烈的掌聲，這項上海有史以來最爲轟動的世紀婚禮，終於大功告成。

第一回：泰水引導女婿信教

民國十六年，宋美齡的母親答應把女兒嫁給蔣介石的第一個條件，就是要蔣介石信基督教，由於蔣介石原本信的是佛教——許多傳統中國家庭都是信仰佛教或是道教，而眞正讓蔣介石改信基督教的，當然還是宋美齡，但是，在兩人結婚的早期，由於蔣介石成天忙於軍務和北伐內戰，在心理上，似乎還沒有作好信教的準備。

然而，到了民國十九年，宋美齡的母親倪桂珍，突然病倒了，這時，宋美齡又積極向蔣介石傳教，因爲從宋母的病情研判，宋母可能不久人世，爲了讓宋母欣慰，宋美齡希望在母親死前，能夠說服蔣介石受洗爲基督教徒。

於是，在民國十九年的秋天，蔣介石便在宋宅，在宋家家人的觀禮下，正式受洗爲基督徒，主持蔣介石受洗儀式的，正是宋家的家庭牧師江長川——原先沒爲蔣宋證婚的那位牧師。那次的受洗儀式，除了宋慶齡不在場之外，幾乎所有的宋家家族都在家裡觀禮，並且爲蔣介石祝福。

宋美齡是如何教導蔣介石有關聖經的知識的呢？照宋美齡自己的說法，是用她在美國魏斯里大學讀書時，選讀的舊約歷史課程上，作的舊筆記和書本，因爲宋美齡和蔣介石兩人的生活作息自來就不大一樣，蔣介石習慣早睡早起，宋美齡卻恰恰相反，喜歡晚睡晚起，在蔣介石修習聖經的這段時間，宋美齡特別改變了她的生活作息，一大清早六點多鐘就起身，和蔣介石一起作祈禱，一同讀經。

據宋美齡的說法：「我自己的信仰和新得的了解同時滋長。一種更深刻的意義浸潤了我們的婚姻，我自己也走上了靈性發展的初步高原。」

孫中山曾說：「主義就是一種思想、信仰、力量。」然而，就宗教來說，也是宋美齡拓展她的勢力的一股強大的力量，她不但不把宗教侷限在信仰的層次，而且還把它放大到在政治舞台上，成爲她擴大影響力的基礎。

第二回　婚後生活南轅北轍

婚後的蔣宋夫婦，生活無疑是忙碌而充實的，爲了實現夢想，蔣介石成天在軍務和政務中穿梭繁忙，可是兩人的生活型態卻大致是在開始定型，這個階段的生活規律，也漸漸成爲日後倆夫婦的日常生活作息。

關於蔣介石個人結婚後的生活，我國知名的「良友畫報」作過詳盡的報導：「……至於委座之日常生活情形，大略言之，即每日早晨六時許起床，（夏季晨五時即起）盥洗後即於室內外運動二三十分鐘，然後靜坐，靜坐後，即寫日記。在靜坐中，一方面反省昨日所作之事，同時計畫本日應作之事，而反省所獲心得與乎觀察批評人物之感想，以及軍事外交內政之重要事故，均記於日記中。其作日記，二十餘年如一日，從未間斷，不僅為中國復興史上創造一部偉大翔實之著作，而其治事有恆，於此已可概見一斑。每日上午八時以後，或主持會議，或批閱公文，或運籌外交，或指揮軍事，均依事先預定之計畫，集中心神為之。通常上午十一時會客，客多則自十時起至十二時左右始舉，此際所接見者大都為中央或地方黨政軍學各部門負責人員，談話內容與所討論之問題，類屬關係重大之事項。午後一時或一時半午餐，常約請中央人員，就飯前飯後之時間共同商談，亦有於各種會議之後，即請會議人員數十人列坐一所，共同進餐，使彼等隨時面呈意見，並獲得親切之指示，對此寶貴難得之時機，莫不作充分之利用。

「午餐後，休息或午睡一小時，三時起，又批閱公文，四時復為會客時間，此時所接見者，多為因公請謁面呈要事者，少則三五人多則十餘人或二三十人不等，每人談話三分鐘或五分鐘即退。午後六時至七時，出外散步，藉此機會考察民間疾苦或巡視一般市政建設。七時半或八時晚餐，亦常請客同席，飯後舉行談話，如未約客會談，則從八時起讀書。委座雖日理萬機，每日仍費二三小時為讀書時間，其自定往史子集之書，每年必擇若干本反覆溫習，而於坊間新出有價值之書籍，亦常搜購研閱：其讀書，取精用宏，特具心得，而運用於治理，則獨得其妙，且常邀約幹部及國內外學術專家討論各項問題。

「委座於臨睡以前，必清理一日所辦之事，然後於十時半或十一時就寢。有時如當日之事未完，必俟完全辦好，遲至十二時甚至十二時以後始行入睡。總之委座每日飲食休息睡眠之時間，合計不過十小時，而工作常在十四小時以上。有時因指揮戰事或處理緊急重大事件，往往夜以繼日，整日間僅得二三小時休息。其生活之刻苦憂勤，大都類此。

「至於飲食方面，委座日常多飲白開水，而少飲茶，更絕不飲酒吸煙；早晨略進點心，如麵包牛奶之類，中餐與晚餐，每餐僅五六樣菜，蔬菜較多而肉類甚少，其宴客所用中餐或西餐，亦極簡單樸素，非如普通官場宴客之力求饌肴精美也。

「其他衣服方面，委座一年之中，著軍服時多，而便服時少，衣服原料皆爲國貨，惟求整潔簡樸，不尙浮華綺麗。以言其居處，則委座一生除故鄉數椽家屋外別無自營之住宅，通常住所，皆屬租用，內部陳設，亦甚簡單，惟常保持整潔。行動方面，更以簡便爲主，然其迅速機警與秘密，則爲一般人所至難及者。

「委座性樂山水，愛好風景名勝，每至一地輒乘暇觀賞。亦愛好詩歌與音樂，興之所至唱和吟詠，藉以自娛。有時當前方戰事緊急，委座從容調度，無不指揮若定，而於戎馬倥偬中，間亦與夫人對棋爲樂，其好整以暇如此。又當重要紀念日，部屬將士與學校師生舉行懇親會遊藝會時，委座間亦欣然應約前往觀劇，對於高尙之娛樂，於不妨碍工作情況之下，亦常示意提倡，且每籍此機會益勗勉部屬學生與黨員同志更應奮發精神，努力工作。

「委座日常生活情形，已略如上述，概括言之，尙樸實，有規律，精勤創造，樂觀奮鬪，爲其一貫之特性，因其生活有此一貫特點，故益能發揮其卓越之天才，創造不世之事業，而成爲中華民族之救星也。」

而宋美齡的私人生活狀況，大陸的「文史資料選輯」也有許多相關的文件記載，其中有一段資料記載是這樣寫著的：作爲委員長的第一夫人，宋美齡自然是非常講究風度的。她雖僑居美國多年，但外表力求不帶歐氣。……宋爲了使自己和蔣的形象協調，也很少穿洋裝，無論在家或外出，總是穿一件剪裁適體的中式旗袍，冬天則加一件裘皮或呢質大衣。她不燙髮，僅梳一個小髻，既顯示其高貴和莊重，也不失其中國傳統。……宋有段時間因患慢性皮膚炎，不能吃魚腥蝦蟹，只吃些雞蛋、牛奶。……在待人接物上，宋美齡力求使自己平易近人。碰見人時總是面帶微笑，有時突然出現在人們前面時，也很少流露出驕矜之氣。不論在什麼場合講話都語音輕柔，使人不感到拘謹，很少有盛氣凌人、頤指氣使的時候。一九三三年至一九三四年期間，蔣忙於反共，公務繁雜，人少事多，侍從室人員經常徹夜辦公，宋親自製作糕點，派人送給電務員謝耿民、邵恩孚、孫德慶等人宵夜，以示慰勞。年終時還對少數侍從室人員各送一套長袍馬褂，以資攏絡。……爲了調劑身心便於睡眠，宋美齡每天午休都要安排內務人員給她放留聲機，唱片皆爲小提琴獨奏，沒有大型交響樂。這些片子都是宋親自選好放在盒子裡的。留聲機一般放在臥室門外，直到她起身開門才停止播放。蔣亦深受感染，有時宋不在家，蔣也派人照常播放。……宋美齡的文化素養頗高，她每天必看書讀報，訂了不少外國書刊，對文學、音樂有較深的造詣。對美國的歷史和世界名人傳記，都有悉心的研究。她能操一口流利的英語，中文的基礎也相當好。她的毛筆字頗似蔣的字體，但不失女性的柔秀。宋能說上海話和廣東話，也能講普通話。因此她在各個方面都是蔣的得力助手，在很多外交場合都是她來當『翻譯』。……宋美齡喜歡打橋牌，常常邀請魏道明、鄭毓秀夫婦一起玩，宋靄齡也參加。宋在生活上也較爲節省，她選購衣料，總是要跑上好幾家商店，問明價格，擇合意的地方去買。但宋對教會方面又顯得慷慨大方，感情虔誠，每到有耶穌教會的省縣，必邀集教友尤其是外國傳教士及其家屬舉行茶話會或聚餐以聯絡感情。……」

資深記者張廣基，在接受筆者的訪問時，曾經透露了一段他的親眼目睹經歷。

張廣基說，有一回，美國「時代週刊」老闆亨利・魯斯來中國，目的是要來中國訪問蔣介石夫婦，並且爲他旗下的「生活雜誌」等刊物拍些有關蔣介石日常生活的照片。蔣介石便安排了這批美國貴賓，到他的官邸拍片。

根據張廣基的敍述：「那天，蔣先生和平常一樣，穿著中山裝，大家都曉得，中山裝有兩個寬大的口袋，蔣先生喜歡在裡頭擺些眼鏡什麼的雜物，所以看起來有些邋遢，夫人宋美齡就在一旁叮嚀，要蔣先生扣個扣子，衣領要怎麼怎麼，叮嚀了好幾次，最後蔣先生有些煩了，就十分不耐煩地叫道，唉呀，好了好了！妳別說了。」

因爲蔣介石這個動作和眼神很強烈，在場的美國記者雖然聽不懂蔣介石夫婦講的話，可是，大概隱約之間可以意會蔣介石在說些什麼，大家不禁面面相覷。

可見，蔣介石還是有一般中國舊式男人的習性，自我意識是很強烈的，特別不喜歡太太去干預他的事情，但是，在那一回，一旁的宋美齡也不以爲忤，只好安靜看著美國記者爲蔣介石拍照。

第三回　夫唱婦隨火線奔忙

北伐、乃至以後的剿共戰爭，宋美齡經常追隨丈夫到各個戰場上，亦步亦趨，不論這些戰場是在邊關，還是內地。從北伐的晚期，到早年的剿共戰爭，大約歷時十年間，宋美齡經常是在旅途上奔逐的，她的足跡也是在那時，踏遍了全中國，這位出身資本主義家庭的婦女，便是在這樣的旅行過程僕僕風塵中，徹底了解到中華民族的綿延偉大，也同時培養了她的氣度和胸襟。

民國廿四年，她追隨蔣介石走了一趟西南，並且以一篇「西南漫遊」的書信體文章，致書國民革命軍遺族學校的學生們，正可以充份彰顯宋美齡這時的心境。

軍人本來就得把自身安危置之度外，所以，宋美齡在跟隨蔣介石南征北討時，難免也曾遇上些意外的危急情況。

例如有一次，宋美齡追隨蔣介石在江西剿共行營的某個深夜，在入睡後，蔣介石夫婦突然聽見附近槍聲大作，聲響從城牆附近傳來，蔣介石立即起身，叫宋美齡趕快穿好衣服，同時，蔣介石吩咐特務員去查看到底發生了什麼事情。

就在特務員去偵查的時候，槍聲愈來愈密集，越來越接近。宋美齡不禁一身寒顫，在微弱的燭光下披上衣服，然後，宋美齡想起了一些重要的文件，她毫不遲疑地把文件放在手邊，便於在最後關頭撤離之前，將之全部銷毀，以免落入敵人的手中。

找出文件，宋美齡掏出自己的自衛手槍，強自鎮定地坐下，靜待事情的發展。而此時的蔣介石則集合了他的全部衛隊，要兵士們在四週環列成一個圈子，以便在必要的時刻能夠衝出重圍。

沒多久，來襲的共軍果然撤走了，原來，共軍認爲蔣介石夫婦駐紮的這個城鎮，城牆上只有幾百哨兵防守，所以就趁黑夜來攻，這些共軍原本已被蔣介石的部隊包圍，希望藉著這次的攻擊，衝出一條出路的。

事後，宋美齡回憶這段經歷的時候曾說：當時「心中只記掛兩事：一是我們軍隊調動以及佈防的那些文件，二則萬一不測，惟有舉槍自斃，出之一死。我寧死不願遭到落在匪徒手中那些婦女的命運。後來幸而對方被擊退了，我們重新安息。」

民國十六年到民國廿六年間，蔣介石幾乎每天都是在國內的征戰中渡過，因而，追隨丈夫的宋美齡自然更爲艱辛。

儘管她在後來是中國航空事業的先驅者之一，早年，宋美齡卻很怕坐飛機，一搭飛機就有暈機的毛病。因而，當蔣介石離開繁華的京滬地區，到偏遠的各地征伐時，宋美齡只有搭乘汽車，要不就是乘坐最原始的交通工具，騾馬民船之類。除了交通不便，中國地大物博，各地的盜匪猖獗，所以，蔣介石特別爲宋美齡準備了衛隊，一路保護她，可是，還是危機四伏，險象環生。

後來，不搭飛機還是不行，畢竟中國太大了，有些地方不搭飛機，根本很難在時限內到達，宋美齡只好忍受坐飛機的痛苦，據說，蔣介石相當體貼她，只要是宋美齡要搭的座機，機上全部的固定坐椅，都將之大部撤除，只留下幾張坐椅，供蔣介石和少數官員乘坐，而空下來的地方，就爲宋美齡擺一張臥榻，宋美齡只要一上飛機，飛機起飛後，假如有身體不舒服的情況，就立即躺平在臥榻上，以減少暈機的痛苦。

爾後，她的「美齡號」專機，都有臥榻的設備，隨時可供她搭乘時使用。

宋美齡出身資本家家庭，那裡吃過走南跑北的苦，她的身體狀況原本就孱弱，一路帶著一位美籍護士，此外還有一位女秘書、幾名男女僕人和幾十名衛隊士兵、副官等等，同行一般有六七十人，浩浩蕩蕩，有如古代皇家出巡。

生活上，宋美齡一向是養尊處優的，出巡期間，宋美齡的吃住問題，基本上還是十分豪華的，爲了怕出巡時感染疫癘，所以，絕不食用外面不潔的飲食。喝的是蒸餾水或是法國維其礦泉水，吃的則是自己廚子作的西式餐點，份量不多，可是絕對清潔衛生，不致染病。

有一回，她陪伴蔣介石到江西去剿匪，路上有船工好心要請宋美齡回到家裡吃飯，她看到船工的「手裡捏著一把葱和一斤豬肉——我怎能接受他們的邀請呢？後來我以身體疲乏婉謝了，允許晚飯後派副官去謝謝他們，這才解了圍。他們不丟面子，我也沒有失禮。」

第四章　授權夫人事業發軔

家族的紛擾，國事的動亂並沒有擾亂了宋美齡原來對自身事業的期許。而民國十七年的「國民革命軍遺族學校和女校」的建校，就是宋美齡早年最引以爲傲的一件事，也是她和蔣介石結婚以後，親身參與的最爲積極的一件事。

至於建立「國民革命軍遺族學校和女校」的經過，根據宋美齡的說法（見宋美齡著：「國民革命軍遺族學校和女校建校的經過」）：「自從國民政府在南京建設首都以後，蔣總司令就覺得要有一種設施來紀念國民革命歷年爲主義奮鬥和爲黨國犧牲的將士先烈，安慰他們的在天之靈。及至民國十七年，統一告成，政府決定對陣亡諸將士，爲之建築公墓，開闢公園，以誌紀念，給發恤金，撫慰寡孤，以慰英靈。但是，遺族子女大都缺乏教養，亟應設立學校，造就他們成爲健全的公民，才算是盡了撫慰遺族的責任。民國十七年十月蔣總司令向中央執行委員會提議設立「遺族學校籌備委員會」，當時就推定委員十一人，國民政府主席譚延闓先生，亦參加在內，他非常熱心，並對我說：「完全請你負責，來籌備本校」。在籌備創設的時候，當然經過許多困難，就是現在亦常有困難的問題發生；這是舉辦一種事業不能免的，只要我們能努力做去，不斷的改正，必可完成我們的計劃。」

照當時的狀況，原來遺族學校共有十一位籌備委員，委員包括：宋慶齡、蔣介石、蔡元培、胡漢民、戴季陶、何應欽、何香凝、宋美齡、王文湘等，起初，國民黨中央委員會的決定是由宋慶齡擔任校長。

可是，宋慶齡在學校於民國十八年建好時，卻在國外，所以，一切有關學校的校務問題，全委宋美齡來辦理。

遺族學校開學之後，宋美齡和蔣介石確實把這所學校當作是自己的事業一樣，很熱心地參與，宋美齡更是投入了不少心力。

舉一個最好的例子，宋美齡本人至少一個禮拜去遺族學校三次以上，每次去的時候，都是和蔣介石兩人一起去，夫婦倆到遺族學校視察，總是會向有關人員提出不少問題，所以，遺學校方面對校務都不敢稍有閃失。

遺族學校創設的經費，起初是由隴海鐵路東段的附加稅，作爲學校的經費，從民國十七年的八月一日起，學校開始申領這項經費。可是，畢竟是宋美齡本人和多位國民黨要員直接參與的關係，學校的經費在公開勸募之後，竟然多達五十萬元以上，而那時的國民政府也十分支持這所學校，每月的經常性經費多達五千大洋，後來又增加到月費一萬二千元，可見受到重視的程度。對學生的待遇更是十分優厚，凡是入學的學生，因爲都是遺族子女，所以，學費一律免繳，並且還由公家供給一切的生活用品。

宋美齡雖然不是學教育出身的，可是，卻有自己的一套教育理念，加上蔣介石本身給她的關於軍人教育的一些觀念，於是，這所遺族學校就成爲宋美齡的美式思想和蔣介石的日本式軍隊教育的一個複合體。

在軍事化管教方面，例如，對學生日常和個人整潔習慣的培養，學校更是列爲教育之重點，每逢學生吃飯的時候，飯廳裡每張桌子都有教師專門指導，要學生養成吃飯的體態，養成良好的習慣。

學校內部的教育，更加了不少黨化教育實質內容，宋美齡自己就說：「我向來主張教育不但是只重視精神的訓練，而手足的活動與一般的生活，也要同樣的注意，尤其是對於革命先烈的子女，更要養成他們刻苦耐勞的精神和能力，使他們了解生活的價值。」

有一次，宋美齡聽到學生在誦讀一篇課文，文中敘述的是遵照國民黨總理孫中山的觀念，要學生雙手萬能手腦並用的文章，宋美齡聽了之後，很欣賞這段文字，還要老師把這段文字拿給她翻譯成英文。

「雙手萬能、手腦並用」是遺族學校的基本校訓，也是宋美齡最喜歡對外人宣傳的優點。

例如，她曾經要求學校的學生自己設計校舍，眞正體現雙手萬能、手腦並用的校訓。

基本上來說，遺族學校是宋美齡在蔣介石政府控制時代，公益事業的一個起步，而且也是蔣介石日後推動的許多運動的一個起點，這是一般人平常沒有注意的地方。

從遺族學校這個橋頭堡爲地點，宋美齡在中國的童子軍運動、農村服務運動、新生活運動、和抗戰時期的聲嘶力竭、救亡圖存各種運動中，作了相當程度的貢獻，給他的丈夫和那時的政府或多或少提供了一些幫助，這一方面是不容抹滅的。

（遺族學校的畢業學生後來分佈世界各地，在宋美齡定居美國之後，每年到了遺族學校的校慶那一天，或是蔣介石或是宋美齡生日那天，有些旅居美國的遺族學校學生，都會去宋美齡的住處探望她。

遺族學校的學生稱她為「媽媽」，這些學生目前年齡多半都已經六十以上，有的已經八十開外

——筆者按）

第一回　成立「勵志」掌權起點

民國十八年的一月一日，中國統一之後的第一個元旦，一個名爲「黃埔同學會勵志社」的機構成立了，這個機構其實就是後來在台灣設立的國軍「聯勤總司令部」的前身。

蔣介石成立這個組織的最大目的，是希望他的軍隊，在北伐成功之後，保持早年黃埔軍校成立時的那種「革命精神」，而不希望在軍事上取得了勝利之後，由於勝利沖昏了頭腦，而喪失了原來的奮鬥精神，逐步腐化。

蔣介石最早還爲勵志社的成員，訂定了一句格言，這句格言說「立人立己，革命革心」。

除了這句格言之外，蔣介石還頒佈了十條戒律，要所有的社員一體遵行，這十條戒律是：「一、不貪財，二、不怕死，三、不招搖，四、不驕傲，五、不偷懶，六、不嫖賭，七、不吸煙，八、不飲酒，九、不借錢，十、不說謊。」

勵志社的創始者黃仁霖曾經說過，「勵志社是對黃埔軍官和學生灌輸道德，提高精神而設立的。」這個主張正可以呼應蔣介石提出的那些戒律和淸規。

蔣介石原先想把勵志社辦成像是早年孫中山成立革命黨秘密結社時那樣的組織，所以，他把勵志社入社的儀式弄得很形式主義，要入社的人，每人在社長也就是蔣介石面前宣誓，誓言恪遵蔣介石提出的十大戒律，勵志社的員工則更不在話下。

可見，勵志社早期是蔣介石讓軍官和軍校學生「養志」的地方，他希望把勵志社變成一個能端正軍中風氣的場所。然而，在宋美齡和孔家的主意下，勵志社卻變成一個充滿基督教色彩極濃的場所，而且最後因局勢發展甚至演變成一個爲外國援華部隊服務的機構，非但如此，到了抗戰前後，勵志社竟然演變成一個以兼服務蔣家爲主要工作項目的內務府機構，發展演變經過，實在是相當富於戲劇性。

在一開始的時候，宋美齡對勵志社就掌握了內部主要的人事權，社長是她的丈夫，但，蔣介石政務繁忙，那能把全部心思擺在勵志社，因而，勵志社的實際權力運作，就完全操縱在宋美齡以及蔣介石的連襟孔祥熙的手上。

勵志社的首任總幹事是朱懋仁上校，曾在孔祥熙任部長時，擔任實業司司長。朱上校接任不久，就把總幹事的職務交給了黃仁霖。

黃仁霖是宋美齡嫡系中的嫡系，這可以從他的出身窺其全貌。黃仁霖的岳父是余日章，余先生是一位牧師，在宋美齡嫁給蔣介石時，曾經爲宋主持婚禮，原先，宋家是希望請江長川牧師主持，但江牧師不願爲蔣介石幫這個忙，只有請余日章幫忙，由於余日章慨然應允，日後，在黃仁霖成爲余牧師的女婿時，宋美齡爲了報答余日章這份的恩情，當然義不容辭地負起照顧余牧師女婿的責任。（註：但據黃仁霖自己的回憶錄寫道：「很多人以爲我參加政府工作，是經由蔣夫人介紹的，但是，實際上，我只在慕爾堂裡認識她，孔祥熙博士才是提攜我進入政府工作的人。」，黃仁霖的回憶錄中寫道：「就在那一晚，我搭火車到南京，我有少數幾位朋友，以前是青年會的幹事，現在孔博士的部裡工作，他們立即把我帶進去晉見部長，如我所料，孔博士很高興的接見了我，我告訴了他，我的一些遭遇，他很誠懇的告訴我說：「仁霖，我想青年會的工作範圍，不足以供你去發展你的才幹，我要告訴你一個新的機會，在那裡，你有極廣大的領域可以發展，蔣總司令要創辦一種運動，名叫勵志社（英文簡稱 OMEA 即軍官道德勵進會）。這是總司令的一個觀念，因爲在軍事作戰中，征服一些城市和省份並不難，但要改變人心卻很不容易。他想要發起一個運動，以此來改變他的軍官和學生們的心理和行爲。」，孔博士說，總司令正要他找一個人到軍營裡推動這個運動。他說：「我想，你做這個工作非常適宜，而且你可以全無拘束的放手去做這項工作，而且發展前途無可限量。」」）

黃仁霖曾經在基督教青年會工作，本身也是基督教徒，奉派到勵志社任職，所以，對蔣介石提出那些和基督教的一些清規戒律相似的規矩，履行起來並沒有很大的困難，而且還因爲黃仁霖有留美的經歷，因而在作法上十分具創意。

在勵志社，許多軍官和學生終於學會了如何遵守禮儀和現代的生活習慣，例如若是有人隨地吐痰，黃仁霖就交待下面的人，在每扇門的背後，放一個小拖把，只要有人進了勵志社大門，老習慣不改，任意就是一口濃痰吐在地上的話，便會有勵志社的同仁，拿著一把拖把把地上吐的痰拖乾淨，然後再對吐痰的人加以勸導，這樣日子一久，便再也沒有人好意思敢於在勵志社吐痰了。

黃仁霖知道蔣介石和宋美齡夫婦對軍官們的衣著是否整齊十分重視，特地在勵志社門口放置了一付鏡子，鏡子的旁邊還懸掛了一則標語，寫著「整衣冠」，要進入勵志社的朋友們，都能事前修整衣冠，不致服裝零亂有礙觀瞻。

早期爲了服務軍官和軍校學生，黃仁霖的確花了很多功夫和心思在有關的工作上面。

黃仁霖引進了不少美國式的東西進勵志社，比如，他把從美國留學時代看到的自助餐用餐方法，引進到勵志社，使這種吃法成爲當時最受歡迎的一種用餐法，並且逐漸風行。

黃仁霖還引進了西方的淋浴方法，在勵志社的浴室裡，就設計了一套只能盛水五加侖的桶子，讓軍官和學生可以嚐嚐洗淋浴的滋味，可是，又不浪費水。

勵志社不久就遇到要爲孫中山先生移靈，就是要從北京，把他暫厝西山碧雲寺的靈骨，移葬到南京的紫金山，這個工作，蔣介石把他交給了勵志社，其間總其成的人，是黃仁霖，而指揮官是孔祥熙。

蔣介石要孔祥熙來辦理這個事情，除了因爲他和勵志社的關係，另外就是因爲在民國十四年，孔祥熙曾經在孫中山去世時，自掏腰包，付了五萬大洋，爲孫中山先生購置了一口銅棺。移靈是當時全國矚目的一件大事，在勵志社的全力以赴下，任務圓滿達成。

然而，外界爲何會把勵志社視爲蔣介石的內廷供奉單位和蔣氏夫婦私人的御用機構呢？這多多少少和當時特殊的政治環境背景，以及和在其位者，希望多方討好蔣介石夫婦有關。

據大陸侯鳴臯氏在其著作「蔣介石的內廷供奉機構——勵志社內幕」中的說法，「聽說蔣、宋有一次看見黃仁霖帶著幾個幹事在搞衛生，黃親自在刷洗一個搪瓷馬桶，認爲黃仁霖有苦幹實幹精神，當即提升黃爲總幹事，後來，蔣、宋家裡中的庶務工作也交給勵志社去辦了。」並且，「勵志社從官邸的庶務工作開始，後來逐漸擴大到文化娛樂工作。」

「如蔣、宋要看電影即由勵志社派電影放映隊去。蔣、宋外出拍攝的照片和電影，都由勵志社派人操辦，別的單位是插不上手的。蔣、宋的油畫肖像，也由勵志社美術股的人負責畫製；另外，蔣、宋兩人平常的吃食，固然由官邸廚房供應，可是，若遇兩人要宴客時，就由勵志社的中西餐部負責包辦宴客所需的一切飲食，宴會場合則由勵志社的戲劇股、音樂股來負責。

因爲要爲蔣、宋兩人備辦種種私事，所以，黃仁霖就擁有權力，可以直接進出蔣的官邸，而不用像一般官員晉見蔣、宋，還得通過侍衛人員，更不必約定時間。」

在夫人的充份掌握下，勵志社風光了好一陣子，一直到抗戰時期，勵志社更是進入了全盛時期。

勵志社運動的原意是要砥礪軍人的精神和氣節，但是由於時代的變遷和戰時環境的需要，勵志社也隨著當時客觀環境的改變，從組織型態和工作內容上，起了根本的變化，他的服務對象和工作目標，也由國軍部隊轉爲盟軍部隊，而且漸漸以盟軍官兵爲工作重點的一個洋務機關，從勵志社作出發點，爲戰時的政府作出了不可磨滅的貢獻，當然，由於宋美齡的美國背景，加之戰時中國政府亟需外援，而勵志社又是服務盟軍（包括早期的俄軍和後來的美國人）的第一線機關，所以，它的重要性亦益形重要，因爲這樣的緣故，勵志社和宋美齡的關係自然更加緊密，於公於私，宋美齡通過勵志社搭起了和盟友（特別是美國）間的友誼橋樑，從勵志社作出發點，宋美齡在戰時的權力半徑亦逐漸擴大，言而簡之，勵志社是蔣介石夫婦共同起意發起的一個機構，在宋美齡的手裡，逐步發揚光大，並且成爲她權力擴張的一個橋頭堡。勵志社所以會成爲當時若干人士所說的一個「尖」（意指其為不大不小）、「卡」、（不上不下）「斌」（亦文亦武或是不文不武）的單位，事實上是有其客觀背景的。

第二回　航空救國空軍保母

蔣介石在完成北伐和統一全國的夢想之後，開始建構他的空軍的藍圖，他的空軍設計的戰略構想顯然是把江西山區頑強抵抗的共產黨殘部列爲他的首要目標，他並且把當年孫中山喊出的口號「航空救國」再重新提出來，作爲他建立空軍的政治號召。

爲了自救，蔣介石在民國二十二年二月，作了一個先期動作，把航空署改隸屬於軍事委員會，成爲自己轄下的一個單位，便於全面的操控這個新興兵種，並且給共產黨殘部一記致命打擊。

在航空署改隸不到三個月，蔣介石便就任「剿匪總司令」，開始對河南、湖北、安徽、江西、湖南的共產黨殘部，發動最堅強的武力攻勢，這當然也包括了空中攻擊行動在內。

隔年，蔣介石爲了更有效地對深入江西山區的共產黨部隊，發動空中攻勢，以縮短早期飛行半徑不長的軍用飛機的作戰半徑，蔣介石把航空署遷往南昌，並且爲了發揮它的職能，將之改組爲「航空委員會」，航空隊的飛機數目和作戰隊伍，也由原先的七個作戰隊伍，擴充到八個隊，並且於該年年底，爲積極培植飛行員人才，又在距離前線較遠的洛陽，成立中央航空學校洛陽分校，以補充可能隨時會在戰爭中陣亡的飛行員缺額。

到了民國廿四年，國民黨空軍已經由原來的八個隊，擴編到十四個航空隊，全面投入剿共戰爭。

民國二十五年一月，蔣介石的剿共戰爭正式告一段落，共產黨的殘部在和蔣介石部隊經過多年纏鬥，終於脫離蔣介石部隊的截擊，跑到中國西北的陝西延安，從戰術的觀點來看，蔣介石在剿共戰爭上，得到了局部的勝利，然而，蔣介石卻隱伏下自己未來覆滅的種子，所以，從戰略的角度來看，蔣介石的剿共戰爭不但是未竟全功，而且是完全失敗的。當然，就蔣介石來說，他是頭一次把空軍運用在實際的作戰過程中，這個全新的兵種，給蔣介石一種截然不同的戰場感受，他對成立空軍充滿了興趣，爲了達到這個目標，他必須付出更大的代價，特別是在組織和人事的整頓上。

二十五年一月間，航空委員會也從南昌遷到南京。三月間，蔣介石下達了全國實施征兵制度的命令。

由於航空委員會的階段性任務已經完成，蔣介石於那一年的四月，修正了航空委員會的組織編制，他終於把他的妻子宋美齡抬了出來，擔任航空委員會的秘書長，作爲襄助他的一名超級助手。一個月以後，宋美齡也在委員會裡面作了一次局部的人事改組，她把她所信賴的周至柔將軍提拔爲航空委員會的主任，而把原來的主任陳慶雲，調到航空學校當校長。（關於航空委員會的組織系統流變，請參閱註一，資料來源：空軍總司令部政治作戰部，民國六十三年六月二十日編印出版之「空軍建軍史話」）

此時，蔣介石的心思主要是放在如何把一些地方軍閥的空軍武力，編納到自己的麾下，以策略性不費昂貴代價就可以壯大自己的空軍武力，這是蔣介石撥的如意算盤。

之所以蔣介石夫婦會把陳慶雲調到航空學校的眞正原因，實乃陳慶雲是廣東人，而當時廣東和廣西的空軍實力已經十分強大，兩廣的李濟琛、李宗仁，以抗日爲藉口，不理會蔣介石的指揮，頗讓蔣介石頭痛，那時，全中國的空軍基本上都已經向蔣介石輸誠，惟獨廣東空軍根本不受蔣介石節制，蔣當然視之如芒刺在背。蔣介石夫婦特派陳慶雲到廣東、廣西和兩廣空軍接頭遊說，幾番勸說之下，兩廣空軍軍官黃志剛等二十一人，於民國二十五年七月間，分別駕駛了二十一架軍機到杭州，向蔣介石投誠。一個月以後，廣東空軍司令黃光銳率領全體飛行員和機械員，飛到杭州，兩廣的空軍力量便如此悉數瓦解，中國空軍終於「統一」。

大功告成，蔣介石卻把他的太太宋美齡，和空軍取得了更高程度的聯繫，空軍這個新興的外來兵種，亟需像宋美齡這樣，擁有傑出外語能力，並且能夠和外國專家溝通關於技術和採購等事宜的「自己人」，宋美齡實在當之無愧。在這樣一個客觀形勢下，宋美齡開始在蔣介石政府的權力舞台上，嶄露頭角，爭得一席之地，航空委員會秘書長，是宋美齡邁向權力之路的一個奠基石。

蔣介石對航空興起雄心，除了是在剿共戰爭之外，對各地亂事的平定也是個關鍵的目的。宋美齡在一篇名爲「閩邊巡禮」的文章中寫道：「在福建不上兩月，我們就打勝了，一部份由於近代航空的力量。我草此文時，江西方面勝利也就在目前了。……軍隊已盡了他們的責任，其成功得力於現代航空之處極多，如今輪到更需毅力的工作了……。」（見宋美齡著之「蔣夫人言論集」）局部的失利讓蔣介石夫婦神傷，局部的勝利也讓他們夫婦領略了以先進武器去攻伐敵人時，所顯現的榮耀成果。

在宋美齡插手國民黨空軍的肇建和整合工作前，中國空軍事實上已經經歷了廿餘年的醞釀籌組過程，早期由於軍閥的割據，而呈現了各省各自發展的風貌。（有關中國空軍的肇建和整合經過，見本回註二）

據宋美齡在向美國友人講述時表示，在抗戰初期，「當時我國空軍甫經改組，而可用之飛機，其數量之少，殊令人驚異而難以置信——總計其數不足三百架。其中戰鬥機與轟炸機，不滿百架，餘均供高級與初級教練之用者。而在日本方面，作戰飛機約五千架。」

在受命負責航空委員會之前，中國空軍的建立，誠如前文敍述，乃是經歷了一個漫長而艱辛折衝過程。

蔣介石會把發展空軍的這樣一個偉大的計劃交給宋美齡去落實，除了借重宋美齡的外文能力，也和當時錯綜複雜的軍政環境有關。

在北伐以後，蔣介石逐步攘奪了國民黨政府的軍政大權。一九三二年，蔣介石派遣當時爲國民政府實業部長的孔祥熙，到歐美考察，孔祥熙的特使名義是「實業專使」。

在表象上，孔祥熙是去歐美各國考察「實業」，然而實際上卻是去德、義、美各國，採購剿共所需之武器，更重要的任務則是採購空軍所需的飛機和裝備。

由於他是蔣介石的官方代表，因而在各國都受到十分熱烈的歡迎，像德國的希特勒、義大利的墨索里尼等國政府首長，都十分熱情接見了這位來自中國的財神爺。此外，德義等國的軍火商，像是德國克魯伯軍火企業家，都和孔氏進行了廣泛的接觸，尤其是義大利更對中國空軍的建軍計劃，表現了極度的興趣，因而頻頻向孔祥熙示好。

到了美國之後，由於孔祥熙是美國歐伯林大學的畢業生，而從這個學校畢業的美國人中，有不少是資本家家族出身的人，他們和美國的飛機製造商的關係深厚，知道孔祥熙去美國，自然更是極盡巴結之能事了。

爲了推銷自己公司的飛機，美國廠商自然給了孔祥熙不少有關飛機的型錄和說明書，讓孔祥熙帶回中國。

蔣介石在看了這些型錄之後，覺得孔祥熙眞是有辦法，對他更是倚重，當時，一度有意要孔出任擬議中的航空部部長一職。

誰曉得孔祥熙出國洽商飛機採購的事情，被一些原本涉入軍品採購的軍人偵悉，這些包括何應欽在內的軍人，對孔祥熙至爲不滿，不但何應欽這些人對設立航空部抱持否定看法，就連蔣介石的大舅子宋子文，也堅持反對。

可是，成立空軍是蔣介石的既定政策，攸關剿共戰事的成敗和對抗外國侵略者的問題，蔣介石只好想出一個權宜之計，不設航空部，設立了一個「航空委員會」，既然孔祥熙主導航空，宋子文這批人不同意，那乾脆找宋美齡來主持。

一方面，宋美齡英文很好，而空軍的成立勢必要仰賴美國人，如果有一個英文能力好一點的人來主導，當然比較妥當；另方面，宋美齡和孔家、宋子文家，都沒有大的矛盾存在，由她來掌控空軍的建軍或是軍事採購，應該不致造成什麼問題。

兩相權衡，蔣介石才決定讓宋美齡來出任「航空委員會」的秘書長，於是，宋美齡便和空軍結下不解之緣。

人事上作此安排，可是，孔祥熙在實際上還是負責對外的連絡事宜。儘管如此，宋子文和孔祥熙之間，還是爲了軍購事宜，雙方始終爾虞我詐，暗中較勁不已。

就在這樣孔宋兩人相互拉扯之下，中國的空軍草草建立了初步的規模，而宋美齡在調和宋子文和孔祥熙兩人的矛盾，起了相當微妙而關鍵的作用。

爲要對當時美國軍用飛機作一了解，宋美齡花了不少時間，在深入各個廠牌飛機特性的研究工作，對有關航空理論、飛機設計、飛機零件等等，宋美齡都在民國二〇年代初期，作過廣泛的了解和接觸。以宋美齡一個留學美國的大學畢業生，而且專攻的只是文學、藝術、哲學方面的課程，對她未嘗不是一種考驗，對中國即將新建的空軍，更無異是一大冒險。

然而，這是蔣介石別無選擇的選擇，而宋美齡並沒有讓他失望。

事實上，宋美齡擔任此一職務，是優劣參半的，她具有人事調和作用，但缺點是沒有軍事採購方面的專業知識，所以，大部份的軍品採買，基本是透過宋子文在美國活動。除此之外，蔣介石在建立中國空軍之初，其戰略的考量是以中共作爲其假想敵，而不是以外國爲最主要的敵人，所以，在最初的建構藍圖上，就欠缺一股恢宏氣勢。儘管如此。美國的飛機製造商還是對中國的軍火購買力，大爲吃驚，以宋美齡主持的一項對美國飛機採買的契約來說，她一口氣就向美國廠商訂購了價值二千萬美元的飛機，這筆龐大的買賣的確讓當時紐約的軍火商喜出望外，從此把宋美齡視爲大主顧，畢恭畢敬。

在全力參與之下，宋美齡在極短時間內，就掌握了空軍內部主力，這可以從民國廿五年，陰曆的九月十五日，蔣介石五十歲生日時，宋美齡要空軍作一次祝壽表演可以看出一些端倪。宋美齡要當時的空軍飛行員，在蔣介石駐節的洛陽，在上空表演飛機雲霧排字表演，空軍出動五十架飛機，在天空中以排氣煙雲排出中文數字「五十」的字形出來。

這種事情在現在可說是稀鬆平常，但是在五六十年前，這樣的祝壽方式，的確是相當盛大的一種慶祝儀式，這正足以說明，宋美齡在當時整合空軍人事和軍力已經作出相當的努力，至少，她已經幫她的丈夫，把空軍這個現代兵種，在最短時間內，很快地建立且鞏固起來。

而當時的國民黨軍隊為了肆應日益嚴重的日本侵擾事件，在二十五年結束剿共戰爭之後，就積極開始佈署空軍攻防計劃「對肅清長江日軍勢力，轟炸長江日艦，襲擊上海和漢口日本租界，以及出擊日本九州、四國等……」（同註一資料來源）然而，國民黨軍方也承認：「可惜的是這個計劃的擬訂，到『七七』戰事爆發，僅只一年時間，對空軍的擴展，尚不能到達預期理想。」（同上註）

即便如此，國民黨空軍還是相當程度地發展其空軍武力，只是仍不能與工業先進的日本相提並論而已，到了「七七事變」前夕，根據國民黨軍方的官方數字顯示，那時的空軍兵力狀況是：「九個大隊、三十一個中隊、全部飛機的數量三百一十四架，其中：霍克八十架、可塞五十五架、諾斯羅卜四十一架、達格拉斯五十架、費亞提二十三架、許來克二十架、亨克爾、洛佛亞、波因、羊城、復興等四十餘架；以機種分，為：輕轟炸機九十架、重轟炸機六架、特重轟炸機六架、驅逐機九十七架、偵察機九十五架、攻擊機二十架。……」

根據陳立文先生著之「宋子文與戰時外交」一書則說：「中國空軍的發展起步原就較遲，到抗戰軍興，共有三十五個中隊，飛機三百零五架；從二十六年到二十八年間迭經八一四空戰、九一九首都空戰、四二九空戰、武漢保衛戰，及其他大小空戰，損失慘重，又苦於無法補充，至二十九年宋子文使美時，全國可戰之飛機已不足百架。」

在開戰初期，日本方面對華作戰的空軍作戰飛機數目狀況則是：陸軍第一線作戰飛機有五百架、第二線約三百架、海軍方面的作戰飛機還未計算在內，蔣緯國將軍在講述這一段歷史時，曾經有過這樣的評述：「對於北伐以後的革命大業，老夫人對黨國確實有莫大的貢獻，尤其是中華民國空軍與民航的建立與發展，以及促進中國的國際關係，提昇中國的國際地位，老夫人的確是功不可沒，我相信未來歷史自然會有公評。」在宋美齡受蔣介石之命，擔任航空委員會委員長一職的時期，確實是宋美齡的職權逐漸擴張的階段，在那個時期，宋美齡的確可說是意氣風發，不可一世，宋美齡內心的權力慾望，和她的活動力也是最外顯的一個時期，尤其在她受命到美國去求援的抗戰中期，對內權力和對美國的影響力，更是到了一個無遠弗屆的巔峰期。

註一：宋美齡於民國二十五年四月，受蔣介石之命，擔任航空委員會秘書長之後，航空委員會還經歷了幾次的組織人事上的變遷。

民國二十七年初，也就是南京會戰結束以後，航空委員會又作了新一波的組織調整，蔣介石還是航空委員會的委員長，宋美齡依舊是該會的秘書長，而這次的人事調整案中，委員人選包括了宋子文、孔祥熙、何應欽、白崇禧、陳誠、賀耀祖、徐永昌、宋美齡、錢大鈞、周至柔等人，主任則爲錢大鈞。

民國二十八年五月，蔣介石在重慶召集空軍各單位主管，召開全軍第一次幹部會議，這次會議上，蔣介石指示，以後有關空軍的建設及改進大計，應由航空委員會主持，至於普通事項則授權下級機關處理即可。

在這次改組之後，蔣介石仍兼任委員長，委員則增加唐生智、龍雲兩位，以周至柔和黃光銳繼任正副主任。

民國三十年四月，爲了劃分空軍的軍令軍政系統，復行改組，有關人事方面，蔣介石仍兼任委員長，委員有孔祥熙、宋子文、宋美齡、周至柔、陳誠、唐生智、龍雲、馮玉祥、陳慶雲；當然委員有何應欽、白崇禧、程潛、徐永昌、張治中、商震、賀耀祖；主任有周至柔，副主任沈德燮、黃鎭球。

抗戰勝利後，民國三十五年六月，爲了配合國民黨軍隊整個軍事機構的調整，因而把航空委員會改組為「空軍總司令部」，宋美齡手下大將周至柔成為首任的國軍空軍總司令，副總司令有兩位，分別是毛邦初和王叔銘，王叔銘並兼任參謀長。

隨著抗戰勝利的步伐，宋美齡也從空軍的幕前，隱身至幕後。

註二：中國最早的空軍是建立於民國二年，由北京政府建立籌組的，但是，當時只設立了一個「南苑航空學校」，並沒有正式成立空軍部隊。緊接著，在民國八年，山西省首開紀錄，向國外採購了全國第一架飛機，緊接著，雲南也在民國十年設立了航空學校，東三省則更進一步在民國十年，成立了航空處，是中國第一個常設的航空事務機構，同年，浙江成立了航空教練所，江蘇則於民國十二年成立了航空隊，西北軍於民國十三年成立航空處，山東則於民國十四年設立航空教練所。前述所有有關的航空單位的飛機全部是購自國外。

國民黨部隊首先成立空軍單位，是在民國九年，由孫中山領導成立了一個叫做「航空局」的機構，當時，國民黨已經擁有五架飛機，曾經參與對軍閥的戰役多次。

國民黨所屬的「廣州飛機製造廠」製造了一架「樂士文」飛機，是中國自製飛機的創舉；民國十三年冬天，孫中山在廣州東山創立了「廣東軍事飛機學校」，並擁有「寇蒂斯」飛機三架，且從黃埔軍校的學生當中，挑選了八名學員學習飛行技術。

民國十四年，國民黨軍隊為了北伐，特地對外購買了DH-9A及BREGUET-14等飛機，積極備戰。

民國十五年七月九日，國民黨部隊北伐到武漢之後，把原來的「航空隊」改組為「國民革命軍總司令部航空處」而東路軍也收編了浙江和江蘇兩地的空軍，統合運用。

民國十六年五月，國民政府定都南京，成立航空處，並將飛機重編為第一、二兩隊

民國十七年五月，北京被北伐軍佔領，國民黨部隊正式接收了北京政府的航空機構，中國的航空行政單位也開始統一，同年的十一月，航空處改為航空署，直隸於軍政部，轄下有航空隊四隊，共有飛機廿四架。

初期的國民黨空軍參與了包括湘北之役，阻截敵人艦艇；汀泗橋之役；津浦路、平漢路沿線支援地面部隊作戰，都發揮了很大的功效。

北伐勝利之後，國民黨空軍最大的任務，便是統合國內所有的空中武力，建立一支有組織有效率的空軍。

民國十八年，中央陸軍軍官學校附設航空班，國民黨軍隊開始有計劃的培養空軍幼苗；民國二十年三月，航空班遷往杭州，改稱「軍政部航空學校」；民國二十一年九月一日，正式改為「中央航空學校」。

民國二十二年二月，國民黨軍方制定了空軍官制。八月，航空署改隸軍事委員會，航空隊編了轟炸、驅逐、偵察各一隊，共爲七隊。

民國二十三年。航空署遷往南昌，改爲航空委員會，航空隊增編爲八個隊，十一月籌設中央航空學校洛陽分校。

一直到民國卅五年，抗戰勝利的翌年，航空委員會才改名爲「空軍總司令部」迄今。

第三回　新生運動土洋結合

關於新生活運動的推展，是民國廿三年間的大事。但是，宋美齡認爲，中國的「新生活運動」，和中國同其他國家一樣遭遇到世界經濟衰退影響有關。

她認爲，義大利有法西斯主義，德國有納粹主義，蘇聯有兩次五年計劃，美國有新經濟政策，其目的都是在解決各國本身的經濟問題，而中國的「新生活運動」除了應付經濟問題之外，還要把人民從愚陋、貧困、迷信以及匪亂後，種種的天災人禍中拯救出來。

宋美齡的夫婿蔣介石認爲，用武力收復了共產黨原本佔領的「匪區」，尚不能視爲完成使命，還要在那些殘破地區繼之以社會和經濟的復興工作。

宋美齡爲了順利推動這個運動，她運用基督教會的力量，大力推動蔣介石十分看好的活動，宋美齡自己就曾經說過：「委員長和我到了各大城市，總要召集教會團體，開會談話。他們莫不立刻表示，願意在他們區域之內，與新運工作者共同合作。於是就請各省的省主席擔任主席，組織了聯合委員會。當政府厲行禁煙的時候，新運委員會方面就辦理戒煙醫院……」她說：「此後的教會，不應再離開了近代中國的發展而獨自存在。中國整個的國家目標都在邁進途中，教會也應當跟她保持著同一步調而前進。……」

可見，教會在新生活運動當中，扮演著舉足輕重的角色。

一個最明顯的例證，就像新生活運動推展之後，「全國基督教協進會」就和蔣介石的政府合作，在江西組織了十一個農村實驗區，配合作新生活運動的推展工作。

宋美齡說：「我們在江西可以找到教會和政府的合作成績。」「在全國衛生事業方面，也可以看出教會與政府的合作精神。中國最先成立的衛生機構，如衛生教育協進會，歷年來就是在基督教管理之下進行工作的。經過衛生局、新生活運動會、醫院、學校和禮拜堂的合作，人民種過牛痘的已有六萬多人。」「廣州最近成立了一個婦女祈禱會，會員達一千人，各會員每天同了他們的家屬爲中國和中國的領袖作祈禱。這是表現愛國思想的一種方式。」

縱使宋美齡在當時的基督教會中，擁有廣大的支持勢力，然而還是偶見反對的聲浪。宋美齡自己都不諱言，「往往有許多人，他們以爲和政府合作，很不容易得到美滿的結果……南昌有一位教徒，他是熱心社會事業的著名人物，因長期和該省婦女新生活運動會的合作，而受到同事的責難。……」畢竟教會內的若干人士，對教會中有人不斷和政府當局掛鉤，搞新生活運動，這樣違反「政教分離」原則的作法，頗不以爲然。

宋美齡也是少數中國政治人物中率先使用媒體宣傳的一個人，他要當時的鐵道部部長特製了一種火車車廂，名爲「輪上新生活」，開赴前線，凡是鐵路經過的地方，這列火車專車，都可以到達，並且停留若干時間來宣傳所謂新生活運動。這列火車上備有當時最新穎的電影設備，以及其他的視覺效果的宣傳工具，宋美齡爲了新生活運動的推廣，可說是獨具慧心，至於效果如何，那就是另外一回事了。

然而，新生活運動在許多人眼中，是一個很可笑的運動，連宋美齡自己都說：「一些輕薄的批評家，把警察的熱心糾察，作爲嘲笑資料，有的覺得新生活運動強迫他們負起啓導群衆的責任來，簡直是干涉了他們的自由。有的根本沒有把握住提倡四種舊道德的理由，武斷地斥新生活爲復古。」

所以會有這些批評，這項運動本身就存在著很多問題，而且，下面的執行者也有許多和原意落差的地方，因而，造成各種笑話百出的情況。

例如，有一次，江西有一位傳教士，在街上散步，交通警察就把此人攔了下來說：「你的衣服爲何不扣扣子？」傳教士覺得很訝異地說：「我穿的是西裝，西裝不用扣扣子的！」傳教士當時在中國還是相當受到當局尊重的，所以，這位傳教士就拉開嗓門，繼續和警察吵鬧不休，吵到後來，警察也拿傳教士莫可奈何，只有不了了之。國民政府的警察拿穿中山裝的方法，要求西方傳教士，難怪引來各種反對和責怪的聲浪。

還有另外的聲音指出，蔣介石的政府要人民推行新生活運動，可是，蔣介石所屬的軍政人員，卻依舊在封建和保守的思想中混日子，比如，宋美齡領導教會和學校學生，在火車站和戲院等公衆場合宣傳「新生活守則」，然而，蔣介石自己的軍官士兵，在搭乘火車、欣賞戲劇表演的時候，卻從不排隊，橫衝直撞，有的軍警甚至還干預火車開車時間，若是自己來不及搭車，就強行要鐵路局把火車停在月台等候他們少數特權份子，有的甚至要行進中的火車緊急煞車，讓半路上的軍警人員坐車。

第四回　西安事變美齡驚魂

民國二十五年十二月十二日，到西安視察陝北軍務和剿匪現勢的蔣介石，突然在當天清晨，於完全沒有預警的情況下，被張學良和楊虎城領導的東北軍和西北軍軟禁挾持，張、楊要求蔣介石立即停止內戰（意指剿共戰爭），全力對日本宣戰，於是爆發了舉世震驚的西安事變。在營救蔣介石的任務上，宋美齡發揮了決定性的影響力。如果不是宋家姐妹和張學良的老關係，恐怕蔣介石早作了叛變軍人的槍下冤魂。西安事變中的宋美齡所作所爲，可以從她寫的「西安事變回憶錄」中，得知一些梗概。

一位蔣介石的舊屬，在接受筆者的訪問時，非常肯定地說：「蔣介石父子好幾次要『解決』張學良，說若不是張學良，怎麼會有共產黨坐大的機會，多虧蔣夫人全力護著張學良，否則張學良就做了槍下冤魂了！」

而根據郭冠英先生所著「張學良側寫」書中（台北傳記文學社，民國八十一年九月三十日初版）張學良舊部王鐵漢在向郭冠英口述時說：「六十七年經國先生頭任總統一週年的第二天，五月二十二日找我去，他突然間提起來，他說你看過張漢卿沒有，我說當然沒有，不過總統您提起來張的事，我倒有話，我說這是上一代的事了，聘他個資政，把上一代的事給解決了。他想了一陣才說，他認爲張學良有剩餘價值，就是張岳軍說的『一寶』，比如說宋慶齡，中共還派她個副主席，現在他『一國兩制』，他發表張學良是個主任委員你怎辦？他不管你同不同意，我同你台灣搗亂嘛，那你怎麼辦？這是蔣經國的意思，至於老總統是不是有這個意思我不敢講。

老總統是英雄主義，西安事變無論張如何送他，他認爲是奇恥大辱，不肯原諒。

前年（民國七十九年）二月四號，我在圓山飯店八樓見到孔令侃及蔣夫人，蔣夫人還拉著我手說：『我們對不起漢卿。』……」

可見，蔣介石父子即使到了死前，還是對張學良不肯諒解，而宋美齡卻覺得蔣氏父子，在這件事情上似乎是做得有些過火了，因而說對不起張學良。

宋氏姐妹對張學良是非常敬重的，這乃是源於宋張兩家本係世交，除了宋美齡之外，宋靄齡對張少帥也是存有好感的。

民國二十六年的元月三日，宋靄齡的丈夫孔祥熙，在太太的要求下，向蔣介石領導的國民政府打了一通密電，電文中希望蔣介石網開一面，特赦張學良，因爲，在西安事變發生之日，張就曾經和孔連繫過，保證他會保護蔣介石的安全，因而，孔也向張保證，若是張能將蔣介石放回南京，他可以保證張少帥的安全。

宋氏姐妹連保張學良，但，還是保不住張，硬是被蔣系的情報單位扣住軟禁了幾十年，宋美齡當然對張心存虧欠了。

蔣介石在世時，曾經有一次，張學良和蔣介石聚會，張學良談到他有些回憶性質的文章，記載了些往事，例如是西安事變的資料，張學良特意將寫好的一份文稿的影印本，交給蔣介石，張學良並且向蔣介石說，這一份文件希望將來我倆若是有一位百年了，才可以公布，當時，對於這件事情，雙方都得到充份諒解。

不久，宋美齡有天在看英文中國郵報（CHINA POST），那幾天剛好周恩來去世，報上登載了一則消息，大意是說，在海外最近流傳一份關於張學良當年西安事變的回憶文件，張學良在這份文件中講述，當年蔣介石被張學良、楊虎城等人挾持在西安，本來楊虎城要殺害蔣介石，幸虧是周恩來及時制止，周恩來所持的理由很簡單，他說，大家應該看看最近全國輿論的反應，大家都一致聲討西安方面對蔣介石不禮貌的反叛行為，如果你楊虎城把蔣介石殺了，那你揚某人控制的整個大西北、我們共產黨佔領的「解放區」，會被全國激憤的民怨，和聲討的大軍踏為平地，到那時，我們雙方都是一無所獲，這是玉石俱焚的下下之策，萬萬使不得。

那則報導就說，張學良的回憶文件中，當初要不是周恩來，楊虎城會對領袖下毒手的，周恩來無異救了蔣介石一命，有救命之恩。

宋美齡看了之後，很光火，心想這不是雙方都講好，到彼此百年之後才可以把過去的往事公開的嗎？這則消息究竟是怎麼一回事？宋美齡就問張學良，張學良根本就不曉得消息何故走漏。

後來才查明，原來張學良那份東西，是在蔣介石交給下面人保管時，內部有好事者徒，把消息走漏給新聞媒體，才鬧出這個小插曲。從這裡，也可以想見，在對蔣先生不利的情況下，宋美齡的心還是靠蔣先生那邊的，這亦是人情之常。

事實上，後來到了蔣家父子全部亡故，張學良都還沒有把當年若干鮮爲人知的秘辛公布，可見，張學良不但守信，而且也重義。

第五回　抗戰烽火聲譽鵲起

抗戰，對宋美齡來講，其實正是她事業臻於巔峰的一個轉捩點。

在一九三〇年代以前，在美國，大家對MEILIN-SOONG這個名字還是相當陌生的，然而，當三〇年代以來，隨著蔣介石開始逐步掌握全中國的軍政大權，而且蔣把全部軍購武器（尤其是空軍的飛機武器裝備）採買權力，交給宋美齡家族之後，MEILIN-SOONG的名字，就和T.V.SOONG宋子文的名字齊名，成爲美國家喻戶曉的人物。在戰時，由於宋美齡的多次穿梭訪問美國，她成爲在美國傳播媒體曝光次數最多的中國女性，有時她的曝光次數甚至遠高於蔣介石，然而蔣介石從來不和她爲此「爭風吃醋」，戰爭年代，宋美齡獲選爲「世界十大女性」，與其說這個名位是她烽火動亂的國家和苦難的人民，用鮮血和性命換來的，不如說是當時的中國政府，用大把大把的銀子購買美國數額龐大的武器而換來的。

吾人必須知道，美國是一個資本主義國家，假如要在這樣的國家擁有無上榮耀，那麼勢必要和這個國家的資本家保持最緊密的關係，而軍火工業無疑乃是美國、特別是戰時最舉足輕重的一個部門，而主導軍火工業的美國資本家，事實上正主宰了美國這個龐大的現代國家一切的國家資源。

很顯然地，宋美齡在美國享有的聲望，有很大的一部份，是美國資本家——特別是美國的軍火商人哄抬起來的，她的歷次美國之行，能夠如此風靡絕倒、轟動一時，美國軍火商善於爲其造勢，是有著絕對關係的。

從另一個層面來講，以宋美齡家族盤根錯節的人際關係、富可敵國的龐大家產，她和她的兄弟宋子文，根本沒有必要像現在台灣的一些官僚政客，爲了營求軍火採購的利益，沾得了滿身腥騷，宋氏兄妹只要以最公正持平的方式，經手軍火生意，爲國家爭取最大利益，她們就已經坐擁許多無形的財富。

戰爭帶給中國無窮盡的苦難，而給宋氏兄妹帶來的，卻是無盡的資源和聲望，尤其是宋美齡，她在對日抗戰中，取得了最大的無形利益，而這種無形利益，正是她在中國乃至世界舞台上，得以揮洒自如、縱橫捭闔的主因。

中日之間爆發戰役，是早在蔣介石意料之中的事情，雖然早先他的「安內必先攘外」的口號，一度引起國人對他的訕笑和懷疑，可是，爲了備戰，蔣介石早在「七七事變」前二個月，便知悉大戰之不可避免，便首先授權宋美齡掌控空軍。而蔣介石叫宋美齡控制空軍，自是涉及有關龐大軍售利益問題，蔣介石不放心像早期剛剛統一中國時那樣，軍售是掌握在何應欽等軍人手中，所以，把建軍和後勤最花錢的空軍交由宋美齡去負責，便可以接著把一連串的接續性事宜，交給宋子文這些家族人們去經手。

到了四〇年代，中日戰爭持續擴大，戰局一日數驚。中國對美國軍火、尤其對美國軍用飛機的需要益形殷切，宋家兄妹在美國的地位便相對更加重要和凸顯。

一九四一年十二月二十九日，也就是珍珠港事變之後不久，美國總統富蘭克林·羅斯福（FRANKLIN D.ROOSEVELT）聲明美國願意扮演「民主國家兵工廠」的角色，宣佈美國今後除了將以財政援助中國之外，還將以大批的軍火後勤裝備等，援助中國和英國等國的對敵作戰。一九四二年元月十日，羅斯福向美國國會提出了著名的「租借法案」並經國會通過，同年的五月，宋子文向蔣介石建議應該在美國成立一個公司，聘用一些與美國政府關係良好的政府官員為經理人，代表中國政府向美國政府各部門、各機關進行奔走遊說，而中國國內關於軍火的技術人員，也可以歸併在此一公司之下，以求事權之統一。

這項建議在蔣介石接受同意之後，隨即快馬加鞭，立刻進行，在美國考柯蘭飛機公司負責人考柯蘭（THOMAS G. CORCORAN）的協助下，依照美國狄拉懷州的法律，在該州成立「中國國防供應公司」英文名字是CHINA DEFENCE SUPPLY CO., 簡稱為C.D.S.

這家公司掛名董事長是羅斯福總統的母舅德蘭諾（DELANO）。

中國政府於一九四二年的五月二日，由中國駐美國大使胡適，正式通知美國羅斯福政府，中國政府授命宋子文專門負責獲取或接收美國的援華軍事物資，同時宣告「中國國防供應公司」的成立。（以上參考陳立文著之「宋子文與戰時外交」，第三章「實質援助物資的爭取」頁四十至四十三）

一九三五年時，中國已經是美國武器和飛機的最大進口國，翌年，在蔣介石的授權下，宋美齡成為中國空軍的實際幕後主控者，奠定了宋美齡和美國軍火商人之間緊密關係的基礎。

第六回　空軍抗敵飛虎揚威

宋美齡在蔣介石的授權之下，於抗日戰爭前夕，全力整頓當時尙處於草創階段的中國空軍，而美國人陳納德的應宋美齡邀請來到中國，其實更是宋美齡掌握空軍大權的里程碑，不久，宋美齡更被中美人士封爲美國來華志願飛虎航空隊的「榮譽隊長」，至此，宋美齡以她先前被蔣介石冊封爲航空委員會委員長的身份，和此時她在丈夫蔣介石與美國人之間扮演的橋樑角色，宋美齡在實質上成了中國空軍的司令官，勵志社已故總幹事黃仁霖就說宋美齡在那時是「直接指揮著中國空軍」，（見黃仁霖回憶錄第九章「紀戰地服務團」，第一一七頁）若說宋美齡是抗日時期，中國空軍實質的空軍總司令，是毫不爲過的。

宋美齡主導中國空軍，可以從抗戰開始時的一些事例中，獲得證明。

抗日初期，中國空軍最大的問題，是飛機的大量折損，那時中國空軍主要的戰鬥機種是所謂的「霍克」（或是鷹式HAWK）飛機，但不論是霍克二或是霍克三，都不是日本新式飛機的對手，在中日開戰之前，中國由孔祥熙和宋子文等人，向義大利等國買了一批飛機，但是，多半在交運之中，有的還在談判過程中，唯一一種已經運到中國國境的，就是「馬丁」式轟炸機，不但正在裝配，而且這種飛機需要長跑道，當時南京、上海地區根本尚無供這種飛機起降的機場。

可是，宋美齡身爲航空委員會的秘書長，機場跑道問題，當然她也有若干責任要肩負，她想起南京市區通往中山陵的公路，爲何不能修築成爲跑道，於是，她在和蔣介石商量之後，就開始著手進行跑道工程改建任務，在軍情緊急之下，跑道工程必須很快完成。

那時，因爲戰爭初起，不少難民從南京城郊湧向市區，她便命人召來一些青年難民，參與供飛機起降之跑道興築工作，而在興修跑道的過程中，惟恐日本飛機臨空轟炸，只有趁夜晚在黯淡的煤油燈光下，進行跑道的修築工程。

由於一開戰之初，包括杭州莧橋航校在內的空軍基地，便受到日本軍機的密集轟炸，那時中國飛機還沒有地面掩體設施，許多停在地面的軍機因爲不及起飛，被日本飛機擊毀不少，幾次空戰下來，中國軍機的折損率也很高，飛機成了當時最寶貴的資財，因爲飛機少，而發生了一機多用的情況，有青年飛行員創意將「霍克二」式和「霍克三」式戰鬥機，上面加裝投彈設備，俾使讓這些戰鬥機兼有轟炸機的功能，甚至把一些簡陋的初級教練機上，也加裝了投彈裝置，作轟炸機之用，可是，這種教練機一裝上炸彈之後，起飛速度反而變得非常遲鈍，所以效果十分有限。

早在日本對中國開戰之前，蔣介石爲了掌握空軍，加緊對內對外備戰，曾經透過關係，向俄國等國，購買軍用飛機，蘇聯基於讓中國抵擋日本，緩衝其東方的軍事威脅的考慮，曾提供若干俄製飛機，供中國武裝之用，但是畢竟是杯水車薪，根本不夠在戰場上派上大的用場。除了蔣介石對她的授權，擔任中國空軍的幕後負責人之外，宋美齡所以一直以「我的空軍」自豪，其重要原因，和她同時又是抗日時援華的「飛虎航空隊」榮譽隊長有關，而宋美齡能夠掌握空軍大權，更和她邀請了陳納德來華支援空軍作戰有絕對的干係。

在陳納德正式來到中國協助作戰之前，中國空軍號稱有軍機五百架，實際上，到了抗戰前夕，中國空軍共有三十五個中隊，飛機三百零五架，可是，眞正能夠飛上天的大概只有一百架不到的軍機，而且訓練十分草率，能夠和日本抗衡的完全是憑藉著飛行員的勇敢不畏死。

宋美齡在一篇抗戰早期的文章中，對中國空軍的草創，作了一個大略的敍述，然而，這位空軍的領袖，也對當時的空軍艱苦抵抗日機攻擊有過下面的敍述：「世界大戰的時候，空軍根據地往往距離前線有數百英里，假使轟炸機不受對方的猛烈抗拒，每天只能往返一次。可是如今在上海，我們沒有飛機去抵抗他們，他們的飛機根據地距離前線至多不過五英里，因此可以從容往返，從容地重行補充彈藥和燃料。只要自保於我們少數高射砲射程之外，就可以自由地飛翔在我軍陣地之上，投擲大量炸彈。讀者或許會懷疑，我們為什麼沒有空軍來抵抗這四百餘架日本飛機呢？（這數目是指上海方面而言，他們共有三千餘架。）

可是你知道，中國空軍的歷史，還不到五年，最初又因為缺乏駕馭這新式武器的經驗，而空費了許多歲月。」（文見宋美齡作之「中國固守立場」一文。）

在同一文中，宋美齡敍述她帶著外甥孔令傑觀看一場中日空軍空戰的情景：「我此刻看到日本的轟炸機了。小傑米的目光非常銳利，所以我時常把他帶在身邊，他高聲喊道：『三架——六架——九架。』

就是下午的二點四十二分。天氣很晴朗，天上有幾朵白雲，靜止地停留在高空之中，三架日本重轟炸機，在雲層罅隙的青空裡，自北向南，冉冉而來。尾後還有三架，高射砲向前面的三架密集射擊。現在後面三架也受到高射砲濃煙的包圍了。後面又來了三架，——所以總共是九架。高出於雲層的上面，我聽到了驅逐機聲，我所在的地方近軍用機場，這是敵人轟炸的目的地，所以高射砲的砲火非常猛烈，若干火花在我的面前閃爍地爆裂。

幾架我方的驅逐機出現了，他們是在雲層後面飛來的。我的上面，已聽到機關槍聲，雙方空軍正在雲中角鬥。那九架轟炸機以蹣跚的進展，越入城市，倘使他們要擊中目標，必須保持著他們的陣線，前列三架現在已抵城南的上空了。

下午二點四十六分。猛烈的火焰和幾股濃煙高高地迸冒了起來，敵人已投下若干炸彈。他們接著就散開，我方的幾架驅逐機，追蹤襲擊。我的北面，正在激戰，那是二點三十四分開始的。此刻敵方的轟炸機完全隱遁在雲中，不看見了，但仍有若干日方驅逐機被我機所困擾著。……」

中國新創的空軍固然英勇，然而，英勇而沒有後勤支援的空軍，其後果是缺乏新的武器補充，從一九三七年開戰以來，中日空軍之間歷經了八一四空戰、九一九首都空戰、四二九空戰、武漢保衛戰等各種大小戰役，中國空軍由原先的百餘架戰鬥飛機，到一九四〇年代初期的不滿百架戰機，如果再不整補，中國空軍可能沒有任何完好飛機可以升空迎戰。補充新的人員和新式戰機，成爲當時的當務之急，可是，在中日開戰之初，美國力行中立政策，不願意捲入中日戰爭，因而，中國方面只好想出招募志願航空隊的方法，來解決燃眉之急，陳納德就是在這樣的背景下，造就出來的一位時代英雄。

志願航空隊成立的經過，據黃仁霖的回憶，是陳納德主導的，他「採取的第一個步驟，就是徵召一批外國的航空人員，這些人像他一樣，願意爲中國作戰。在上海就有許多志願參加的航空人員，但其中只有少數幾位有資格充任戰鬥駕駛員，陳納德大約挑選了一打人員，其中有英國人、美國人、荷蘭人以及法國的一些經歷過戰爭的駕駛員，他把這些人組織成一個國際志願隊，簡稱IVG。……國際航空志願隊雖然很英勇，但是卻無法阻遏日本空軍進攻的決心，僅僅支持了幾個月，便被消滅了。……那時夫人正擔任航空委員會秘書長，亦即是直接指揮著中國空軍。她和陳納德上校、宋子文博士、孔祥熙博士以及其他美國朋友威廉姆・鮑來先生等，想出了一個辦法，要去徵召一批美國飛行員和美國飛機來組織第一個美國航空志願隊……。」

然而，加強僱用美國的飛虎航空隊的美籍飛行員，成了別無辦法的辦法。但是，飛虎航空隊成員畢竟不是神仙，也有他們的七情六慾，於是最爲時人所詬病的一些問題，不約而同地出現了。

例如「招待所（指勵志社的美軍招待所）的職工除了經手採購食品和招待所用品拿取回扣外，還和美軍串通一氣，販賣黃金、美鈔、手槍以及其他走私物品……。」

至於吃喝玩樂，更是不在話下。

對這些引人詬病的問題，宋美齡似乎也感受到了問題的嚴重性，於是，在一次向飛虎隊的演講中，宋美齡十分直率地說：「……你們的司令官曾經一再告誡各位要注意紀律。這是一個討厭的字眼，是不是？空中要有紀律，地面也要有紀律，沒有紀律我們將是毫無成就。因此我本人，以貴隊榮譽隊長的身份，也要將更多的紀律灌入你們的耳中。

我要較陳納德將軍更進一步，我的意思是內心的紀律，僅僅遵守紀律是不夠的，我們必須有內在的紀律，才能充份發展我們的人格。……但是我要各位子弟們牢記一點：即全中國對你們都很愛護，因之我要你們的品性行為，處處配得上你們貴國的偉大傳統。我要你們留給我國人民一個印象，一個眞正代表美國國民的印象。我深信並知道，你們不論在中國何處，一定會使你們的行為讓人看得起。

請你們原諒我這樣直言，或許我應當對你們很客氣……我希望你們每一個，無論在空中或在地上，總會記住你們是中國的客人，同時你們所做的每一件事將使你們貴國有面子。……」宋美齡為何會對美國志願空軍作如此的「直言」，其實這是有原因和背景因素的。

第七回　重慶玫瑰譽滿全球

第二次世界大戰時代，日本有所謂的「東京玫瑰」，指一位著名的專門負責對美國作廣播宣傳的播音員。而在中國，宋美齡其實正肩負著這樣的一個角色的任務。

宋美齡負起國際播音員的責任，和中國的戰時廣播，有著非常密切的關係，然而和宋美齡個人領袖慾望的發皇以及她對日本侵略同仇敵愾的愛國情緒，更有絕大的關聯。

宋美齡開始爲國際廣播播音，是在民國二十六年春天，當她以帶有美國南方和北方口音的英語，和清脆的嗓音，廣播電波劃破地球空氣的電離層，傳達到美洲大陸時，確實引起了國際人士的極大震驚。

她在一篇名爲「前進的中國」的廣播稿——這其實也是宋美齡第一次透過廣播，向國際友人呼籲對中國的支持。

在「前進的中國」廣播稿中，她說：「我此刻向貴國發表演說的無線電（按：指收音機），也有無數的我國同胞，在靜心諦聽。……美國英國加拿大和各國人士，幫助我們在中國各省傳播現代知識，還不斷在努力，我們眞該表示絕大的感謝。我們的談話能借無線電傳遞到各位的府上，委員長和我，都覺得非常欣幸。……時間快到了，讓我借這最後的一分鐘，敬候海外友人和親善中國的人們安好。我此刻清晰地記起了青春時若干快樂的歲月，那是在美國渡過的……我希望朋友們還不曾忘記我，仍舊辨別得出來我的語音。此刻在中國是星期日晨八時，敬祝諸君晨安。」

一篇於「七七事變」之後播講的「告美國民衆」廣播稿中說（於中國時間一九三七年九月十二日播音）：「諸位，你們在無線電中，或許可以聽到大砲的聲音，然而，這裡垂死者彌留的呻吟，受傷者苦痛的叫喊，以及房屋倒塌的聲響，我雖希望你們能想像得到，但是聽不見的。那些流離無定，驚慌失措，無家可歸的大批人民……他們的苦難，他們的饑餓……你們又那裡看得見呢？……」

宋美齡本人之外，她的兩位姐姐宋靄齡和宋慶齡，都參加了戰時的國際廣播，在國際傳播都取得了宏大的效能。

第八回：戰時外交和第一夫人

在實權的掌握上，宋美齡是中國戰時的實質空軍總司令，同時更由於她的留美資歷和世界觀，宋美齡成了蔣介石的首席外交幕僚，蔣介石是出生本土的軍人，他除了早年在日本陸軍學校讀過短時間以外，並沒有豐富的國際常識，去應付錯綜複雜的國際情勢，特別是對中國戰局具有關鍵影響地位的美國外交關係，而宋美齡的出身和成長背景，恰巧可以彌補蔣介石這方面的缺憾，她的豐富國際常識和美國關係，正是蔣介石渴望需要的。

以宋家在中國素有盛名的資本家地位，早在戰前時代，就和全世界主要的知名家族，有深厚的交誼，當然，這些交誼都和利益有關。

例如，孔宋家族和義大利墨索里尼家族的關係，早在三〇年代，就已經十分深厚，一個最重要的原因，是因爲那時蔣介石曾經透過孔祥熙，要他和墨索里尼從事軍火和飛機製造的家族，作緊密的聯繫，蔣介石急於在勦共戰爭並不順利的當時，建立一支空軍，俾以在勦共戰爭中，藉重飛機這一當時的新銳武器，對共產黨的游擊隊作致命的打擊。

孔祥熙向義大利朋友出示的訂單，當然讓他們大爲垂涎，自此，義大利就和孔祥熙建立了深厚的關係，認定孔是中國最具影響力的人物之一。後來，宋子文也和義大利方面多次接觸，更延伸了宋家和墨索里尼家族的關係。

一個最明顯的例證，在民國二十一年，宋美齡的大姐宋靄齡在陪同丈夫孔祥熙訪美國時，在冗長令人生厭的官式訪問過程中，宋靄齡和兒子孔令侃，抽空到歐洲作了一次私人旅遊，在途經義大利時，由於宋子文已經在事先向義大利方面提出照會，墨索里尼家族知道宋家大姐要來旅行，特地在宋靄齡母子訪義時，作了十分熱烈的歡迎和接待，據說，宋靄齡母子當時還眞有些受寵若驚，認爲在她們一生中都未受過如此隆重的歡迎。

後來，義大利的飛機和技術，確實爲蔣介石建立了第一支空軍武力，蔣介石除了靠這支空軍武力對抗共產黨，更藉著這批飛機和日本侵華空軍，作了第一階段的有力抵抗。後來，因爲義大利參加了軸心國，蔣介石才開始慢慢疏遠義大利，中國空軍開始向美國招兵買馬。

除了義大利，宋家和蔣介石與德國希特勒的關係，也很深厚。爲了表示和納粹德國的親近，蔣介石特意把二兒子蔣緯國送到德國去學軍事，可見當時的中德關係敦睦之一斑。

除去戰前的這些國外關係之外，二次大戰期間，中國和美國的關係無疑是蔣介石以及他的部屬最重視的，而宋美齡由於她的出身背景，對美國環境情勢的了解是國民政府當中最稱嫺熟的一位，因而，中美關係的任務很自然地落在她的肩頭。

宋美齡和美國的關係，主要是在美國的政府官員、國會議員、新聞記者和她的兄長宋子文以及姐夫孔祥熙所引介的軍火商人之類的爲主。而爲了作好對美的關係，蔣介石在宋美齡的勸說之下，成立了「中宣部」——它的全名是「中國國民黨中央宣傳部」，簡稱「中宣部」，它的任務是統籌所有的國民黨政府對外宣傳機構，拼其全力作國際宣傳工作。

中宣部的首任部長是留學美國，哥倫比亞大學普利茲新聞學院畢業的董顯光，他雖然是中宣部的首任部長，但是，他顯然沒有受到蔣介石在工作上應有的尊重；蔣介石對外國（通常包括美國）記者和新聞處理的僵化方式，逼使董顯光必須經常忙於向外國新聞記者解釋，爲什麼蔣介石要撤銷新聞發佈、以及爲何要拒絕接見新聞記者諸如此類的問題。然而，當時蔣介石的對手毛澤東，非但沒有類似的箝制輿論的作法，反而很開放地面對外國新聞記者、甚至可以說是把外國新聞記者玩弄於股掌之間。

兩位領袖在面對新聞記者時，截然不同的態度，難免加深了外國對中國敵對的兩個政黨的主觀偏見，這一點，深深讓國民黨內搞對外宣傳的官員諸如董顯光者流，深爲憂慮。

宋美齡深知這種情況持續發展的嚴重性，她想，若是情況不能有效的改善，不但會影響美國對中國政府的支持度，甚至會破壞她辛苦建立　的中國苦難形象，所以，她不斷在蔣介石面前作抗爭，希望蔣介石以更開放的方式，面對國外的新聞界，她也不斷爲包括董顯光在內的中國國際宣傳工作者打氣。

除了記者，宋美齡主要還要在美國的一些新聞界資本家的身上，花上許多功夫，比如赫斯特報系家族、霍華德報系家族等，這些報人資本家言論是否親蔣、是否親華，攸關美國對中國政策的定見，有時，中美兩國政府官員本身不方便做的一些事情，就透過這些報業資本家來作中介人。

比如，宋美齡就曾承認：「……我必須對艾森豪總統風度、寬大和友善致謝。他曾派霍華德把令人鼓舞的信息送給蔣總統和我，並向我們殷殷致意。霍華德先生是斯克里普斯——霍華德報系的執行委員會主席，也是我們多年來的忠實好友。這信息是強調堅守台灣和澎湖群島對自由世界之重要性……。」（見宋美齡作「暢談年來所思所感」一文，該文輯於民國七十五年十二月十五日出版之「婦聯三十五年」一書頁七起）

美國「時代」雜誌老闆亨利魯斯，也和蔣介石夫婦維持著相當友善的關係，基本上，類似亨利魯斯當年對蔣介石夫婦如此「友善」、全力「配合」的原因，和美國若干報業人士向來就和當權派友好的傳統有關。

這些美國新聞界貴人，成爲宋美齡最重視的一群貴客，這可以證明宋美齡充份體認美國社會的特質，她曉得只要掌握了新聞界的一顆難以捉摸的心，就等於掌握了一艘船在波濤洶湧的大海中的方向；掌握了美國的新聞界，對宋美齡推動國民外交，或是正式外交，都有神奇的功效，無論是對軍火商、或是美國政府官員，掌握新聞界方向，可說是一個先決條件。

當時的中國政府，爲了討好美國政府，也是無所不用其極，其實，後來共產黨建立國家之後經常贈送外國政府熊貓，以討好外國，而這種手法，其實早在蔣介石當政的時代，就已經是司空見慣的事情了，比如，抗戰時美國的「聯合救濟中國難民協會」時常以物資援助中國，蔣介石爲了回報美國政府和民間，便曾經在民國三十年，以四川特產的一對熊貓，饋送給美國當局，回報美國對中國的援助，這算是早期的「熊貓外交」吧！

第九回　統一戰線姐妹團圓

當國民黨政府在蔣介石領導下，一開始宣佈抗戰以後，在延安的共產黨組織亦對蔣介石政府展開了笑顏，而斯時，一向處於高度緊張狀態的宋家姐妹，彼此之間封凍的情誼，出現了緩和解凍的跡象。

早些年，宋家姐妹之間的矛盾是異常激化的，宋慶齡和她的姐妹間，幾乎已到了徹底決裂的地步，但是，隨著抗日戰爭的日漸擴大，姐妹間在公開場合同時出現的機會，也隨之增加，這正濃厚地意味著「國共合作」的明顯形式，更讓熟悉宋家姐妹間激烈矛盾的人不敢置信的是，宋家三姐妹居然在公開的場合，一起合照留念，十足表現一種姐妹同心抗日的氣氛。早在抗日之前，宋家三姐妹原本就對兒童和婦女工作，作出了許多的努力，直到抗戰發生，宋美齡和大姐宋靄齡組織了一個「婦女指導委員會」，作爲戰時婦女工作的主要機構，在戰時的救濟工作上，發揮了很大的功能。

「婦女指導委員會」是效法美國在歐戰時期設立的「婦女委員會」，美國這一婦女組織是配置在官方的「國防會議」（THE COUNCIL OF NATIONAL DEFENSE）在這個婦女委員會之下，美國在各州設立分會，目標是組織全美國的婦女共同參與第一次大戰的戰時工作，同時，在當年的英法等國，發動了大批的婦女去從事供應軍需糧餉、烘焙麵包、縫製沙袋、縫補軍鞋甚至取代原有男人應該做的事情，由婦女去做些農田生產、交通運輸等粗重工作。

「婦女指導委員會」是中國婦女組織歷來最龐大的一個，也是最具全國規模的一個，在宋氏姐妹的號召之下，它在全中國擁有三百多個分支單位，而據宋美齡的說法，在「婦指會」的領導下，「成群的青年女子，穿上雄糾糾的軍裝，無畏無倦地出入於前線砲火和烈日之下，每成爲中外戰地記者驚異和稱佩的對象。」在戰時難童的照顧上，宋慶齡也繼續以往的努力，作出了十分重大的貢獻。

但是，由於宋慶齡的政治信仰，他創辦的一所孤兒院是設在中共抗戰時代的根據地延安。宋靄齡對兒童福利工作的奉獻，也有不少的功績，她的丈夫孔祥熙曾經爲了兒童福利工作，大力捐輸過。

民國廿八年在一次講演中說，「我們現在保育了二萬個兒童，每月經費二十五萬元，除國家補助大約四分之一以外，大部份都是辛辛勞勞捐募得來的。」

第十回：工業合作姐妹妥協

早在新生活運動期間，就有所謂的「工業合作社」的組織存在，可是，到了對日抗戰時期，由於日本軍閥對佔領區工業設施的大力破壞，當時有三位外國人（分別是美國的埃德加・史諾夫婦和紐西蘭人路易・艾禮三人）提議，所以才創辦了工業合作社。

據「孔祥熙先生年譜」的記載，工業合作社是在民國二十七年的春天成立的，最早成立了所謂的「工業合作協會」，由孔祥熙任董事長，它成立的背景是有鑒於「民國廿七年春季，政府以沿海各省工業，盡被日寇摧殘，沿海口岸又爲敵人封鎖，內地工業產品，漸感缺乏，農產品亦感出路減少，於是成立工業合作協會，全力推動，以合作方式，組織當地人力，利用各方物資，就地取材，在全國各地發展小型工廠，既可避免敵機轟炸，復可利用後方豐富物資，增加工業生產，供應戰時軍民需要。」

根據有關資料顯示，一直到民國三十年十一月，前後方的十六個省份區內，設立了工業生產合作社近二千個，動員失業工人、榮譽軍人及難民一共達十五萬人，參加戰時生產，每月生產的總值超過二千萬元國幣。

抗日戰爭使得原本四分五裂的中國，眞正的團結起來一致對外，而在宋家三姐妹之間，原本亦是貌合神離的感情，卻因爲抗戰而達到表面復合的效果。

就工業合作社而言，宋家三姐妹似乎是「各取所需」，宋靄齡因爲本身家族擁有龐大企業的關係，她非常贊成企業和勞工之間的結合，雖然這種結合不見得能夠行之久遠；宋慶齡的立場，一向是主張所謂團結工農；而宋美齡則是基於希望老百姓能在經濟生活上，更加獨立，而不依賴政府單方面的幫助。

三姐妹難得獲致了一致的見解，這是宋家難能可貴的一幕。

但是，宋慶齡和蔣介石之間的關係，卻並未因宋家三姐妹關係的融洽而解凍。有許多關於這位國父遺孀和蔣介石家族關係惡劣的記載和流言，在四處散佈著，而變成時人的一個普遍共識。

甚至連蔣介石家裡舉行的家宴，明明邀請了宋慶齡這位貴客，並且由宋美齡親自打電話聲明：沒有外賓，全是些家屬和自己人。但是，就是因爲有蔣介石在場，即使宋美齡再如何三催四請，宋慶齡說不去就是不去。

而且，在重慶時代的宋氏姐妹，還是由於一些不愉快的「意外」事件，雙方發生了有趣的摩擦，當然，這些意外多半是從蔣介石的重慶官邸中，不經意傳出來的。

另據一位抗戰時期在重慶蔣介石官邸從事電話接聽工作，後來投共的王正元氏向中共「交心」時說：宋美齡有一次打專線電話給宋子文，她叫宋子文關照戴笠，要戴笠不要再在宋慶齡那兒「胡來」了，如果我聽到什麼的話，我不會放戴笠手下的人過去。（以上資料分別見大陸出版的「文史資料叢刊」和ISRAEL EPSTEIN著之「宋慶齡——二十世紀的偉大女性」書中，「宋慶齡」一書，係由北京人民出版社一九九二年初版）

據老一輩的資深記者表示，當年宋美齡所謂要戴笠手下不准胡來，是指有一次，戴笠的部下，對外宣稱他們有一個情報來源，指左派的宋慶齡和一位美國士官長「過從甚密」。當時，宋慶齡年紀只不過三十出頭，又是孀居之身，女人首重名節，對此一「指控」相當生氣，試想，和美軍士官長「過從甚密」並不代表就發生了什麼事情，可是情報人員硬是把這個消息散佈出去，引起外界話題騷動，自是對宋慶齡名譽上的一大汚損和威脅，加上戴笠是蔣介石愛將，敢於大膽地刨挖妻姐的根底，自然更在原本冷若冰霜的雙方關係上，雪上添霜了。

諸如此類的事情，聽在宋美齡耳朵裡，自然要為姐姐打抱不平囉！

（註：關於宋慶齡和美軍官兵的傳聞，在美國記者 ISRALE EPSTEIN 寫的「宋慶齡——二十世紀的偉大女性」一書中，有段文字記載寫道：「在她所喜歡的年輕人中有一些是盟軍的士兵。同軍官們不同，他們在重慶沒有什麼社交娛樂場所。她有時在家裡專門爲他們舉行聖誕或其他晚會，願意去就可以去，不用專門的邀請，這使他們感到溫暖——特別是軍官們反而要接到邀請才能來參加。

這樣的場合使宋慶齡從離開威斯里安學院以來第一次有機會同年輕的美國人在一起。她在一封信中『……一幫子眞正的山姆（美國人的綽號）。我喜歡他們那種活潑直率的樣子。』在另一信中，她說，爲了舉行一次這樣的聚會，他們差不多來了六十個人，把她家裡的地下室裝飾一新。一個駐重慶的外國記者說，這些美國小伙子認爲，『在他們在重慶參加過的所有晚會中，這一次是最棒的』。」

從這裡可以得到一些旁證，宋慶齡在重慶時期，的確是經常和美國軍人在一塊兒相處，而且由於她的政治理念和蔣介石不合，蔣系的情報特務經常把她當作是跟監對象，宋慶齡的每個動作，幾乎都在蔣介石人馬的監視之下，要對她羅織不貞的惡名，實在易如反掌。

抗戰時期如此，抗戰勝利以後也是一樣。

在一九四七年，國共戰爭開打了以後，宋慶齡在上海正式對美國記者發表了一篇聲明，爲自身遭到別人惡意中傷，提出嚴詞反駁。

因爲，在此之前，有一位華盛頓的專欄作家聲稱，宋慶齡和前任美軍上尉杰拉爾德・譚寧邦有一段「風流韻事」。

宋慶齡非常淸楚這段評論消息來源是來自何處，她要求這位專欄作家給予更正，並且有人對她提出了聲援，表示上述的報導，完全是國民黨爲了中傷宋慶齡，刻意製造出來的假消息。宋慶齡曾留學美國，在美國渡過一段不算短的日子，她的價値觀念，雖不如美國人那樣「前進」，可是，不能說完全沒有美國人的那一套想法，老美普遍性關係開放，和異性相處也很隨興，宋慶齡究竟有沒有和美國人發生浪漫之情？沒有人敢下斷語，但的確是一個很耐人尋味的話題，但，我們寧可相信這位「國母」是國民黨情報人員爲討蔣介石歡心，而被特務蓄意誣陷的。）

第十一回：總統特使風靡美加

在民國二十年代，中國共產黨爲了躲避蔣介石的圍剿，曾經進行了一場空前絕後的「二萬五千里長征」；而在二次大戰期間，爲了祖國的利益，宋美齡也不斷風塵僕僕於國境內外，代表蔣介石的中國政府，出使美國，是宋美齡另一個生命起伏高點，作爲蔣介石的妻子，加之擁有豐富的國際常識，她有充份的條件代表蔣介石出使美國。

民國三十一年十一月十八日，宋美齡啓程飛美，表面上的理由，宋美齡是到美國「治療皮膚病」，可是稍具一些外交常識的人都會覺察，這個理由只是一個外交辭令的「白謊」，明顯的，宋美齡是想利用美國和日本參戰的機會，勸募更多的美國援助，回到中國幫助此地人民和她丈夫領導的財政日漸枯竭的政府。

爲了掩人耳目，宋美齡確實在紐約的哥倫比亞長老醫學中心，住了一段可觀的時間，專心治療皮膚病，她在這家豪華的醫院住了將近四個月。

不久，宋美齡在哥倫比亞長老教會醫學中心治病的消息，被美國媒體知悉，經美國白宮證實，引起了美國大衆對這位中國的第一夫人的來訪的高度興趣。

宋美齡出院之後，在白宮接受了羅斯福總統夫婦一個星期的款待，隨後，宋美齡在羅斯福夫婦的安排下，到美國國會參議院和衆議院發表演講，她成爲當時美國新聞媒體的最熱門人物，不但是因爲她是第一位在美國國會發表演講的第一位非官方身份的婦女，而且也是中國和美國締交以來的一百六十年間，第一位國家元首夫人，到美國國會殿堂演講的。宋美齡無疑是締造了一項歷史紀錄，更相對提昇了當時中國的國際地位，這是宋美齡此生最感榮幸之一刻，也是當時的中國人最感到暈淘淘的一刻。宋美齡在美國參衆兩院演說，以及各地的旋風式訪問，宋美齡已經成爲那時全美最風靡的外國公衆人物。

美國當時已經是最權威的「時代雜誌」（TIME）就以宋美齡爲封面人物，將宋美齡好好吹捧讚揚了一番。

她美麗的外表、傑出的語文表達能力，博得了美國友人的歡心，可是，她的本性卻在羅斯福家族的面前露出了眞相。

她無論是住在醫院或是白宮，宋美齡始終堅持她睡的床鋪，一定要用絲質床單，理由是她患有過敏性皮膚病，如果不睡絲質床單，這種討厭的疾病就會復發。

這一點讓白宮的工作人員大爲不解，爲什麼一個中國的第一夫人，在公開的場合中，不斷強調中國在對日抗戰火線上的苦難和悲慘，而自己卻連睡覺都得挑選絲質的床單才行。

早先在白宮，羅斯福夫人對宋美齡的印象非常好，她曾經向人說，宋美齡是一個「很可愛的女人，意志堅強，絕對不是一個悲觀主義者。」

就因爲羅斯福總統夫人對宋美齡的深切同情，透過羅斯福夫人的引介，宋美齡在羅斯福夫人的帶領下，去美國國會山莊，對參衆兩院的國會議員，以她那字正腔圓的北方口音英語，向國會議員作了一次精采的演講，那兩篇講稿是她和她的外甥孔令侃的共同傑作。

但是，羅斯福總統對她似乎有一種成見，也許是羅斯福擁有一種穿透人心的眼睛。他告訴她的太太，他直覺宋美齡是一個冷酷無情的人，他沒有任何具體的證據，但他可以從宋美齡尖銳的眼神中，找到他的結論。

宋美齡去白宮之後沒幾天，恰逢美國煤礦工人準備罷工，在一次晚餐的聚會上，羅斯福總統問到宋美齡對罷工的看法，以及中國政府如何處理類似的罷工領袖時，宋美齡只作出了一個很小巧的動作，她把一隻纖細的手，在自己的脖子上一抹，作出要殺人的動作，這個動作著實讓羅斯福夫婦都不約而同嚇了一跳。

羅斯福總統夫人後來在向人追憶這段往事時，曾經說過，她實在沒有想到一雙有如花瓣般的手，會是掐斷貧苦大衆脖子的手，從這裡，她實在不曉得宋美齡到底懂得什麼是「民主」？

或許，正是宋美齡這些內心世界的外露，招致羅斯福對她的缺乏信任，所以，宋美齡原本期待能夠在美國得到一些實質上的利益和支援，可是，羅斯福總統似乎對這位中國的第一夫人十分小器，民國三十一至三十二年的美國行，只給宋美齡帶來美國民衆對她的虛幻聲望，中國從美國得到的援助，依舊杯水車薪。

第十二回：開羅會議事業巔峰

如果說，抗日戰爭讓宋美齡在中國國內的聲望達到最頂點，那麼，開羅會議無疑是宋美齡在國際間聲望達到最高潮的一刻。

開羅會議是由美國、英國、中國三國領袖參與的一個戰時國際高峰會議，其主要宗旨是在討論如何重新分配美英等國，戰後在亞太地區的利益，以及亞太地區的戰後國際秩序等等問題。

出席開羅會議的三國代表，分別是美國總統羅斯福、英國首相邱吉爾、以及中國的國民政府主席蔣介石。

美國和英國間是沒有語言隔閡的，因此，羅斯福和邱吉爾並沒有翻譯的必要，倒是蔣介石因爲不會英文，而宋美齡無疑便責無旁貸地成爲蔣介石的翻譯兼秘書了。

開羅會議是中國從鴉片戰爭以來，正式進入國際社會的一個契機，也是中國經過六年的抗日戰爭以後，眞正能夠讓中國躋身國際社會的重要會議，宋美齡對美英等國的充份認識，加上她尚稱上乘的國際知識，對提升蔣介石的切身地位，以及中國的國際聲望，都作出了一定程度的貢獻。羅斯福在他的聯合聲明中讚譽蔣介石：「我所會見的蔣主席是一人具有大勇、大智，並且對於當前及未來的各種問題，都是特別精明而充份了解。今天我國和中華民國在友誼和目標一致上，有前所未有的更密切關係。」（見黃仁霖著「黃仁霖回憶錄」第十章「開羅會議外記」）

不論羅斯福是否是對蔣介石作了溢美之詞，但是，眞正讓蔣介石有系統地了解國際現勢，終究還是宋美齡從旁協助的關係。

開羅會議的結論，是美英和中國達成一項共識，主張在二次大戰結束之後，必須迫使日本把二次大戰前從中國奪走的所有領土，無條件歸還中國，這些領土包括台灣、澎湖和東北等地方。

毫無疑問，這是鴉片戰爭以來，中國第一次以國際會談的方式，替自己爭回失陷領土的紀錄，這是蔣介石的功勞，宋美齡更要居輔佐的首功。今天，無論是共黨中國或是國民黨中國（大陸和台灣），能夠在戰後的廢墟中迅速恢復元氣，在國家民族的功勞簿上，宋美齡仍是有其一席之地的。

第十三回：打虎放虎母子心結

人都是有私心的，宋美齡自不例外。

內戰，讓國民政府統治區的經濟情勢日漸惡劣，惡性通貨膨脹的勢不可遏，經濟崩潰的危機如影隨形。

爲了挽救金融危機，蔣介石在民國三十七年八月十三日，於廬山牯嶺設計「經濟緊急處分方案」，作爲實施「幣制改革」和「限價政策」的先期政策規劃。六天以後，也就是八月十九日，政府果然宣佈實施「經濟緊急處分令」，自八月十九日起，發行金元券。

這項政策，蔣介石決定先在上海這個金融重心實施，於是，蔣先生把這項任務交給了他的兒子蔣經國，蔣經國畢竟是年少氣盛，父親一交待此一任務給他之後，便極力表現，在上海扮起「打虎英雄」來。

但是，打老虎怎麼會打出和宋美齡的一場恩怨來的呢？這是有緣由的。

蔣經國是在民國三十七年的八月二十日，擔任「上海經濟督導員」的，他的主要班底，成員都是來自當時的國防部，後來組成的「戡亂建國大隊」，執行部門當然是上海地區的軍警部隊，經過大約一個月的「打虎」行動，確實打了不少囤積金銀和物資的「老虎」，這些「老虎」裡頭，包括了上海灘著名人士如胡好（香虎王胡文虎的兒子）、張亞尼（上海警備司令部科長）、戚再玉（上海警備司令部大隊長）、陶啓明（財政部秘書）、黃以聰（菸草公司經理）、詹沛雷（鹽業公會理事長），最後甚至連和蔣介石交情最深的上海教父杜月笙，他的兒子杜維屏都給蔣經國抓了去，這件事情立刻引起一陣軒然大波。

倒不是杜維屏的被逮捕導致什麼嚴重的後果，而是杜維屏被抓之後，引發的後續打虎行動，打出了漏子。

據了解，事情的起頭是這樣的，蔣經國在打虎行動最高潮的時候，召開了一項會議，邀請了上海士紳名流，全部到場，杜月笙也是受邀的主要貴賓，那時他的兒子杜維屏剛剛被抓沒多久，杜月笙正在氣頭上，蔣經國開會找他，他本來不想去，可是，想到說不定可以在會上對蔣經國轟砲，就硬著頭皮去了。

終於，到了會議開始，輪到杜月笙講話的時候，他就老實不客氣砲轟蔣經國的作法，杜月笙的話講的很硬，蔣經國一字一句地注意聽著：「今天我的小兒子囤積了六千多元的物資，違犯了國家的規定，這是我沒有教好兒子，我叫他把物資交給國家處理，而且把他交給蔣先生依法懲辦，不過我有一個要求，也可以說是今天到會的各位大家的要求，就是請蔣先生派人到上海揚子公司的倉庫去檢查檢查。揚子公司囤積的東西，盡人皆知是上海首屈一指的。今天我們的親友的物資登記，交給國家處理，也希望蔣先生一視同仁，把揚子公司所囤積的物資，同樣予以查封處理，這樣才能服人心。」蔣經國聽了這番話，內心十分不快，可是，杜月笙可能講的是實情，就站起來說：「只要有類似的情況，我一定查辦。」

後來，蔣經國的人馬，果然在揚子公司查到違禁的囤積民生貨品有二萬多噸，檢查的人立刻把揚子公司的倉庫封了，然後回去向蔣經國報告。

誰曉得蔣經國都還沒來得及去看看情況，揚子的負責人孔令侃，已經去電給他的姨媽宋美齡求救，宋美齡當然很快把這個消息通知了蔣介石，蔣一個電話打給上海的警備司令宣鐵吾，據說，宣被蔣介石訓了一頓，所有後續的檢查行動也就不了了之，蔣經國的經濟管制計劃，於是無疾而終。

第十四回：兵敗山倒幻滅憤怒

抗戰的勝利，爲蔣介石夫婦帶來空前的興奮和希望，可是，誰也不會想到，這種興奮與希望竟然是存在得如此短暫，沒兩年，宋美齡就被幻滅和憤怒所籠罩。

蔣介石夫婦的憤怒，和他們政權的喪失以及河山的變色有關。而美國的政客和資本家，卻爲了美國納稅人的血汗錢全部付諸東流，扼腕不已。

但是人們多半是喜歡做「事後諸葛」，而沒有先見之明，美國在一九四七年，也就是國軍部隊在東北戰役中潰退之後，該國的派駐中國的軍事代表團團長DAVID BARR，就曾經警告美國政府，蔣介石在東北戰役中，已經犯下極爲嚴重的戰略錯誤，他認爲，東北戰役的失誤，將造成蔣介石部隊無可彌補的結局。

從一九四五年對日抗戰勝利以後，到一九四八年底，宋美齡奉其丈夫之命，赴美國爭取援助以前，中國接受了美國高達二十億美元的援助款項，這其中包含了軍事援助和經濟援助部份，但是，從美國駐中國大使館打回其國內的報告顯示，軍事援助的四分之三被共產黨部隊「接收」了——國民黨部隊的潰退造成的；而有更多的援助款項，美國人懷疑中國官員長久以來的貪污積習，讓這些龐大的援助眞正用在實務上的部份，簡直屈指可數。

美國人把中國大陸政權轉移的帳，整個記在蔣介石政府的身上，而將美國政府對蔣介石政府的掣肘所造成的一些副作用，推得一乾二淨。但，美國推卸責任，眞正要去承擔其結局的，卻是蔣介石政府和中國人民。蔣介石夫婦眞正嚐到了從他們掌權以來，最苦澀的滋味，一種接近幻滅的滋味。

在中共部隊節節進逼江南的前夕，蔣介石命令他的妻子，立刻到美國向美國人攤牌，這次，蔣介石的手心是朝上的，他的內心也在狂烈地掙扎，但是，爲了生存，他別無選擇。

一九四八年十一月，宋美齡又來到美國，但，這一次她受到的待遇和前幾次有著明顯的不同，沒有國會的講演，也沒有記者席傳來的熱烈掌聲，白宮明顯地刻意把這位中國第一夫人的來訪淡化處理，杜魯門總統夫婦並沒有邀請宋美齡去他們的白宮宅邸小住，她落寞地住在馬歇爾將軍的官邸一段短時間。

在一次茶會上，杜魯門終於打破沈寂，邀請宋美齡參加，隨即，杜魯門在會後，約見了宋美齡，杜魯門開門見山地告訴宋，美國政府對蔣政府的援助已經到了極限，除了在先前美國政府應允的四億美元之外，美國當局暫時不會給中國政府更多的援助。

宋美齡再三向杜魯門說明中國政府的苦處，以及中國軍隊眞正失利的原因，正如她日後所說的「中國大陸淪陷的因素很多，但是致命的打擊只有一個。我們知道當時世界的輿論，大多受了俄共及其爪牙的影響，一致運用宣傳的靈活，發表攻擊政府袒護中共的言論。你們一定很淸楚的記得，當時多少人相信中共只是『土地改革者』，……」（民國四十年三月二十一日在美國魏斯里大學講演詞內文）但是，杜魯門對這類的論調，似乎認爲是陳腔濫調了無新意，根本未爲之所動。

這就是宋美齡民國三十七年底去美國，拿到的一份成績單——她從來不曾拿過的最差勁的一份成績單，她明明知道，這份成績單不是她個人的錯誤的問題，而是國際政治本身就是只有現實上的利益，而沒有道義上的關係。今天美國人不願再多付錢給蔣介石，就是說明美國政府自認過去押寶押在蔣介石身上是一種錯誤，現在，俄國人押的共產黨坐大了，老美除了放棄不玩了，又能如之何？

幻滅與怒火，讓這位中國的第一夫人臉上完全失去了昔日的嫵媚與笑容。

第十五回　異邦團聚悲從中來

就孔宋家族而言，民國三十六、七年之交，可說是最灰暗的一段時間，而令人想不到的是，孔宋二家除了宋慶齡這個天生的共產黨以外，竟然在美國來了個大團圓——悲苦的大團圓。根據孔祥熙年譜（郭榮生先生著「孔祥熙先生年譜」）的記載，孔祥熙是在民國三十六年的秋天「忽接家人自美來電，謂夫人染患惡病，情況嚴重，先生在焦急之下，匆匆離滬赴美。在美除陪伴夫人或因事赴華盛頓外，隔日至紐約中國銀行辦公。……」

然後，從民國三十七年到民國五十一年，年譜上最明顯的記載都有「在美養疴」的四個字。

孔祥熙到底得了什麼病？一病就病了十五年？而根據大陸方面和許多老一輩的講法，孔祥熙會去美國的主要原因，是因為在大陸政壇上的失利，另外就是去美國參與美國總統選舉的助選活動失敗，才是他「病」得那麼久的主要原因吧！

抗戰勝利以後，國民黨內部的權力鬥爭加劇，政學系和陳果夫、陳立夫兄弟的ＣＣ系統人馬，以及孔宋家族在政府部門中的龐大勢力，相互對抗，而且已經到了攤牌階段，因此那時的政治局面，是內有政爭、外有國共戰爭，上下鬥成一團。

孔祥熙本身因為施政上，有太多引人詬病的地方，所以，在政學系和ＣＣ的夾殺之下，下台鞠躬。

民國三十六年秋天，孔祥熙藉口他的太太宋靄齡要在美國開刀，而且宋靄齡確實也來了一通電報，催孔祥熙速去，孔就拿了這通電報，向蔣介石請假，從此一去美國就是十五載。然而，有人認為，孔祥熙去美國探病，根本是一個幌子，眞正的目的是為了去給當時的美國紐約州的州長杜威助選總統。

到了美國之後，孔祥熙是以「中國赴美特使」的身份，在美國活動，並且在私下為杜威助選的，由於孔家對美國政情的缺乏認識，孔祥熙不斷向蔣介石政府遞送錯誤的情報，認爲杜威必定可以擊敗杜魯門，可是，誰知道人算不如天算，杜魯門反而以壓倒性的優勢，擊倒了杜威，當選總統。

許多觀察家認爲，民主黨的杜魯門所以會對蔣介石政府抱持濃厚敵意，和總統大選期間，蔣介石政府明顯支持對手杜威，有莫大的干係。一著輸，著著輸，這實在是孔宋家族民國三十七八年，在美國處境的最佳寫照。孔祥熙父子一時的押錯寶，也連帶地讓整個國民黨政府蒙受重大的外交挫敗。

孔宋二個家族，在美國紐約坐困愁城，一籌莫展，而斯時國內傳來有關國共戰役的戰情消息，又是惡耗連連，孔宋兩大家族固然是在異域舉家團聚，但是，國步維艱，大勢已去，兩大家族又不免興起兔死狐悲的感慨。

我將再起

宋美齡——美麗與哀愁

下篇 I

第一章　夫人歸來介公復職

民國三十九年的新年元旦，對宋美齡來說，是夾雜了失望游疑、和眞誠期盼的，馬上，她就要結束美國之行，回到她丈夫和同胞的身邊，她並沒有爲她丈夫主持的政府帶來任何令人振奮的消息。幾個月以前，蔣介石政府裡頭的一些高級官員還對她到美國的穿梭訪問，抱著一線希望;在抗戰時期，她和孔宋家族的親屬，曾經在美國呼風喚雨好一段時期，她的外甥孔令侃主持的「中國遊說團」，曾經爲中國政府贏得不少美國的實際援助，可是，從民國三十七年以降，孔宋家族在美國的影響力，忽然就如同被廢去武功的俠客，顯得那樣無助和沮喪。

蔣介石曾經當衆說，如果美國人再給他十億美金，他就有把握阻止共產黨赤化全中國，可是，老美對這位已經有些蒼老的老元帥說的話，回復的是嗤之以鼻的一陣訕笑，而蔣介石之所以會在三十八年元月宣布下野，也是在三十七年底，宋美齡電話告知蔣，稱美援無望的結果後，蔣介石才下定退隱決心的。

這樣的處境，在宋美齡的胸臆間，蘊積著太多的憤懣和不平，她在民國三十九年元月九日一篇對美國全國的廣播節目中講道：「不論有無援助，我們一定要打下去。……我們給人看見的，可能是各種似已失敗的外貌。那些貪生怕死不顧道義的人們，可能認為無可救藥而要將中國予以註銷了。……在道義上懦怯的人們現在已正在拋棄我們了。我以沈重的心情，看見曾為盟友的英國，過去雖以數百萬生命獻在自由的壇前，而今竟已被它的領袖們導入政治陰謀的魔窟。英國為了幾塊銀子的代價，出賣了一個民族的靈魂，我說她『太無恥了』……。」（見民國六十六年十二月，中華婦女反共聯合會出版的「蔣夫人言論集」下集第1143頁，至1148頁）

宋美齡是一個自尊心極強的女人，她在這篇廣播稿中說：「我不能再向美國人民要求什麼。我在貴國停留的這幾個月中，沒有發表演說，也沒有作過呼籲。我的國家雖然亟需你們的援助，但我從來未參加求援的競爭。」她的自尊心尤其散發在下列的文字中，她接著說：「我要告訴你們我為什麼這樣緘默。一個國家採取一個正義行動的時候，就和一個人行善一樣，必須是出於他的良知，而不是出諸他人的請求或要求。行動有出於仁慈，有出於憐恤，有出於正義。而正義是善，因為它本身是善。」

她感慨地說：「每次離開美國，我總不免意緒茫然。」然而，在她所謂的意緒茫然之中，也摻雜了自尊和驕傲。

在同一篇文稿中，她將自己和夫婿蔣介石自比為昔日受過亡國恥辱的蘇格蘭王布魯斯（BRUSE）她說：「我們的朋友們！我的國家受了屈辱，我的政府現在孤懸海外的島上，蘇格蘭的布魯斯，曾由山洞出來和他的人民站在一起，我們（筆者按：此即指她和她的丈夫蔣介石）也要從島上出來和我們的人民站在一起。」

民國卅九年元月，宋美齡風塵僕僕地從美國回到台灣，國仇家恨，滿目淒滄，而宋美齡的台灣時代也正式開始。在宋美齡來到台灣前夕，蔣介石領導的國民黨政府局勢阽危，是世人共見的，美國在蔣介石失去大陸的政權之後，發表了著名的對華政策白皮書，擺脫對華政策失利的所有責任。要不是朝鮮半島風雲緊急，蔣介石的處境恐怕更為艱險。宋美齡在此時，離開平靜繁華的美國紐約，回到蔣介石身邊，一個最明顯的象徵意義，便是要和蔣介石同舟一命。

易言之，設若蔣介石是面臨失敗命運的楚霸王，那麼宋美齡是不是要效法項羽的愛妃虞姬，在蔣介石有個三長兩短的時候，（比如說是取法項羽自刎於烏江）誓言與其共存亡？否則，她爲何要選擇在台灣風雲最緊急的民國三十九年元月抵台？顯然是要表明夫妻同生死的態度。

關於這一點，在日後蔣介石逝世不久，宋美齡自己寫的一篇文稿中，可以看出一些蛛絲馬跡，在她的「暢談年來所思所感」一文中，她說：「……在這麼多年來，我與先總統共處的日子裡，幾次聽到他平靜而又堅定地告訴我，他的目的是將自己奉獻給國家和黨。讀到上面的話，我要情不自禁的淚眼模糊了。……」（該文見於民國七十五年十二月十五日，婦聯會出版之「婦聯三十五年」一書。）

民國三十九年到四十年代初期，無疑是台灣局勢最緊張、地位最模糊曖昧的一個階段。宋美齡陪伴蔣介石渡過了最艱困的一段歲月，如果，宋美齡是一個善於臨陣脫逃的人，她大可不必回到台灣來，可是，她仍舊選擇了在那個最艱險的時候，回到丈夫身邊，即使隨時可能以身相殉。從這裡可以看見宋美齡悲壯悽美的一面，所謂患難見眞情，在這個危急存亡之秋，要不是宋美齡的至情至愛，她儘可以繼續隻身在美國避禍，在理論上，宋美齡應該擁有美國公民身份，即使實際上她排拒美國公民資格，她若不是有一份難以割捨的使命感，她何苦在台灣海峽可能隨時爆發大戰、風雨飄搖之際回到台灣？

可是，在宋美齡背後，卻深受當時許多私下流言的困擾，這些流言有的是在她抗戰勝利後、大陸淪陷前，數度赴美時期，便已經甚囂塵上的。

另一些政治觀察家認爲，宋美齡在民國卅七年，奉蔣介石之命，到美國向華府求援失敗之後，宋美齡深感國民政府已經沒有掌握中國政局的希望，所以，她在對她的丈夫蔣介石領導的政府失望之餘，便決心滯留在美國，不打算回中國了，事實上，她留在美國，主要是處理重要事務，並且嚐試遊說美國當局的一切可能。

一位宋美齡的老隨從曾經說：「在西安事變的時候，宋美齡抱著必死的決心，決定到西安一起和蔣介石就難，她那時就沒有帶她一向跟隨的蔡媽，由此可知道，宋美齡當時去美國，連蔡媽都沒帶去，證明宋美齡那時不曾打算長久待在美國。」

據說，當時還有一種未經證實的說法，是宋美齡所以待在美國長達一年有餘，是因爲宋美齡正在美國料理她的私人產業，因爲，宋美齡如果不在此時去把美國她的私人產業，作一個妥善的處理的話，說不定當中華民國政府垮台之後，共產黨一旦接收了大陸的政權，那麼宋美齡名下，在美國的巨額財產，說不定會因爲美國政府畏於中共政權的威嚇壓力，而把這批巨額產業全部拱手給與共產黨。

除了宋美齡去美國處理財產之外，還有孔家最善於理財的「大先生」——孔令侃和宋美齡隨行護駕，因爲早在一九四九年以前，孔令侃就已經是宋美齡的私人總管，除了負責綜理宋美齡的私人重要函電，還負責爲宋美齡管財產。

還有一種說法說後來蔣介石晚年時期，宋美齡爲了對孔令侃一生對她的奉獻，而以爲其在蔣介石面前美言爭取行政院長或者是副總統的職位，作爲回饋孔令侃的爲她終生奉獻精力的方式，可是，蔣介石並不贊同宋美齡提議讓孔令侃走上台灣的政治檯面的意見，而予以斷然的拒絕，宋美齡因而對蔣介石大爲光火，並且一度和蔣介石長期冷戰，拒絕和蔣介石共餐、共同陪伴散步。甚至有一種說法，指她在蔣介石死後，都還以同樣的政治要求，向蔣經國提出類似的條件，要蔣經國就範，結果蔣經國依樣不吃宋美齡這位繼母的這一套，因而導致宋美齡與蔣經國之間，出現相當微妙的裂痕，憤而離開台灣，帶著孔令偉等人，到美國和孔令侃等親人同住。

儘管，當時台灣的局勢並不是很穩，共產黨隨時可能乘勝追擊，打過海峽來「血洗台灣」，但是，畢竟蔣介石是孔宋家族重振昔日富甲一方實力的唯一希望，如果，宋美齡回到蔣介石身邊，在台灣爲蔣介石助陣，會對保衛台灣起相當大的作用。

「不要忘了！宋美齡回到台灣不久，蔣介石就復行視事，重新當上總統，重回權力寶座，宋美齡回來的正是時候。」

易言之，宋美齡是在她即將失去后冠的前夕，離開祖國，而又在她丈夫的「皇位」

穩固之後，回到她的丈夫蔣介石的身旁。

長期以來，很多人是以政治婚姻在看待蔣介石和宋美齡，基於他們倆如此的婚姻關係特性，宋美齡在她往返美國的一去一回中間，更加凸顯了她的性格特色和她對婚姻的詮釋，蔣介石和宋美齡分則二害、合則二利的共生關係展露無遺。

孔宋二個家族的勢力不可能再在台灣殘破的國民黨政權內部起什麼作用，說實在的，孔宋二家包括孔祥熙和宋子文在內的人，都對當台灣的官沒興趣，雖然蔣介石和他的兒子未必會把官再給他們去做。但是，孔宋二家那些對財富還沒有完全死心的人，給宋美齡一個建議，就是回台灣要讓蔣介石賦與妳一定的地位，因爲，蔣介石的兒子蔣經國正受他爸爸的命令，在大力整頓國民黨的黨務，並且藉機整肅異己，如果妳要想鞏固妳的地盤，建立自己的地位，一定要要求丈夫也給妳一個發揮的空間。

蔣經國雖然一股腦在搞他的權力接班，可是，在婦女和兒童方面，他的太太蔣方良不可能搶得什麼據點，畢竟她是一個外國人，蔣介石或是蔣經國都不可能放手給她去做，而且若旦妳到了台灣，蔣介石會抱著感恩的心情，讓妳在婦女兒童方面擁有絕對崇高的地位，到時候，沒有人可以取代妳的婦女領袖地位。

儘管傳言如此，宋美齡自始沒有強烈的政治企圖心。

民國三十九年左右，蔣介石週邊的人，似乎都已經明顯感覺到，他非常急切於對兒子蔣經國的權力轉移，儘管，這個工作早在抗戰前後，已有明顯跡象顯示，蔣介石是在作權力轉移給兒子的工作，他利用各種機會給予蔣經國磨練，並且無所不用其極地給他歷練的機會。

到了台灣之後，這種跡象更是已經擺明在那兒，蔣介石週邊的人明顯感受到，蔣介石企望把部份黨務和情報系統的權力，過渡到蔣經國的手中，而他自己則是除了國家大政之外，能夠繼續掌握軍事大權，畢竟，槍桿子是國民黨重要的統治工具，蔣介石是不會輕易放手的。

黨政軍三大權力全部掌控在蔣介石父子的手上，國民黨政府的政權可說穩如泰山，然而，宋美齡的權力空間在那兒？

無疑，上述各式各樣的流言，多數是欠缺實證的，事實上，宋美齡從民國卅七、八年間，先後在丈夫蔣介石要求之下，二度赴美向美國說明蔣政府的內政態度，並且要求美國給予更多的實質援助，由於國際政治的現實與瞬息萬變，宋美齡一連碰了好幾個軟釘子，這是她協助政府推動對美國外交以來，受到的最嚴重的幾次挫折，她在對美國政府的外交努力上，毫無所獲，她的丈夫蔣介石卻在另一個戰場上，被共產黨打得兵敗如山倒，挫敗感深深刺痛了這一位從未失敗過的第一夫人，這種深入骨髓的挫折感，在她幾次的講演中，可以看出一些軌跡。

夫妻不約而同地在不同的領域中，遭逢空前的挫敗，對長期以來不可一世的蔣介石夫婦來說，這是何其不易調適的殘酷現實！

當然，蔣介石週邊的人都很明白，蔣介石是離不開宋美齡的，在二次大戰的時候，蔣介石靠宋美齡和美國人週旋，如今，國民黨政府退居台灣這個彈丸小島，正如同蔣介石說的，已經「退無死所」了，只有穩住台灣，才能再進而談反攻大陸，因此，國民黨當局對美國的依賴，是與日俱增的，只要國民黨當局還存在，就要仰賴美國在軍事、政治上的支持，而這正是宋美齡可以大大發揮的地方。

趁蔣經國尚未全面接班前，台灣對美國關係的維繫，誠如蔣介石的生命臍帶，只要蔣介石不能擺脫這一生命臍帶，宋美齡在國民黨政府當中，除了因爲是第一夫人的緣故，憑著孔宋家族在當時美國政府中的豐沛人脈，宋美齡勢必仍將扮演如同過去一樣舉足輕重的角色。

第一回　大權旁落一葉知秋

宋美齡可能從來沒有認眞評估過，當她民國卅九年元月，從美國搭機到台灣的那一刻起，她的四週就充滿了各種危機。一把野火正在她的身邊延燒，但是，也許這正是她幸運的地方，這把野火竟從來不曾延及其身，而是把一些被外界目爲「留美派」的軍政首領，燒得片甲不留。

在許多人的心目中，宋美齡是留美派在權力核心的主要代表，留美派大將禍延及身，而且一個接一個遭到蔣經國的整肅，宋美齡的地位日益危急，不論蔣經國的箭頭是不是對準他的繼母，宋美齡難以恢復抗戰以來，那種不可一世的無上榮耀，已是不容置疑的了。

第二回　損兵折將帳下空虛

在吳國楨擔任台灣省主席時，許多人猜測，這一定是宋美齡極力主張的結果，即使，有許多證據顯示，吳國楨當年能夠出任台灣省主席，和那時美國政府的態度，以及主張積極干預台灣的政局，實更有絕對之關係。從美國人的利益出發，找一些有美國出身背景，而且在思想意念上較具「民主素養」的留美人士，到蔣介石的政府裡面，作改革工作，此乃絕對是符合美國利益的。

民國四十一年的復活節，吳國楨夫婦由日月潭下山，一路上陰雨路滑，原來為吳開車的司機卻突然不見了，只有改請一位包姓司機駕駛，並帶著汽車技工一名，加上吳的副官一共五個人同車，本來，吳國楨夫婦為了怕旅途太長，誤了吃飯時間，就帶了一些三明治，供誤餐時食用，沒想到走到台中附近的時候，吳國楨夫人因不耐久餓突然鬧胃痛，臨時決定到一家飯館先去吃晚飯再說。

吃完飯下樓，發現司機和汽車技工在交頭接耳，表情奇特，吳國楨初覺有異，但還不知何故，有人告訴他實情，才知道有人竟然把吳主席座車的前輪螺絲給扭鬆了，難怪剛剛有方向盤抖動的情況，加上原本的司機無故開溜，這明顯是有人要蓄意謀害吳國楨夫婦。

誰有這樣大的膽子，敢謀害堂堂台灣省主席，如果此事確係預謀，此人必然要向天借膽子，才有辦法出此下策，後來，許多人猜測吳案幕後的指使人，就是當時苦心孤詣、積極佈署接班大局、並且和情治單位關係日漸密切的蔣經國。

各種跡象顯示，吳國楨的省主席是幹不下去了，民國四十二年三月，吳國楨向蔣介石請辭，五月廿四日，率同夫人離台赴美定居，當時，陳誠和蔣經國，都到機場送行。

在當時人的眼光中，吳國楨是「垮了」，而隔年的二月，忽然又爆發了所謂的「非法套滙」案，吳國楨硬是被當局抹黑成一個貪官，吳因而和國民黨政府隔海打了一場筆墨官司。

吳國楨案之外，孫立人案是當時另一個受注目的大案。

民國四十四年的六月中旬，國民黨高層的空氣空前緊張，比較敏感的政壇人士發現，軍方高層似乎出現了極不尋常的怪象，因為，曾任國民黨陸軍總司令、當時為總統府參軍長的孫立人，突然在沒有任何預警的情況下，從公開場合中消失了。

台灣當時軍方內部許多人為此議論紛紛了二個多月，還是沒有任何有關孫立人下落的消息，一直到當年的八月，也就是孫立人「失蹤」之後的二個月，美國的大衆傳播媒體，首先透露了孫立人「兵變」事件的消息，可是，因為這則消息是來自外電報導，台灣本地人根本無法得悉這個消息，只是有較多消息管道的高層人士，對此稍稍有了大略上的認識。

由於外國輿論的不斷詢問，蔣介石政府感受到來自國際間的壓力，於是才在八月三日，陸續就孫案發表了一些消息，這時，台灣本地居民才知道，又有一個「匪諜案」發生了，原來，孫立人也是「匪諜」，但是，民衆並不清楚，其實這又是當局蓄意構陷的一個冤案。

究竟孫立人案是怎麼回事呢？當時蔣介石政府的「精心設計」是這樣的：孫立人有一個部下，名叫郭廷亮，大陸時期孫任稅警團長時，郭是中尉排長，那時郭曾「為共匪工作」，「潛伏」到台灣來以後，郭於民國四十三年受中共的任務，利用和孫立人多年的交情，在部隊中連絡了少尉級軍官一百多人，預備在適當時機發動「兵諫」。

當局的調查報告並誣指孫立人，自陸軍總司令調為總統府參軍長時，曾經令陸總部督訓組副組長於新民，要他造冊，把各軍師團單位的聯絡人送給孫立人。調查說，孫立人曾在民國四十三年八月和十月，兩度召見郭廷亮，以了解聯絡進度情況，郭卻利用孫立人對他的信用，打算在民國四十四年五月隨蔣介石前往部隊校閱的時機，造成事變，做出顛覆政府的事情來。

就在這樣莫須有的罪名下，孫立人便一如當年張學良那樣，遭蔣介石當局的軟禁，一直到蔣經國去世之後，孫立人才在半平反的狀態下，回復自由身。

根據當年和日後國內外新聞媒體和評論家的分析，孫立人事件的發生，至少有下列幾種原因：

第一、孫立人和美國方面的過份接近，以及蔣介石的賞識，黃埔系正統出身的軍事將領對他嚴重不滿，亟欲去之而後快。

第二、孫立人極力反對軍中設立政工人員編制，並極力主張「軍隊國家化」，強烈抵制蔣經國把政工組織介入軍隊的計劃，這一點，他和當時美軍顧問團的團長蔡斯的主張一致，導致蔣經國等人對他極爲不滿。

至此，美國在蔣介石政府中，一個原來是政府系統的主力——吳國楨，一個則是軍隊系統的巨頭孫立人，在短短的四年內，全部遭蔣經國幕後主導的情治系統成功地整肅清除。

留美派的健將，一個接一個被當局鏟除，固然並未直接危及宋美齡，但是，這些案子顯示了一個意義是值得注視的，那就是國民黨內部惡鬥的實質，已經把宋美齡要恢復昔日光彩奪目的夢想徹底粉碎，即使宋美齡本人對這一夢想可能也並不熱衷。

一文一武的夫人派大將，就這樣不明不白地被人誣陷後，逐出權力舞台，此外，像財經系統的文官尹仲容（原屬於孔祥熙系統，後來向宋美齡靠攏，對夫人唯命是從）、徐柏園等人，都被蔣經國以各種怪異而陰狠的手法逐出權力核心，其中尤其以徐柏園硬被人莫名其妙地誣栽上所謂青果合作社饋贈金碗案，最受當時一般人的注目。

而所有的夫人派人馬中，最倒楣的一個人就是已故駐美國大使葉公超。

以往外面的說法，都說葉大使是因爲理念和上面的人（當然是指蔣介石）不合，所以黯然下台，可是，根據極爲可靠的消息來源指出，葉公超的下台，根本和當年他的外交理念或是作爲無關，而是和太子系人馬故設陷阱謀害有關，而這個謀害事件，外人乍聽之下，可能根本不能相信，可是，這據信卻是葉公超下台的幕後眞正原因。

據指出，葉公超有一回，和大使館裡的一些部屬聚餐，酒酣耳熱之際，他信口就講了幾句話，其中提到了蔣介石和蔣經國父子，他直接用「老蔣」「小蔣」在背後稱呼，講這話的時候，他是談笑風聲，不當那麼一回事，誰知道言者無意、聽者有心，過了幾天，葉公超就莫名其妙被整下來了，葉大使百思不得其解，據一位參與蔣介石密笏的人士透露，他親眼看過一封用紅色公文夾封存好的文件，上面的署名是一位中華民國駐美國大使館盧姓武官，他在這封致蔣經國的密件中說，葉公超對蔣公和經國先生背後不敬，並且語帶玄機、多所譏諷，恐有貳心，希望上級多多考核葉公超的言行。

蔣經國本來對留美派的人，心存芥蒂，好不容易抓到一個把柄，能放棄此一可以大作文章的機會嗎？立刻把這封告密信，原件送給他老子看，蔣介石一看，乖乖！我平素待你葉公超情義深厚，憑什麼你葉公超竟然對我如此猖狂無禮？

就這麼一封秘密參劾的告狀信，葉公超就如此下台鞠躬了。據說，葉公超當時根本不曉得自己是什麼地方做錯了，他絕對想不到，他不過和當時一般蔣家奴僕同樣，在背後開開老闆的玩笑，一句稀鬆平常的玩笑話，就被誣指爲不忠，從此摘去烏紗帽。

第三回：老美作梗反攻無望

蔣介石到了台灣之後，他明顯地發現自己原先領導的政府，在實質上已經成爲美國人的尾巴，爲了確保美援的源源不絕，蔣介石對美國人的妥協，已經到了相當令人無從想像的地步，白宮的間諜無所不在，美國人的外交壓力如影隨形，共產黨給台灣帶來的是軍事上的草木皆兵，而老美給蔣介石帶來的卻是直接對他政權掌握的威脅，蔣家父子擔心老美的中央情報局隨時有可能以軍事政變，來搞垮他的統治機器，因而，蔣家父子在民國四十年代，與其說是在全力準備反攻大陸，不如說是在和美國人進行一場政權保衛的殊死戰。

所以，蔣介石是拿共產黨那套「既聯合又統一」的方式，在對待老美的，他在軍備後勤上，亟需美國人的大力支持，然而在情報戰略上，卻又是無時無刻不是拿美國人作假想敵。

在這樣充滿了矛盾情結的過程中，蔣介石以他的太太宋美齡作爲拉攏美國人的主力，而在面對美國人的情報滲透過程中，則是以他的兒子蔣經國作爲前敵指揮員。

這便是民國四十年代以至民國七十年止，台灣和美國關係的一個主要矛盾對立面情境。而宋美齡在這樣的一個矛盾對立面中，扮演的當然是一個充滿工具性的角色，此乃是不用多言的。

資深記者張廣基，在他的回憶時透露，民國四十三年的九月三日，中國共產黨開始對國民黨控制的金門島砲擊，六天之後，美國國務卿杜勒斯訪問台北，根據當時的局勢研判，杜勒斯來台灣的目的，就是要和蔣介石談判關於「中美共同防禦條約」的有關事宜，當時，美國的立場非常清楚，便是這項條約有關的「共同防禦」範圍地區，美國人傾向僅限於台灣本島，而不涵蓋鄰近大陸的外島，可是，蔣介石卻希望美國人協助防守的區域，要包括所有當時國民黨部隊駐守的地點。

張廣基在他的回憶中敍述了杜勒斯當時來台會見蔣介石的一幕尷尬情景：「……新聞局將外籍記者分爲兩批，外地來的記者華特斯及賓漢於杜勒斯到達，與先總統會晤於前門處時先行拍照，室內不准拍照，我與王小亭俟杜勒斯離去，先總統送出時再行拍照。後來先總統並未送出，只見杜勒斯由藍欽黍陪同匆匆登車離去，結果我們兩人什麼也沒拍到，只好由新聞局交涉向先拍到的人分攤。事後與侍從人員談起，才知道起先還談得融洽，後來先總統臉色不對了，只見夫人委婉的以上海話解說，最後先總統站起來，也未向杜勒斯打招呼，即轉往室內云云。」（見張廣基著「我們是從砲火中走過來的！」一文，原載於台灣「中央日報」民國七十七年十月十日，第十五版）

早在民國卅九年六月廿七日，美國杜魯門總統就宣佈下令第七艦隊「協防」台灣，在美國方面發表了對華政策白皮書之後，對華政策由已往的積極援助，變爲消極觀望，到了蔣介石退守台灣，作的此項協防台灣聲明，不過亦是一項消極手段，目的一方面在防止共產黨部隊南犯，另方面在制止蔣介石反攻大陸；即使艾森豪繼任美國總統，宣佈將下令第七艦隊不阻止國民黨部隊反攻大陸，可是，第七艦隊仍是台灣海峽的「中流抵柱」，是防止蔣介石軍隊揮兵西向的屏障。

第四回　五大機關婦女領袖

在宋美齡回到台灣，並且由宋美齡向蔣介石提出有關籌設一個婦女團體的想法時，馬上就得到蔣介石的首肯。

於是，「中華婦女反共抗俄聯合會」這個組織，便適時成立了，一些蔣介石的門生故舊、部屬隨從的官太太們，便成立了一支娘子軍，並且圍繞在宋美齡四週。

以中華婦女反共抗俄聯合會爲起始的宋美齡機關，經過多年的發展，和宋美齡關係淵源密切的單位，又增加了三個，諸如「華興育幼院」、「振興復健醫學中心」、和圓山大飯店等，加上原先大陸時期就和宋美齡淵源密切的黃仁霖主導的勵志社，宋美齡在全盛時期，共有五個主要的機關，圍繞在她的四週，衆星拱月的情況下，宋美齡成爲全台灣最有權力的女人。爲了配合蔣介石在台灣初期實施的白色恐怖政策，蔣介石給了宋美齡的這個婦女組織幾個「偉大」的任務，這幾個偉大的任務是蔣介石親自交待的，並且也因而成爲圍繞在宋美齡身邊的那些婦女領袖，唯其馬首是瞻的指導原則。蔣介石的指示是這樣的「第一、希望台灣每一個婦女同胞，無論在家庭、在社會，應勸導她的丈夫，兄弟和子女，堅定反共抗俄的決心，並且要督促他們貢獻一切物質的或精神的力量，來完成我們反共抗俄的使命。第二、我們婦女同胞要時刻警覺，要檢舉匪諜，使他們無從活動，無法藏身。第三、反共抗俄是長期堅苦的戰爭，無論男女老幼，都要節約消費，努力增產，來供應軍事的需要，而婦女同胞是家庭實際的管理者，格外要勤勞節儉，愛惜物力，乃能建立健全的社會風氣。」

試想，如果當時每位台灣都照蔣介石的話去做的話，可能成了身兼情報員、生產操作者、賢妻良母等三重身份的女超人了。總而言之，蔣介石的這套指示，不過是希望把他的反攻大陸政策，從男人的世界貫徹到女人的世界中，結合成一個軍事有機體。

之一　中華婦女反共抗俄聯合會成立經過

中華婦女反共抗俄聯合會（以下簡稱婦聯會）是在民國卅九年的四月十七日正式在台灣成立的一個以宋美齡爲領袖的婦女團體。

因爲，婦聯會成立的主要目的，照蔣介石所屬的官方機構的說法，是爲了配合國民黨政府的反共抗俄政策，所號召成立的一個半官方色彩的婦女團體。

在宋美齡婦聯會成立的同時，蔣經國的青年反共救國團也正在積極醞釀，救國團是太子親自創辦的機構，而婦聯會則是宋美齡一手操盤成立的婦女組織，兩者在早期可以說是相互輝映，在轟轟烈烈的程度上是各有千秋。

婦聯會自始是宋美齡團結婦女的權力機構，在它最早的時期，是在民國卅九年的三月份，由蔣介石一些部屬的老婆們，組成的一個婦女團體，婦聯會最早的核心骨幹包括蔣介石的紅人陳誠的太太陳譚祥女士、省主席吳國楨的太太吳黃卓群、及錢用和、呂曉道、陳紀彝、林慎、鄭玉麗、皮以書等人。

除了上述的核心骨幹以外，包圍在宋美齡四週的國民黨婦女領袖諸如：當時的海軍總司令桂永淸的太太桂何相欽、空軍總司令周至柔的太太周王靑蓮、裝甲兵司令蔣緯國的太太蔣石靜宜、保密局局長毛人鳳的太太毛向新、台灣保安司令彭孟緝的太太彭鄭碧雲、金門防衛司令胡璉的太太胡曾廣瑜、以及蔣經國的俄國太太蔣方良，都是婦聯會各地或是各單位的婦聯會分會的主任委員。

當年的婦聯會做些什麼工作呢？如果照當初宋美齡等人設計的宗旨，婦聯會的主要任務整體說來包括所謂「組訓」、「慰勞」、「文宣」等重點工作。

爲什麼會拿這三件事情作爲婦聯會的主要項目呢，其實這是有客觀背景的，在民國卅九年，國民黨政府剛從大陸撤退來台，蔣介石等人可以說是驚魂甫定，加上美國人對台灣抱持著一種微妙的觀望態度，蔣介石深恐一個不留神共產黨打過海來，豈非死路一條，所以，蔣介石對對岸的共產黨，可以說是保持著高度的警戒狀態，在這樣的客觀背景之下，一切以軍事爲優先，所以，爲了再搞大陸時期那種充份動員民衆的老技倆，婦聯會有它成立的時代必要性，加上，宋美齡那時剛從美國回，蔣介石爲了「獎勵」宋美齡的「共赴國難」，他也希望利用這樣的婦女團體，來滿足宋美齡的領袖慾。況且，宋美齡在主觀上舉凡對婦女活動、兒童福利、孤兒救濟等工作，在早年就表現了強烈的興趣，因而，婦聯會的工作對宋美齡來說，可謂恰如其分。

在蔣介石的充份授權之下，宋美齡在民國卅九年四月十七日，婦聯會成立的當天，當場就給了婦聯會幾個明確的任務指示：

「我們的工作分宣傳、慰勞、組訓三種，……例如淪陷區人民逃出來的報告，共匪的種種虐政，報紙上常有登載，可是，山地和鄉村的婦女和民衆，還沒有能知道，我們看過報紙，剪下來就可作爲宣傳材料。……前線將士冒著生死，忠勇作戰，傷病官兵躺在床上，痛苦呻吟，我們應該隨時隨地去慰勞服務。上次我們在台北曾發動義肢運動，對殘廢的官兵有不少的幫助，此後本會還想發起其他各種勞軍運動，如爲將士新兵做布鞋、襯衣、內褲及捐募藥品等。……講到組訓更是重要，有組織、有訓練的民衆，方能通力合作，例如肅清奸諜，推行國語，訓練急救防空等，都是現在需要的。」

以上，就算是婦聯會的「主任委員」的工作指導原則，在蔣介石作後盾，宋美齡的一聲令下，一些忠於宋美齡的婦女，便展開了她們的活動。

然而，婦聯會的那些工作人員，因爲總算逮到了表現的機會，便利用工作時可以和宋美齡接觸的大好時機，對宋美齡大獻殷勤，藉機大搞個人崇拜。

除此之外，因爲時局動蕩，加上美國援助還沒來到，婦聯會這時和中共方面不約而同地進行了一次類似大躍進的生產競賽，各種令人聞之好笑的事情，可說無日無之，這些形式化的「成績」，平實而言，就是爲了作作樣子、並且在宋美齡面前邀功罷了。

爲了讓宋美齡高興，婦聯會的一些工作幹部，經常在一些內部刊物上，吹捧什麼工作佳績之類的鬼話。但是謊話也有被拆穿的時候，有時不但是被拆穿，更有甚者，許多被強迫出公差的機關工作婦女，因爲既要照顧工作單位本身的公事，還要利用空閒時間，去作婦聯會的義工，自己辛苦，而拿這些成果去向上面邀功的，卻是另外一些官太太，難免讓人難以平衡。

有位某太太，是婦聯會的成員，爲了到婦聯會幫忙「縫製征衣」，不惜把正在哺乳中的小孩子，倒鎖在家裡，然後「跑了很遠的路」來工作，一連幾個鐘頭都不回家。

當時，大家都覺得不可思議，怎麼一個剛剛生下幼兒的母親竟然會作如此離譜的事情，簡直就是已經違反了一切以孩子爲關懷重心的母性，所以，這類的笑話一發佈之後，立刻被很多人偷偷引爲笑談，認爲是人間奇蹟，宋美齡竟然能夠產生如此巨大的魅力，能夠讓一個母親連孩子都可以不顧，一心只想爲國家奉獻、爲婦聯會賣命，這根本有違常情，可是，就有人把這種肉麻當有趣的捏造故事，呈報給宋美齡聽。

這些肉麻兮兮的笑話，還有不少，我們可以擇項摘錄如下，讓大家看看當年某些人說的「故事」。

「有位劉太太，她有九個小孩子，她來會工作的時候，小孩子便由八十四歲的老母照管，有一次一位最小的孩子玩耍不愼跌到泥溝裡去，老太太眼力太差沒有發覺，後來經人發現抱起來，已經變成一個小泥人了，他母親並不為了顧念兒女私情，而忽略了她的工作，下次還是照常的到會努力縫衣，並且說：我存好心，上帝會賜福給我的。」

還有一則故事說：

「吳太太——是一位舊式小脚夫人，她的丈夫是我們部裡掌管軍需的大員，這位常稱讚他有賢妻的丈夫，他的汽車是不願意讓他的太太常常乘坐的，結果這位吳太太每逢工作完畢之後，只好拖著小脚踽踽獨行，要走相距六七里的路回到家裡，因爲她的生活，也是很刻苦的，不願花錢坐車子，據她說：如果出一次車錢，相當於買一天的菜錢，實在是不合算。」

宋美齡自己沒有裹小脚，卻可以感動小脚老太太大老遠地跑到婦聯會去縫征衣，一般人聽了簡直有些像天方夜譚，還有幾個和中共搞運動很像的笑話說：

「有肺病的黃太太、施太太也是按期到會工作，不輕易請假。」

「軍醫署的陳太太，因爲工作過於疲勞，舊病復發，睡在床上已有三個星期了。」

「……張女士，是一位道地的賢妻良母，她每天來會工作的時間，是比別人提昇半小時，回家時把衣服做成的數量，用本子畫成若干小圈，候她丈夫回來時，就數圈子給他看，這位張副總司令，更是深明大義，看見圈子多，就很高興地鼓勵太太，要是圈子比較少，便覺得不愉快的說：『家裡任何事情，那有去替戰友縫製征衣更重要更有意義呢？』

編這則鬼話的人還說什麼：「我想每對夫妻，都能像他們夫婦那樣熱忱愛國，互相鼓勵，那麼國家的復興就指日可期了！」

這種國民黨式的樣板宣傳品，也許讓宋美齡打從心裡透心爽，可是一般人根本看了只覺荒謬絕倫，僅僅把它當作笑話來聽。

爲了向上級交差邀功，婦聯會的人也製造了不少令人看來覺得誇大的統計數字，以掩人耳目，欺騙世人。

例如，有一個報導是這麼寫的：

「有一次，××陪同蔣夫人到一個醫院去慰勞榮軍，有一位榮軍向我們表示，在病中穿著堅硬的木屐實在不便，既然知道大兵他們的苦痛，當協助其解決困難，於是我們發動捐製萬雙拖鞋。」

還有一些專門報導誇大數字的文字，例如，吹噓什麼「趕製五萬五千付軍用綁腿，這件工作我們在廿六天內如數完成」……做了多少的軍衣等等的數字魔術。宋美齡的這些娘子軍個個不忘爲自己適時作吹噓，在婦聯會成立六周年的時候，她們更是大書特書，爲婦聯會表功，她們作的統計數字說：「六年來縫製品計有：短袖襯衣褲一、二七二、〇六四套；長袖襯衣褲一三〇、五〇〇套；綁腿二〇四、五六四對；圍裙白帽各一千件；綿背心一二、〇五〇件；傷患睡衣一六、七〇〇套……由此可見我們服務的對象遍及戰士、三軍兒童，大陳孤兒及傷患。製成品共四百餘萬件。這些就是六年來姐妹們流汗所獲得的成果。」云云。

之二　宋美齡到底有沒有縫製征衣

根據婦聯會自己刊物的說法指出：「民國卅九年四月二十五日，蔣夫人便親自領導姐妹們開始縫製征衣了，募製五十萬套襯衣褲的運動，繼續展開，各方的響應，如火如荼，一批批的材料運進來，一批批的成品運出去。……」

許多當年的老百姓也經常看到宋美齡坐在一台縫衣機前面縫製衣服的照片和報紙報導，到底宋美齡是不是眞的縫製過征衣呢？

根據筆者訪問一位當時曾經跟在宋美齡身邊的隨從，他說：「什麼縫征衣？你們看到的是她在踩縫衣機的照片，可是，照片又不是連續畫面，我跟她那麼久，從來沒有看過她縫過一件完整的衣服，都是要拍照的時候，她們婦聯會的人就說，恭請夫人來拍張照吧，於是，把她請到縫衣機前面，叫她擺個縫衣服的樣子，再按照相機快門，一張夫人縫征衣的偉大照片就這樣完成了，可是，眞正在縫征衣的人，卻是叫苦連天。」當然，許多人則持另一種看法，認爲宋美齡確實縫過征衣。

因爲對婦聯會經常亂抓公差的情事，一些原本就過慣舒服日子的國民黨高官的太太們，難免對此種行徑大爲不滿。人不平則鳴，於是在婦聯會的機關刊物上，就曾經出現過一次「匪諜事件」，說它是匪諜事件，不如說是一些太太們共同的反彈心聲。

在某雜誌的「縫征衣片語」的專欄中，就鬧過這樣一個笑話，那期的雜誌報導說：「在一個天氣晴朗的上午，空軍眷屬某女士，帶著她的三個孩子，眼淚汪汪地跑到征衣縫製場所聲言要找總司令夫人，原來她打聽了那天是空軍分會的值班期，一會兒，該分會主任委員王叔銘夫人尤祥雲女士來了，她嗚咽的說著：『我們夫人虐待我，實在受不了，不能再和他共同生活了，求求總司令夫人，救救我，只要能在空軍宿舍給我一間屋住，便可以替人縫衣服、洗衣服過活了。』王夫人笑說：『你別哭，看在孩子份上，你要忍耐點，我可以替你調解調解，若是離婚的話，你不是空軍眷屬，怎麼可以住在空軍宿舍呢？…」

從上下文來看，可以明顯的看到，「我們夫人虐待我」的這句話，應該是「我的丈夫虐待我」之誤，可是卻被誤植爲「我們夫人」，這樣明顯的錯誤，如果不是國民黨所謂的「匪諜」，在暗中作祟，就是有不滿婦聯會行徑的人，在這段文字中，動了手脚，故意要讓宋美齡出醜。

當時包括報紙在內的國民黨宣傳機器，都口徑一致，說宋美齡領導的縫征衣活動，又如何如何了，實際情況，只有婦聯會的人自己最淸楚，但是，爲了塑造夫人的勤奮形象和帶頭精神，就必須作一些樣板的事情，讓外界信以爲眞，用來所謂「激勵民心士氣」，爲了達成類似像征衣縫製的計劃目標，不得不到處拉公差，來遞補經常逃避縫征衣的人力空缺。

婦聯會爲了拉公差，更是煞費苦心，通常，她們拉公差的主要目標，便是最聽話的學生。某刊物說什麼：「從開辦迄本年三月卅一日，計算自動來會登記服務的共壹萬壹千二百五十二人。這一事實，完完全全證明了自由中國的婦女同胞的高度的愛國熱忱。她們的年齡由九歲的小姑娘至七十三歲的老祖母。其中包括女民意代表、女公務員、女教師、女學生、政府各部門首長夫人、軍公眷屬、女工、商店老闆娘、農人之妻、以至三輪車伕的太太。」

有關單位如此吹噓，然而實際的情況是如何呢？

由於一些官太太根本對縫製征衣，興趣缺缺，爲了完成目標，就只有去拉學生了，這份刊物就曾經自承說：「暑期過去，開學伊始，台北市各校應婦聯會之請，繼續參加該會征衣縫製工作，自十月份起，一女中允於每週六下午，派同學前往該會縫征衣，金甌女校暑期因事未參加該會工作，現允於每週二四六下午，派同學前往縫製，每週除星期五外，婦聯會的征衣縫製場所，每日均有該校同學的蹤影，……」

有的政府單位爲了怕部份員工太太們，對縫征衣心存反彈，並且藉故溜走，所以，索性用點名的方式，看那個太太敢缺席不來。

一則報導說，「省政府分會每週六日去婦聯會縫征衣的，全是鐵路局的女職員及眷屬，由莫局長夫人王德祥女士率領，她們來的早、去得遲，很少誤點，莫夫人做事認眞，博得各方讚許，每次排定三十人，她記在一個小本子上，親自點名入座，好像火車站驗票一樣。」

婦聯會縫征衣活動搞久了，不但一般被拉公差的婦女同胞，對國民黨這一套拉伕的作業方式，私下頗有怨言，可是，那時到處有人被當局以「匪諜」罪名整肅，所以，即使心生不滿，也是敢怒不敢言，可是，別人不能對類似縫征衣的婦聯會活動厭倦，宋美齡卻是隨時可以去美國養病、度假。

例如民國四十一年底，宋美齡便以「養病」爲名，遠走美國，其實，宋美齡根本是假「養病」之名，行度假之實，她在民國四十二年四月十七日，回台灣參加婦聯會的三週年紀念會上演講時說：「我在美國養病八個月，本會的工作比我在國內的時候做得還要好，足見大家的努力和負責，使我覺得非常滿意和快慰，……」

之三　宋美齡環島勞軍

在婦聯會籌組之初，宋美齡親自起帶頭作用，帶了一些親信，就出發到台灣各個重要的國軍駐紮地點，作一連串的勞軍活動，以示自己對勞軍運動的具體行動。類似的勞軍活動，在以後台灣的官場，形成一種獨特的示範作用，官夫人在國民黨政府的特定節日時，就呼朋喚友地到處搞所謂的勞軍活動，其實，這類的勞軍活動講穿了，不但「勞」了一些官太太們，也讓許多原本要被「慰勞」的人，勞累不堪，主要的原因，是因爲這類活動由原先宋美齡領導的眞正的「勞軍」，演變到後來成爲軍隊配合官太太作秀，弄得部隊兵疲馬困，人人暗自叫苦，這樣的勞軍眞是讓軍人勞苦而已。

第一次的勞軍行動，是由宋美齡領隊，她帶了好幾個當時婦聯會初創時的籌備委員，並且在以前勵志社總幹事黃仁霖將軍的陪同下，黃仁霖爲宋美齡帶領的勞軍團，要台灣鐵路局弄了一部鐵道專車，這部鐵道專車載著宋美齡，展開了爲期一個多星期的勞軍活動。

宋美齡等人作的勞軍活動，主要是針對國軍各軍種的因公住院傷患官兵，以及三軍基地的軍人。

宋美齡雖然是去全台灣各地勞軍，但是，因爲她長期以來的生活就是非常愜意的，過慣了平靜舒適的生活，難免對這種出外的生活不能適應。

爲了怕她過不慣外地的生活，黃仁霖眞是有先見之明，他早就在鐵路局爲宋美齡預備的那個專車裡面，安排了一切宋美齡會用得上的任何生活上的必需品。

因此，宋美齡這趟名爲勞軍，可是他和一般人印象中的勞軍似乎略有不同，一般的官員勞軍，很多是和官兵吃在一起，有的甚至住在一起，但是，惟獨宋美齡不但是行在火車上，連帶的吃喝拉撒睡，全部在她的那輛豪華專車上解決。（當然，以現代的標準來看，那種專車根本談不上什麼豪華，可是在那個時期的台灣，那樣的火車專車已經是相當豪奢的享受。）

之四　婦聯會神話

在婦聯會方面，宋美齡基本上是相當主張「分層負責」的，所以，他把一些事務性的事情，都交給婦聯會的總幹事去處理，自己只當一個掛名的主任委員。

最早，宋美齡經常是像旋風式的去婦聯會總會，或是各地分會，作例行的視察，至於縫製征衣的工作，到後來是根本都不去了，因爲，連宋美齡大概也清楚，縫製征衣的工作，對國軍前方的整備，根本不能發揮太大的作用，一位有關人士就說：「即使你把台北長沙街婦聯會總會的大樓二樓整層都改成縫製征衣的地方，把縫衣機放滿了，你也不可能就用這四五十部縫衣機提供全體國軍六十萬大軍所需！」

然而，宋美齡非常清楚，到婦聯會縫製征衣，政治意義大於實質意義，所以，她基本上還是不放棄這種具有十足政治意義的活動，每逢重要慶典前夕，她還是會帶領一些婦聯會的重要幹部，不時到各地婦聯會的分會露露臉、拍拍照。

縱然，宋美齡對婦聯會的征衣活動，並不是持久有興趣，但是，她在一些特定的節日，例如國慶日的十月慶典期間，宋美齡還是固定會到各個定點，去作勞軍訪問，這是她每年都會參加的活動，絕對不會輕言缺席。

然而，只要宋美齡出面參加的活動，總是會有新聞記者隨行，有時還有外國記者一起跟著她參與有關的行程。

由於婦聯會掛的是宋美齡的名字，所以，該會的經費在早年也十分充裕。早期，政府曾經向一般的納稅義務人征收勞軍捐稅，這些錢有一部份就是交由婦聯會去做整體的安排。

例如，婦聯會掌控的軍眷眷舍建造的經費，早年就有一部份是來自婦聯會的補助，另外還有一些是交給各地的軍人之友社去處理。

整體上說來，婦聯會對各個軍種的軍眷舍建造經費，可以說作的還算公正，如果，婦聯會的人心存不正的話，很可能會有一些不可預料的問題產生，可見，在宋美齡的監控下，婦聯會雖說不像救國團那樣有聲有色，可是，至少還沒有太大的流弊發生而且產生了相當的成效。

到了後期，特別是在蔣介石去世後，宋美齡對婦聯會的活動沒有過去積極，所以，有些地方的婦聯會分會，根本就處於半歇業或是全歇業狀態，像位於台北國民黨中央黨部的婦聯會分會，雖然在中央黨部設有婦聯會分會的專用辦公室，可是，分會辦公室，很多時間都是大門深鎖的，根本沒有人上班，該會的業務却能持續在進行。

在蔣介石和蔣經國時代，婦聯會畢竟是宋美齡的重要象徵意義的根據地，所以，婦聯會門口都是由憲兵單位負責警戒工作，後來，大概是怕立法委員攻擊，就把門口的警衛自動改由便衣人員負責，這些便衣人員都是原來蔣介石身邊的侍衛人員，他們有的跟過宋美齡，上面將他們以聘雇的身份，受雇擔任婦聯會的警衛工作，從這裡又可以得到旁證，婦聯會由於蔣介石和蔣經國的去世，而地位角色都有所改變，審時度勢，婦聯會的黃金歲月已經隨著宋美齡時代的結束，而有漸漸消褪的趨勢，在蔣介石統治的歷史軌跡上，留下不可磨滅的紀錄。

第二章　橋牌集資中華振興

大凡上了一些年紀的朋友，一定看過不少關於宋美齡在大陸時期，或者到台灣初期的一些宣傳照片，照片的情境不外是這位第一夫人在爲踩縫衣機縫製征衣或是視察孤兒院的畫面，國人經常爲這一幕情景所感動，當然，也有許多朋友認爲，這完全是宋美齡身邊一些喜歡拍馬屁的部屬，設計的一整套文宣品，完全是在作樣子、演戲。

縱然，這兩種說法大概都各有所本，各有不同的依據，此處我們暫且不去就這個議題，作任何的爭論，我們不妨話說從頭，來看看台灣時期，宋美齡「四機關」之一的華興育幼院和它的附屬機構的情況。

其實，早在大陸時代，宋美齡在她的丈夫蔣介石的支持下，就已經有育幼院的設置。民國十六年，以蔣介石爲首的政府，在南京建都之後，蔣介石就希望籌設一個學校，專門安置在北伐期間，作戰死亡的國民革命軍遺族子弟，可是稍微花一點心思去觀察，就可以發現，宋美齡在早年發起的國軍遺族子弟學校，它難免有當時國民黨的以黨治國的黨化教育色彩。

「民國十七年十月，蔣總司令向中央執行委員會提議設立『遺族學校籌備委員會』，當時就推定委員十一人，國民政府主席譚延闓先生，亦參加在內，他非常熱心，並對我說：『完全請你負責，來籌備本校。』……。」（見黃伯平著之「蔣夫人與中國」，頁六一三）

譚延闓不愧是一個會作官的人，他深深了解，辦這所所謂的「國民革命軍遺族學校」，根本是宋美齡和蔣介石商量之後的事情，是蔣介石夫妻倆共同「獻身革命」的一個具體表徵，這位譚主席對蔣介石這個新起的軍事強人自然言聽計從，不敢違逆的。

翻開宋美齡從美國回中國後的種種作爲，可以知道她投入兒童教育工作，是有軌跡可循的。早在宋美齡從美國學成歸國的民國六年，宋美齡就有機會接觸到當時中國的兒童和青年事務，她開始接觸到兒童工作，是在上海參加的「童工問題委員會」，其次是上海基督教女青年會。

而蔣介石與宋美齡結婚之前，就公開向社會作過這樣的承諾：「中正奔走革命，頻年馳驅牛馬，未遑家室之私，……茲定十二月一日在上海，與宋女士結婚，爰擬撙節婚禮費用，及宴請朋友筵資，發起廢兵院，以完成中正昔日在軍之私願，……。」（見一九二七年十二月一日，大公報，第二版）然而，國民革命軍遺族學校其實就是上述所謂廢兵院的後續耳。

國民革命軍遺族學校的經費來源，是來自當時的隴海鐵路東段的附加稅，後來，宋美齡在台灣辦華興育幼院的時候，也是運用同樣的方式，以搜集足夠的經費。再加上蔣介石是當時不可一視的強人，所以，政府單位對遺族學校的經濟支援可以說是不遺餘力，宋美齡當時就自承：「對於籌款一層，很得到政府和一般同志的贊助，財政部並批准學校經常費每月六千元。二十年二月因學生增加，財政部就將學校經常費增加爲每月一萬二千元。可見他們對於革命先烈子女，都竭力協助，給以相當的教育。」（見黃伯平編著「蔣夫人與中國」，頁六一三，「國民革命軍遺族學校和女校建校的經過」一文）

這所國民革命軍遺族學校的教育，有很濃厚的軍事化色彩，宋美齡談及學生的生活時指出：「我們採取宿舍制，每一宿舍，有二三位訓導員，帶領三四十個學生，同住一室，訓育他們。飯廳上每桌也都有老師指導。指示吃飯的體態，養成兒童良好的習慣。對於學校和個人的整齊也非常注意，每天朝會十五分鐘，指導一切，並檢查各處整潔兩次，這是男女兩校相同的。」

當然，當時的學校有相當程度是很注意軍國民教育的，在那樣的大環境下面，更遑論是這所由蔣介石的妻子宋美齡辦的軍人遺族子弟學校了，更是把這種原本應該灌注在軍人身上的軍事教育法則，毫不保留地加諸於這些髫齡的小孩子身上，希望從小就灌輸給這些幼童黨化思想。

在生活上軍事化管理，在教育上，更是以政治掛帥，宋美齡就曾經對遺族學校的學生說過：「你們不要以爲你們父兄，爲革命犧牲，爲國家盡忠，是政府應該教養你們的；要知道爲革命犧牲、爲國家盡忠的，還有幾千百倍遺族的子女，都沒有機會來進這個學校，你們僅是少數的幸運者，得到政府的優待，你們應該對社會國家，有些貢獻，來報答政府培植的厚意。不要變成只會享受不能服務的寄生蟲，才不辜負受過遺族教育的光榮呢！」

而且，「兩校教育中心，除小學中的低年級注重普通常識外，四五年級以上，都以生產教育爲基礎，我們學校的男生，都要受農業訓練，使學得耕種新法，將來回到田間，可以指導農民，改進農村生活。」

除此之外，宋美齡還爲這間遺族學校設計了一套獨特的自我服務和服務人群的方式，「兩校八歲以下的兒童，由學校替他料理一切生活，凡是八歲以上的，都須自己洗濯衣服、整理宿舍教室，和幫助學校做其他的事務，年長女生，必須負責照顧年幼同學，男生在校，練習司電話、作書記，循序漸進，再受較繁重的工作訓練。中學年長的學生，組織一個「鄉村服務團」，分農村社會服務團，衛生診療所、惠農學校，三種工作。就興趣所近，依他們的志願，分別派定服務工作。農村社會服務組，常到中山陵園附近各村，調查農民生活狀況，他們和農夫接近，交爲朋友，給以優良種子。……」要八歲以上的孩童去洗衣服，這不是法西斯教育是什麼？要中小學生就去鄉村「服務」這不是和國民黨一貫批判的共產黨實施的教育有什麼差別？可見，宋美齡根本就是始作俑者？

宋美齡的領導風格，在這個時期更可以明顯地看出一番梗概，她自己承認：「我對於遺族男女兩校，既然負著責任，總要希望把它們辦成中國的模範學校，無論那種事業，如果不是親自去參加，只把一個計劃交付別人辦理，不去聞問，是不中用的。所以我對於兩校的校務，完全由我負責進行，雖然我不能常在南京，當我離開的時候，曾組織兩校校務討論委員會，隨時討論兩校校務進行事宜，和其他各項問題，並來管理監督……會中議決案和全校校務報告，或請示事項，必須呈請的，乃經秘書審核，再由我來改正或核定施行。」

從這一段話可以看出宋美齡當年強悍任事的作風。

多數國人，恐怕到今天都還不知道，當年國內外知名的華興育幼院、振興復健醫院等宋美齡登高一呼興辦的慈善機構，事實上是當年到官邸擺龍門陣的一些官太太，大家一起玩橋牌把「賭資」拿來籌措這些單位的開辦基金，當時在台北官夫人圈子裡邊，傳爲美談。

最早的時候，蔣介石要宋美齡搞婦聯會的活動以配合他的反共國策，並且隨時作爲「反共復國」的後備軍，所以，剛開始的時候，可以說弄得有聲有色，可是，中國人多半改不了五分鐘熱度的習慣，婦聯會到各處勞軍、演講、縫征衣等活動已經作久了，宋美齡難免覺得這些工作實在太無趣了，試想，台灣也就這麼一點大，可以玩的地方實在有限得很。

宋美齡都覺得無趣，其他的人大概也不見得會持久，所以，婦聯會的活動大概最早的二三年，因爲反攻大陸的口號叫得震天架響，大家還對類似的活動，不敢放鬆，一旦夫人都不想做了，大家更是有理由改變玩的花樣。

民國四十幾年的台北，還不時興什麼夜生活，根本不能和上海相比，所以，包括宋美齡以下的官太太們，只好找出一種最簡便的娛樂方式，來自娛娛人。

後來，也不知是誰關玩笑說何不大家一起來玩橋牌，玩牌一定有輸贏，凡是有人輸錢的，就把這些錢拿來作爲日後興建若干慈善機構的經費。據說，日後華興和振興的開辦基金中，就有少部份是來自當初官夫人玩橋牌捐的錢，而大部份是慈善捐獻來的。

以華興來說，它基本上是延續了宋美齡在大陸時期，辦的一所名爲「國軍遺族學校」的陣亡國軍官兵的子弟學校，而華興育幼院，當初的創立宗旨，就有承續大陸該所學校香火的意味。

提起華興的沿革，其實和當年國民黨當局的政治局勢有著密切的關係。

民國四十四年一月一日，中共部隊大舉進攻國民黨當時在浙江沿海最後的一個據點——一江山，這個孤島的國民黨守軍部隊全體陣亡，繼而大陳島的軍民奉命撤退來台，那時，有不少陣亡的國民黨官兵的遺孤，處於孤苦無依的狀態，遺孤和難童有幾百人，接運來台之後，根本沒有人照顧。

在這樣的情況下，宋美齡出面解決這個問題，那時，婦聯會多的是人力，就命令婦聯會設法籌辦一個類似早年國軍遺族學校的單位，負責這些難童的就學和收養。

婦聯會最早是在台北市的幸安、龍山二所國校，及台糖幼稚園等處，作爲華興育幼院的的臨時院址。

後來又在民國四十四年的七月，在陽明山山腰的位置，爲華興找到新的院址，於是，華興育幼院才有屬於自己的學校場地，而華興育幼院也在陽明山紮根，一直發展到今天的規模。

據說，那時，宋美齡對華興學生的生活和日常教育，都相當重視，她當時對華興學童的關懷程度，包括了對學童的伙食，例如，她特地親自規定，華興育幼院院童每週的伙食狀況是：每星期一要讓孩子們吃麵食，每星期二、五要讓孩子們吃些水果，每星期三、六是孩子們的加菜日。

在教育方面，宋美齡最重視的是學生的生活教育，所謂的生活教育，她規定華興的學生，一律自己動手洗衣、洗碗、洗廁所、打掃校園等等，整個華興校區，除了辦公室以外，凡是學生的生活空間，都是學生必須自己動手的地方。

而且，華興學生的所有開銷，都是由學校負責籌措，連學生的一針一線，都是學校提供的。晚近，華興育幼院、華興中學已經規模初具，華興早年只以招收國軍遺族爲主，近年來，一些社會人士的子女，只要符合它的條件，也可以進入該校就讀。

例如，當年台灣風行棒球運動時，因爲有好幾次派遣隊伍出國比賽名列前矛的紀錄，所以，華興也在那個時期招收了若干青少年棒球選手，並且成立了華興棒球隊。

此外，像宋美齡或是孔令偉發覺社會上，若是有無依無靠的兒童或青年，都會下條子要華興設法收容這些可憐的兒童。

因而，華興便從早期軍方人員的子弟學校，搖身變爲台灣社會的社會福利機構。當然，近年來，由於宋美齡避居美國，孔二小姐的主導力量褪去，所以，華興逐漸有式微的趨勢，華興的黃金時代不再，這實際上也象徵著宋美齡時代的結束。

第三章　赴美求援夫妻和戰

蔣介石要不是有宋美齡，經常在幕後維繫和美國之間的關係，恐怕台灣的歷史就要改寫，許多國民黨要人都認爲，台灣和美國的外交史，宋美齡絕對有不可磨滅的貢獻，當然，宋美齡可以數度爲台灣蔣介石政府的安危，頻頻往返太平洋兩岸，有相當一部份原因，還是爲了鞏固她的丈夫辛苦建立起來的政權。

民國四十七年，是台灣海峽風雲歷來最緊急的一年，這一年，發生了震動太平洋的金門八二三砲戰，蔣介石似乎早就知道這場戰爭的不可避免，早在當年的春天，就要宋美齡赴美國，向美國求援。

民國四十七年七月，宋美齡先後接受了美國參衆兩院外交委員會的邀請，到該兩會各作了一次講演，在參院，宋美齡以「美國行動的重要性」爲題，發表演講，她說：「自一九四六年以來，除去兩三個例外行動之外，自由世界不幸始終處於守勢地位，歷史顯示出那些受到鯨吞蠶食而仍然保持被動和怯懦的人總是要失敗屈服的。」見宋美齡著之「蔣夫人言論集」下冊，「美國行動的重要」一文）

在金門發生砲戰之後，也就是該年的九月三日，宋美齡在紐約美國退伍軍人協會婦女分會年會的講演中說：「現代邪惡形式希匹亞斯暴政，目前正包圍著我們。其焦點則落在台灣海峽上。共匪藉蘇俄的支持，正進一步企圖侵犯金門馬祖各島。它並不斷發砲射擊，謀威脅我們的同志，蹂躪自由世界的屏障。如果這種情形任其繼續，尤其是美國的外交政策聲明，在世界的心目中顯得可笑的話，共產暴政不僅將征服亞洲的非共產地區，而且西半球亦將難免；……」

宋美齡負有遊說美國的任務，這是相當明顯的，但是，她的目標絕對不僅僅只是要求美國協助台灣保衛金門馬祖，而是要求美國當局，協助她的丈夫，支持蔣介石反攻大陸的計劃，宋美齡肩負的責任，是試探美國對此一行動支持的程度。

當時的美國總統艾森豪，早在民國四十四年，就同意美軍協防金馬外島，這已經是美國對蔣介石友好寬容的最高極限，艾森豪在面對當年日益嚴重的中東複雜局勢，他沒有必要再在西太平洋輕啓戰端，直接對上中共。所以，宋美齡幾次三番，在美國各個場合遊說，並且刺激美國要趕快行動，要立刻對共黨世界還以顏色，可是，這類的刺激顯然效果有限。

試探艾森豪對蔣介石藉著金門砲戰的機會反攻大陸的態度，宋美齡顯然是遇到了阻礙，美國始終沒有和中共爆發正面熱戰的任何意願，畢竟這是和美國在亞太地區的利益相違背的。宋美齡又遭逢和十年前，也就是民國三十七年同樣的命運，她是一個最無法忍受冷淡待遇的名門仕女，爲此，她的心境墜入極度低潮的階段，可是，就在她的心情開始萎頓的同時，一個更壞的消息來了。

讓中華民國氣餒的，是美國於宋美齡尚在美國訪問的民國四十七年九月十五日，開始和中華人民共和國在波蘭首都華沙舉行首度的接觸談判，在兩次的會議中，中共代表要求美國從台灣撤軍，而美國則主張中共應該先停止對大陸沿海國民黨佔領之島嶼的砲擊再說。

蔣介石對此一會談的氣氛是十分敏感的，他爲了先聲奪人，在華沙會談舉行的同一天，宣佈派空軍轟炸大陸沿海城市及重要據點，以示對華沙會談的強烈不滿。

經過一連串的陸海空激戰之後，中共方面向美國傳遞了有意停戰的訊息，美國於是派遣杜勒斯國務卿領導的一個代表團，到台灣和蔣介石進行談判，雙方並且發表了一個聯合公報，在這個聯合公報中，暗示中華民國將放棄以武力反攻大陸的計劃，而改採「三民主義的方式來完成恢復中國自由的目標」，蔣介石的此一讓步，旨在換取美國政府對中國大陸沿海防衛的條件。

就在美國介入，以及中共運用美國畏戰、避戰的心理下，成功地讓蔣介石放棄以武力侵犯大陸，並且正式形諸於文字，蔣介石政府從此再也不喊什麼「一年準備、二年反攻、三年掃蕩、五年成功」的口號，反攻大陸，至少在國際社會上，是不再有人相信它的可行性和具有現實意義，而僅僅只是蔣介石心中可以空想、不敢公然落實的一場白日夢而已。

儘管如此，台灣的中華民國還有一個十分重要的當務之急，就是確保在聯合國的代表權問題，而蔣介石自然把這一使命，交予正在美國訪問的宋美齡親自辦理。

在這個問題上，宋美齡總算是不辱使命，她透過美國國會議員，以及美國朝野人士的關係，加上孔家親戚運用「美國百萬人委員會」的力量，積極在美國紐約運作關於反對中共進入聯合國議案的行動。

就在民國四十八年九月召開的聯合國大會中，支持台灣的聯合國會員國，驚險地否決了印度提出的中華人民共和國入會案，並且在四個月後，在百萬人委員會的會議上，該會重申反對中共入會的一貫堅決立場。

儘管在這次的聯合國「戰爭」中，中華民國算是險勝，可是，這對長期以來始終不順遂的宋美齡的外交活動來講，已經是一個難得的成果。

在民國四十年代末期的這個階段中，蔣介石一個基本策略，是在聯合國的問題上，絕對不予退讓，而美國基於和中共關係的迄未軟化，所以也一貫對台灣的國民黨政府始終抱持支持的立場，反對中共進入聯合國，然而，中共卻視進入聯合國為其最大的且最重要的外交任務，因而，相對於美國，聯合國問題亦成爲美國始終牢握在手、對中共最具優勢的一張王牌。（這張王牌一直到一九七〇年代，才發揮其真正的效能，成為美國打中共牌的契機）

至此，宋美齡在民國四十年代的階段性任務已經完成，但是還有一場硬仗，仍在等宋美齡去打。

民國五十四年八月底，宋美齡又有一次美國的神秘之行。

宋美齡爲什麼會出走？各種說法不一，但不外是說宋美齡去美國治病，和與蔣介石爲了爭取孔家在台灣政治地位憤而去國二種原因。

基本上，宋孔二家要想在台灣佔有一席之地，在蔣經國接班的大情勢下，已屬不可能，但是，畢竟，宋美齡是宋孔二家在台唯一代表人物，基於親情考慮，宋美齡有時在親族的不斷勸說下，難免會受動搖，而向蔣介石爭取家族權利，在和蔣介石立場相互砥觸之下，自然會有動肝火的情況，宋美齡對蔣介石發火，一向是採取一走了之的態度，到台灣來以後，亦復如是。

第四章　外交戰場再領風騷

第一回　涉足外交

早在抗戰時代，宋美齡就相當程度地涉入了中美外交事務，到了台灣以後，國民黨政府對美國的依賴更爲加深，除了政府外交部的行政官僚，宋美齡成爲蔣介石最親密的私人外交事務助理，在這方面，即使是蔣經國也是比不上宋美齡的。

然而，不論外界對宋美齡辦交涉和對美外交的議論如何，她在中美外交關係上所作的貢獻，還是不容抹殺的。

就好像早年，在抗戰末期，宋美齡是國民黨政府的「航空委員會」秘書長，在空軍方面，宋美齡擁有很大的發言權，她經常對外人發言時口口聲聲說「我們的空軍」，可見她和空軍的關係實在菲淺。

那時，美國飛虎航空隊的主要人物美國人陳納德，就是透過宋美齡，和中國方面談妥在中國協助對日作戰的條件，後來，陳納德將軍和國民黨中央社的記者陳香梅結婚，一直到近年，陳香梅還是台灣大陸兩地隨意走動，陳香梅和包括宋美齡在內的國民黨官員密切的關係，是很難用三言兩語講完的。

因而，像陳香梅這樣的黃皮膚美國人，由於和美國高層維持了一定程度的關係，宋美齡自然十分樂意在必要的時候，運用她的人脈網絡。在民國四十年代，從大陸撤退至香港的中國民航的飛機官司，因爲被港府扣留，中華民國方面沒有有利的條件和立場去和港府、中共打官司，最後，迫不得已，蔣介石和宋美齡想出何不請陳納德出面打官司，可以爲國民黨方面爭取更大的權力。

爲要贏得這場官司的勝利，蔣介石和陳納德之間，有若干君子協定，比如在台灣恢復中國航空（CAT），並且爲CAT所屬人員，在台灣蓋房舍搞福利等工作。

除此之外，每次陳納德和陳香梅夫婦來台灣，蔣介石夫婦對他們總是極盡禮遇之能事。後來，陳納德將軍病逝，蔣介石夫婦還爲這個美國人在台北公園，塑造了一尊銅像，對老外，這還是國民黨政府頭一遭如此禮遇，想想，在蔣介石當權的時期，能夠塑造銅像的，除了蔣介石、孫中山等少數政治領袖，任誰也沒有這種本領能要國家爲其塑造銅像，更遑論是外國人了。

在蔣介石晚年，對陳香梅兩岸遊走並且扮演兩岸及大陸和美國訊息傳播者的角色，蔣介石並不以爲然，即使到了蔣經國繼承大統的時代，他對陳香梅這樣的角色也是並不充份認同，當然，以陳香梅這樣的人物，蔣家還是有運用她的地方。

有人曾經認爲，陳香梅和早年蔣介石紅人戴笠領導的軍統，有著若干微妙的關係，何況，她當過國民黨中央社的記者，早年，國民黨的傳播機構工作人員，即使是新聞人員，和情治系統都有很密切的交情。

以這樣的身份背景，陳香梅這樣兩岸來去自如，而且動不動就以二方或是三方的傳話人自居，在堅持「漢賊不兩立」的蔣介石眼中，陳香梅的動作當然是相當敏感的。

儘管這樣，宋美齡和陳香梅之間的關係，卻是絲毫不受影響，每次陳女士到台灣來，宋美齡都會十分熱忱地款待她，就像對待一般的親近晚輩一樣。

第二回　一只神祕的皮箱

對美外交，是蔣介石領導的國民黨政府在台灣時期，最重要的外交課題，因爲，蔣介石對美國的仰賴實在太深了，特別是在早期的軍事、經濟上，可以說樣樣仰賴美國人扶持，仰其鼻息。

每次屆臨美國總統大選的前夕，就是國民黨政府當局和蔣介石夫婦最擔心的一段時間。

爲了維繫和美國的關係，許多國家都會對美國的共和或者民主黨，作若干的「政治投資」，一般來說，這種「政治投資」都是在私底下秘密進行的，爲了維護私密性，通常這類的政治捐獻都是由各國政府政要的親信，親自去處理類似的事務。

當年，台灣和美國政黨之間這類的秘密交易，除了外交首長之外，主要就是由宋美齡和她最親近的孔家成員（據信主要是宋美齡的外甥孔令侃）親自去執行的。

一位蔣介石夫婦的隨從回憶時表示：「有一回，我親眼見到蔣介石的秘書某某，拎著一只硬殼大型旅行皮箱，從官邸正門進來要上樓，就在某秘書要上樓的同時，蔣介石恰巧打鈴要我上樓，在樓梯口碰到某秘書彼此打了個招呼，我見他很吃力的模樣，就好意地向前作勢要幫他一起提，可是，他卻很敏感地退後一步，連聲說：『不用你幫忙，謝謝！我可以，我可以，你別來！』然後兀自吃力地雙手拎著箱子，獨自上樓。

我當時覺得很奇怪，爲什麼他那樣神秘？我只不過是要幫他提一把，沒有別的意思，而且我平時和某秘書是很熟的朋友。

後來，我從別的地方得知，原來那天某秘書來官邸，是提著一箱子美元現鈔，他是要把那筆現金，拿給蔣介石看。

但是，蔣介石要那麼多的美元現金是要幹什麼呢？

我回憶當天的情景，我送某秘書上樓之後，我就退出蔣介石的房間，我的任務是在蔣介石離開房間之後，去房間作整理工作，並且在此之前，留在蔣介石的門口隨時等他召喚。

某秘書大概進去有半個小時左右，然後就一個人空手退出房間，蔣介石的門口除了我之外，還有值班侍衛官坐在門口，如果某秘書拿出那只皮箱的話，一定難逃我們的雙眼，顯然，那只皮箱是從蔣介石書房的另一扇門，由另外的人員取走了，而最可能的藏錢地點，就是宋美齡的房間。

我從宋美齡的親信隨從那兒知道，那筆美金是要送到美國去的，然而，那段時期，台灣雖然慢慢已經脫離美援，經濟上還不算特別好，可是，台灣爲什麼會送錢去美國呢？

那一大箱子錢，如果全是百元大鈔的話，少說也有一百萬元，美元和台幣的比例，在那時還是一比四十的年代，假設有一百萬元，就價值台幣四千萬元。

經過一些官邸的同仁證實，那筆錢應該是國民黨政府在蔣介石的指示下，給美國政黨的總統競選經費。

美國有共和和民主兩黨，傳統上，國民黨方面是支持美國的共和黨的，從二次大戰後，國民黨支持美國共和黨總統候選人杜威，就是一個明顯的例子。一直到台灣時期，蔣介石對美國共和黨還是情有獨鍾。

而我看到某秘書提著一箱子現金的那次，正是美國總統選舉前不久，而那次，共和黨的總統候選人是尼克森。」

第三回　親如子女的尼克森

說到尼克森，可能是蔣介石和宋美齡夫婦心頭的最痛。

蔣介石夫婦對尼克森鍾情，可以從蔣氏夫婦如何接待尼克森看出一番梗概。

根據前述官邸人員的回憶指出：「士林官邸旁邊，有一間招待所，這處招待所的位置就在一處樹林子裡面，旁邊還有武官室、秘書室、醫官宿舍……也就是武官、秘書、醫官等人住的宿舍。可見，最初規劃的時候，並不是把這處官舍，當作是一間豪華的處所來規劃的。

所以，這間招待所的空間，並不是很大，裡面只有一間套房、一間廚房還有個小客廳，空間上比武官和醫官、秘書等人住的地方要稍微大一點。

這間木造房子是中國式的結構，地板是木造的，屋頂是瓦片，內部結構雖不是很豪華，完全是依一般住家式的格局設計的，所以，很得宋美齡的親屬孔令侃、孔令偉的歡心，每次，孔令侃和孔令偉等人來台灣，他們不喜歡住圓山飯店，就在士林官邸的這間小木屋住下，久而久之，大家就把這間房子稱爲官邸招待所。招待所蓋好之後，在裡面住的最久的人，要數孔家兄妹孔令侃、孔令偉等人。

會讓尼克森來台訪問時，住在這間招待所裡邊，一個最大的原因，據宋美齡身邊的隨從說，宋美齡和蔣介石二人，始終把尼克森當作和自己子女一樣看待，可說非常親切。

然而，宋美齡和蔣介石對尼克森既然如此親切，爲何尼克森會拋棄台灣國民黨政府的友情，去敲開中共塵封已久的大門？

那時，士林官邸工作人員一個很荒誕的說法，就是士林官邸那一皮箱子鉅款，並沒有到達尼克森的手上，當時，許多人都懷疑是有中間人把那筆款子私吞了，因爲「違背」了支持尼克森的承諾，所以等尼克森選上美國總統，對台灣方面就開始轉變態度，轉而傾向中共。

當然，有一些國際政治頭腦的人，不一定會相信這個流言，畢竟，尼克森是個擁有遠大國際政治眼光的政治家，他不太可能因爲沒拿到台灣蔣介石政府的政治獻金，就對國民黨當局採取報復手段，何況，和中共關係正常化，這是一九四九年以來，歷任美國總統的一貫政策，這是沒有人可以阻撓的事。

後來有一天，我遇到中央銀行一位經費專員——我的一個朋友時，我和他聊起在士林官邸見到王秘書扛著一只大皮箱，可能是美金現鈔的事情，這位朋友告訴我，蔣介石經常以總統的身份，向中央銀行下條子要支領美元現鈔，『可是，有時候中央銀行沒這麼多的美金現鈔，那怎麼辦呢？怎麼辦！沒辦法也要想出辦法來，我們只有向美金儲量最多的中央信託局借調一些現金了，這是爲總統調頭寸啊！誰敢說一聲不字啊！有時候要的數目太多，連一些老行員都咋舌說，哇！要那麼多！』

我聽了這位朋友的話，才知道那次我在士林官邸見到王秘書拿的那只皮箱，只不過是衆多的提領現金次數中的一次而已。

不管那筆鉅款後來是進了誰的荷包，其實就算進了尼克森的荷包，尼克森要翻臉不認蔣介石的帳，蔣介石還是莫可奈何，畢竟公情和私誼是兩回事，何況，尼克森不可能爲了和蔣介石夫婦的私誼，便不顧整個世界國際政治的大現實環境。

無論如何，我覺得宋美齡對國民黨政府和美國的關係，已經盡了相當大的心力，至於美國會和中華民國政府斷交，我覺得這是一種潮流趨向，是任何人所無法改變的。」

第四回　當蔣介石英文秘書的口試委員

由於宋美齡在蔣介石面前擁有十分重要的建言地位，加上她早年就和美國一些政治人物，建立了很密切的關係，所以，即使在台灣時期，美國昔日友好多半老成凋零，或是從權力舞台上退休，可是，蔣介石還是對宋美齡在外交工作，特別是對美外交工作上，是言聽計從，即便是舉用一些外交人才，宋美齡也是擁有舉足輕重的地位。

早期蔣介石的英文秘書進用方式，和台灣時代，蔣介石身邊的英文秘書，是有著方法上和技巧上的不同處的。

一位宋美齡的隨從人員，曾經親眼見到宋美齡爲蔣介石預備選用的英文秘書作口試的情形，這位隨從回想道：「

早期，蔣介石的英文秘書，像董顯光、葉公超、沈劍虹等人，他們是如何成爲蔣介石的英文秘書，過程都不盡相同，可是，到了台灣之後，幾位比較重要職位的對美外交人才，多是經過宋美齡作最後口試，通過審查之後，才准予進用的。

錢復就是一個最明顯的例子，他是留美的博士，在英文素養上，絕對是上乘之選，可是，因爲蔣介石的英文並不是很好，所以，蔣介石就把挑選英文秘書最後的一道手續——口試，交給宋美齡負責解決。

宋美齡在美國唸過十多年的書，是美國麻省魏斯理大學的畢業生，後來還得過該校頒發的榮譽博士學位，在英文語文上的造詣，是絕對不容置疑的，她對自己的英文也十分自負。

錢復是台灣大學已故校長錢思亮的公子，宋美齡早就得知此人是一位才子，可是，即使是才子，要擔任總統秘書這麼重大的職務，還是要經過一定的考試程序，可見宋美齡和蔣介石的愼重。

那次，就是由蔣介石和宋美齡兩夫婦，直接召見錢復，作最後階段的口試，錢復的優點是穩健持重，反應敏捷，口齒淸晰，英文程度自然更不在話下，口試大概作了將近一個小時，結束之後，蔣介石問宋美齡：「你覺得這個靑年人如何？」宋美齡答得很乾脆：「英文還馬馬虎虎，算是不錯了！」蔣介石知道宋美齡的意思，所謂馬馬虎虎，以宋美齡的標準，便是可以錄用了。

這便是錢復正式進入蔣介石的幕僚群，乃至正式踏上仕途的一個轉捩點，而改變錢復命運的，無疑正是宋美齡的一次口試奠下的基礎。

錢復的確是一位青年才俊，每次國宴或是重要外交場合，如果由他擔任翻譯，他總給人一種有大將之風的感覺，因爲他的中英文根柢不錯，所以，他每次同步翻譯時，很少吃螺絲或是翻譯不清楚的時候。

我們對他的記憶力，更是十分驚異，我們隨從人員有時幾年沒見過他，可是，一旦突然見到錢復竟然能夠立刻叫出我們的名字，實在讓人折服他的記性。

因爲他表現優異，宋美齡因而對錢復更爲欣賞，他今天能夠當上外交部長，絕對不是偶然的。

但是，儘管當上了蔣介石的英文秘書，並不是意味著就此出頭了，事實上，英文秘書也好，總統幕僚也罷，那怕是一個部長，在蔣介石的眼中，也不過是個召之即來，揮之即去的人，並沒有什麼値得好炫耀的事。

像當過外交部長的沈劍虹，到士林官邸見蔣介石或是宋美齡的時候，連走路都是踮著脚尖，小心翼翼、放輕脚步，士林官邸內的服務人員每次見到他的模樣，都覺得很有意思。

沈劍虹所以連走路都如此戒愼恐懼，最主要的原因，是他知道蔣介石怕吵，特別是蔣介石睡午覺的時候，在官邸的地板上走路，更是不敢大聲，連貴爲部長的他，到官邸都是誠惶誠恐，可見，當年蔣介石官邸眞讓人覺得像是古時候的皇宮。

但是，士林官邸的工作人員，對沈先生是十分敬重的，他是一個相當客氣的官員，到官邸見到我們這些隨從人員，總是用上海話喊我們「阿弟」，這是上海話對人敬重的表示。

宋美齡對沈劍虹的英文能力相當推崇，當年，美國總統艾森豪來台灣訪問，蔣介石和艾森豪總統在總統府前廣場，對民衆作演說，那一次，就是由沈劍虹作同步翻譯。

那次的翻譯工作作得很好，沈劍虹很得蔣介石和宋美齡的信任。

當然，像葉公超、沈昌煥他們，宋美齡也是非常信賴的英文幕僚人員，只是他們都是在大陸時代就進用了，並沒有躬逢其盛，讓宋美齡直接口試。」

第五章　八方朝貢金碧輝煌

古代帝王有各方屬國送來的朝貢貢品，蔣介石夫婦雖然退居海島，可是，一些和中華民國友好的國家，還是會在適當的時候，送來稀世珍品，而國內一些向以蔣介石夫婦馬首是瞻的官家人物，更是以送禮爲能事，下面是另一位官邸工作人員的回憶：「

不管宋美齡在大陸時期擁有過什麼樣的財富，以我的觀察，即使是在台灣時期，以第一夫人的身份，由於海內外的衆多友人的私下饋贈，蔣介石和宋美齡夫婦擁有的財富，可說相當可觀。

宋美齡的財富主要來源，除了本身的積攢之外，就是國內外人士的自動贈與。古代進貢給皇帝，主要是選擇重要節慶，或是新春，或是皇帝生辰，而當年國內外人士對蔣介石夫婦的「進貢」基本上也是選擇蔣介石本人生日的時候，作爲取悅他的一個手段。

原則上，只要是蔣介石生日，誕辰前夕照例是由一些部屬或是官太太，爲蔣介石作先期的暖壽。一般，如果官邸有什麼盛大的慶典活動，通常是由宋美齡通知內務科的人員，或是秘書人員，通知相關的官太太，在特定日期來官邸，爲某事慶賀。

宋美齡很重視排場，以蔣介石華誕爲例，他早在生日前好幾個禮拜，就已經通知官邸內部工作人員，安排好多少菜的份量，再安排妥當餐桌的事宜。

客人少的時候用圓桌，人多的時候，就用長條的西餐桌，當然，蔣介石華誕是大事，必須大事邀宴，所以，都是以大型的長條桌爲主。

在菜色方面，慶生的場面，菜色是以中菜西吃爲原則，餐桌的擺置，更是學問大矣，宋美齡照例是要官邸內務科的人，特別是兩個負責開飯的人員，先在慶生餐桌的桌面上，用染上五顏六色的米，在餐桌上排出一些祝壽的字型，然後再開始擺餐具。

爲了讓一些工作進行得比較順利，官邸還將那二位負責開飯的人員，送到相關的單位去受訓，受了訓之後，不管是擺設餐桌，還是設計一些花樣，都可以襯托出一種特殊的喜氣，增添節慶的氣氛。

除了餐桌和吃飯聚會的地方，工作人員還要負責安排壽堂，讓蔣介石家屬可以有拜壽的地方，而在官邸大門外側，也要設一個壽堂，供外界來賓，比如說是各級政府官員來拜壽。

以現在的眼光看來，這樣的作法實在有點封建，可是，那時大家卻都習以爲常，當時那樣的環境，只要想在官場上生存的人，誰敢不去奉承？所以，只要是遇到蔣介石華誕或是夫人生日，大家都惟恐自己落在人家的後面，有失顏面，對蔣介石夫婦的禮數，更是不可免。那時，當台灣省主席的人，大概是最好「表現」的一個官員，理由無他，就是因爲台灣省有一個台灣獨一無二的菸酒公賣局。

那時，台灣省菸酒公賣局也負有一個任務，便是每逢每年的十月卅一日，也就是蔣介石的生日那天，前夕就有裝運壽菸壽酒的卡車一車一車地載到士林官邸來，這些都是當時上好的菸酒製品，當省主席的人當然希望利用這種機會，大大表現一番。

蔣介石向來不菸不酒，這些菸酒基本上都是作爲官邸平日招待外賓來客用的，因爲，每年蔣介石華誕前夕，菸酒公賣局都會把工廠最上等的菸酒產品，送好幾車到官邸敬奉蔣介石，然而，官邸日常消耗的菸酒還是相當有限，所以，到了最後，我印象中，宋美齡要到美國去，還差人把一些當年蔣介石在世時候，留下來沒用完的壽菸壽酒，全部裝箱送到美國住處。

菸酒產品基本上，在整個蔣介石華誕的貢品當中，只能算是極少數的一部份，而且在價值上來比較，還是比較低級的東西。

眞正給蔣介石夫婦的貢品，比較高貴的還是海外華僑，和外國元首送來的一些名貴禮品爲主。

當年，國際間還沒有什麼生物保育的觀念，反正一些野生動物仍然多的是，部份從東南亞回國的一些華僑，只要一回國，爲討好蔣介石，經常帶回來類似象牙、和名貴雕刻品、裝飾品的禮物，向蔣介石祝壽。

甚至還有些地區的代表團成員，送的是當地出產的熊掌、和各式骨董珍玩，令人瞠目結舌。這些「愛國華僑」，只要回國爲蔣介石祝壽，必然是以某某祝壽團或是某某致敬團的名義，組團回台灣，向蔣介石拜壽，當然，人愈多，禮品也就愈豐富。

有一回，阿拉伯國王費瑟來中華民國訪問，那次當然不是蔣介石華誕前夕，可是，費瑟帶來的禮物，眞是令我們這些老官邸都嘆爲觀止。

費瑟到底帶來那些寶貝呢？全部的清單我當然不清楚，但是，送到官邸來的東西，我卻是瞭如指掌。

費瑟國王送來的禮品，據事後我的了解，費瑟送給了宋美齡一條相當貴重的鑽石項鍊，那不是一般我們常常聽說的鑽石戒指，而是鑽石項鍊，用一粒粒鑽石鑲成的項鍊。

以宋美齡的個性和喜好，她並不是那麼看重那條鑽石項鍊，因爲，以她的身份，和出身背景，什麼樣的珍寶沒看過？不必爲了這樣一件禮物大驚小怪，但是，這已經足以讓一個局外人大爲吃驚。

費瑟送給蔣介石的，是一把鑲著鑽石的寶劍，那把寶劍憑良心說，也是一件稀世珍品，但是，阿拉伯國王根本不把這些寶物放在眼裡，因爲，當年以他們的石油產量，這些寶貝根本只是九牛一毛，不足掛齒。

蔣介石夫婦受了重禮，連跟在費瑟國王身邊的一些我們的高級工作人員，阿拉伯方面也是這廂有禮。

據我的同事後來告訴我，那次阿拉伯國王來訪，像外交部的高級接待人員，例如隨從武官、隨從的事務人員、榮譽侍衛長等人，阿拉伯國王王室的人都送每人一塊錶，這錶不是一般的便宜貨，而是阿拉伯王室向瑞士原廠訂做的金錶，價值不菲。

各界送給蔣介石夫婦的禮物，實在多得不勝枚舉，總統府第三局還有專人負責清點禮品，並且將其彙編造冊，在最短的時間內，呈給蔣介石看。

以蔣介石的華誕爲例，蔣介石每逢他的華誕前後，照例一定會到總統府陳列各界禮品的大禮堂，親自「點收」這些數額龐大的禮物，當然，總統府每逢蔣介石華誕的前夕，都會把禮品整整齊齊擺放在大禮堂。

蔣介石每次來的時候，看著這些禮物，滿臉笑容，照慣例，蔣介石會在衆多的禮品中，指定要那些東西，大部份時間是蔣介石一個人去選禮物，偶爾會帶著宋美齡一起到總統府挑選禮物。

凡是蔣介石或是宋美齡滿意的東西，就會告訴我們總統府的同仁：「你們把這件東西送到官邸來。」

畢竟蔣介石看這種大場面看多了，根本不會把任何貴重禮物放在眼裡，然而在那個時代，別人送給總統的東西，實際上就等於送給蔣介石本人，所以，這些禮品直接拿到士林官邸是那時很正常的作法。

可是，當年全國每逢十月卅一日，都要擴大慶祝蔣介石華誕，國內外送來的東西不計其數，實在連倉庫都放不下，後來有些東西，乾脆就放在蔣經國住的七海官邸，特別是一些像是紀念品、壽菸、壽酒之類的東西，所以，二位蔣先生的家裡，一度到處都有這些外界的「貢品」。

有一回，我在蔣介石身後做事，突然蔣孝文來了，蔣介石就把蔣孝文叫到身旁，和他講了幾句話，然後從懷裡掏出一只亮晶晶的金錶，然後說：「艾倫，這只勞力士送給你了。」我相信，以他儉樸的個性，他是不可能去花錢買這種名貴金錶，也許，這正是友人饋贈的禮物，在民國四五十年代，勞力士絕對不是一般中等收入階級所買得起的，但是，蔣家卻把這樣名貴的物品，作爲贈予兒孫輩的禮物。

由於，官邸堆積的禮物實在太多了，東西一多就不會去珍惜，這是人情之常，我記得，有一位從日本來的親華人士，在一年蔣介石華誕的前夕，送了一盆非常名貴的盆栽到台北，給蔣介石祝壽，那只盆景據說價值數百萬元台幣，可是，蔣介石在他華誕前後，不過看了那盆盆栽幾眼，就差人把那盆盆栽移走，後來，官邸工作人員覺得這盆景很好看，就把他放在另外的地方，培養一陣子，隔年再拿出來擺設。

在蔣介石在世的時代，各界並不是把宋美齡的生日當作很隆重的事情來辦，畢竟，那時還是以蔣介石爲主，但是，宋美齡也不以爲忤，畢竟，蔣介石的壽辰就等於是宋美齡的喜事。

某一年，爲了慶祝宋美齡的生日，蔣介石特地爲士林園藝試驗所所培養出來的一種新品種蘭花，命名爲「美齡蘭」，因爲宋美齡非常喜愛蘭花，因而，她對於美齡蘭的命名感到十分高興。

蔣介石晚年，每年只要是宋美齡的生日，就會要園藝試驗所邀集各地的蘭花業者，來試驗所開一個蘭花展覽，算是慶祝宋美齡壽誕的活動。

每年送到蔣介石官邸的祝壽禮品，實在可說是堆積如山，爲了儲存這些物品，官邸內務科的人可眞是煞費苦心。

還好，官邸地方大，內務科爲了存放這些祝壽禮品，特地找了一間倉庫，專門存放禮品。

專門看守這座倉庫的工作人員是位台灣人，我和他也還熟，有天，他和我閒聊的時候，提起倉庫裡面的這些祝壽禮物，他說：「倉庫裡面堆得滿滿的，有的東西都已經發霉了，可是，沒人敢作主把裡面壞掉的東西丟棄，只有任其繼續腐爛了。」

有一次，他趁他空閒的時候，帶我走進倉庫瞧了幾眼，我進去之後，眞正是嘆爲觀止，一整個倉庫，居然堆滿了禮物，我看到一大箱一大箱的吉林蔘，都已經開始發霉了，可是還是放在地上，沒有任何的防霉處置措施。

「當然，這裡面不完全是蔣家的東西，有些是宋美齡親戚的。」這位工作人員說。在當時，官邸的倉庫有時是放了宋美齡娘家孔家寄放的東西。

據說，後來宋美齡去了美國，宋美齡特地交待孔令偉專門負責處理士林官邸宋美齡留下來的一些舊東西，像是那些發霉的大箱吉林蔘，再也不曾看見，還有倉庫裡堆放的蔣家私人的骨董和老傢俱，大概都在孔令偉的處理下，悉數運到美國宋美齡定居的所在，讓她在晚年享用了。」

第六章　官邸臉譜大內乾坤

第一回　官邸內務人員篇

蔣介石是一個國事和家事分得很清楚的一個人，他對官邸的內務很少過問，幾乎全部放給宋美齡去處理掌控，所以，官邸內部的事務，便成爲宋美齡一人獨大的局面，因而，官邸內部的主要工作人員，也就成了宋美齡管轄的對象，這些工作人員成爲官邸運作的靈魂，更是宋美齡得以操控大內乾坤的關鍵。

早期，士林官邸工作上的總管是蔡媽，她對宋美齡有很深遠的影響，而說起這位蔡媽，又有許多故事可以講。

蔡媽的本名叫蔡祺貞，江蘇人，她早在宋美齡嫁給蔣介石的時候，就隨著宋美齡從娘家伴嫁到蔣家，傳說中，蔡媽對宋美齡有過救命之恩，所以，宋對她信賴有加，大家對這位官邸的長輩都很尊敬，一般官邸的服務人員，都用上海話稱呼她「阿姐」，蔡媽一生未婚，等於是把她的一生奉獻給了宋美齡和蔣介石一家。

早年，只要宋美齡到那裡，蔡媽原則上也就跟到那裡。但是，民國卅七年，宋美齡奉蔣介石之命，到美國去向老美求援，要求撥更多的美援的任務，那時，宋美齡並沒有帶蔡媽一起去美國。

後來，大陸的局勢逆轉，共產黨很快取得了大陸的政權，蔣介石也在匆忙中撤退來台，蔡媽是跟隨蔣介石的隨行人員，從上海直接撤退到台灣的，剛到台灣時，蔡媽和蔣介石等人曾經一起待過高雄壽山，來到台北後不久，宋美齡也從美國回到台灣，她才又回到主人身邊。從此時一直到民國五十年代中，士林官邸內務方面，都是蔡媽在作實際的掌控工作，而早期關於士林官邸的一些事務性的事情，便全是蔡媽一個人在宋美齡耳根旁獻策。

有人因而開玩笑地說，士林官邸名義上雖是宋美齡當家作主，可是，實際拿主意的人卻是一個從小姐時代就跟在宋美齡身邊的蔡媽，這種說法外人可能覺得有些誇大，但，只要對士林官邸的生態環境略有所知的人，便知曉，宋美齡是一個耳根子很軟的人，凡事只要是第一個跟她講的人，她就相信那個人的說法，其他的人再跟她講同樣的事情，如果說法不同，她就認爲不是眞言。

基於自己在宋美齡身邊工作，蔡媽取得地利之便，只要有關官邸內務有關的事情，宋美齡幾乎一切都相信蔡媽講的，別人根本插不進話。日久之後，大家自然而然會把蔡媽看作是有宋美齡當靠山的人，任誰也不敢惹她，對她更是承旨辦事，不敢稍有逾越。

宋美齡和蔣介石爲了肯定蔡媽爲蔣家作出的貢獻，特意在民國四十年代，就爲蔡媽「升官」，把她提拔爲總統府第三局內務科的科員，名爲科員，實際上她的權力比士林官邸的內務科科長還要大，位階還要高。因爲，她的地位崇高，背後又有宋美齡爲她撐腰，所以官邸內外，誰敢不買她的帳。

據說，在大陸時期她和一位官邸人員之間感情不錯，兩人經常在一起眉來眼去的，後來來台灣，這位仁兄就是在她的極力提拔下，在官邸升官，但是，人前人後，這位仁兄對蔡媽可是必恭必敬，唯命是從。

舉一個讓人意外的事例，就可以知道蔡媽不是浪得虛名。

在蔣介石在世的時期，因爲蔣介石是一個習慣早睡早起的人，通常在蔣清晨起床以後，官邸廚房早已爲他備好早點，放在那兒等蔣介石的副官去端上來給他吃。而官邸廚房爲了對蔡媽示好，除了爲蔣介石準備一份早點之外，還給蔡媽也準備一份和蔣介石吃的完全一樣的早點，蔣介石吃的有一份木瓜，她的早點也有木瓜，蔣介石吃的精緻點心，她的餐盤裡也絕對有同樣的點心。而且更妙的，蔣介石早上通常只吃半片木瓜，另外的半片木瓜，就是給蔡媽吃，和蔣介石吃同樣一個木瓜，這也可以想見蔡媽眞是集榮寵於一身。

蔡媽平生最喜歡的就是打牌，無奈，在官邸裡面勤務大家都很緊張，有閒的人又未必會打牌，她就有辦法在官邸裡頭吆喝找賭角和她一塊打牌，特別是一些當班的內務科人員，如果你陪她打一次牌的話，她就對此人格外親切，可是，要是有事惹火了她的話，她的脾氣可不是三二句話可以打發的人，不管是什麼交情或是否爲大庭廣衆，一定會被她罵得渾身一無是處。

只要人挨了她罵，從來也沒有人敢頂嘴的，因爲，大家都想繼續混口飯吃，有誰會去得罪一個天天早上幫宋美齡梳頭的人呢？否則一個不留神，她只要一句話，講到宋美齡耳朵裡，此人日子必然不好過，大家都曉得蔡媽講話舉足輕重，宋美齡對其是言聽計從。

蔡媽經常掛在嘴邊的一句話是：「我只聽老夫人的，別人說什麼都不干我的事。」

這句話固然有她對宋美齡忠心的意味在裡面，一般官邸工作人員聽到類似的話，誰不對她敬畏三分呢？

她有時候對總統府三局和侍衛長很不買帳，曾經對人說：「三局局長怎麼樣？侍衛長算什麼？我是只聽老夫人的命令辦事的。」讓人聞言側目不已。

蔡媽因爲是陪嫁丫頭的關係，所以終生未嫁，她原本曾經領養過一個男孩，宋美齡知道這個事情後，還特地交待華興育幼院，收容蔡媽這個男孩，以便讓她專心工作，男孩在華興的一切開銷全免。

後來，這個男孩一天比一天長大，可是傷腦筋的是，這個小孩不是很喜歡唸書，經常弄得蔡媽爲此生氣不已，後來，蔡媽退休了，準備專心教育這個孩子，可是，大概這位男孩的脾氣比較孤僻，和蔡媽之間偶爾難免會有一些磨擦發生，幾次下來，蔡媽難免因爲恨鐵不成鋼，罵得很兇，後來男孩不知從那兒知道蔡媽並不是他的親生母親，二人就脫離了母子關係，這件事，給蔡媽很大的心理打擊，爲她的晚年生活蒙上一層陰影。

眞所謂強中自有強中手，民國五十七八年前後，孔令偉——也就是官邸人稱「總經理」的孔二小姐，因爲宋美齡對她的信任，逐漸超過蔡媽在宋美齡心目中的地位，加上，蔡媽大概平日得罪過一些官邸上下的工作人員，有人去向孔令偉耳朵邊講蔡媽的小話，孔令偉聽到之後一五一十向宋美齡作了報告，宋美齡聽了之後十分氣憤，便要孔令偉代替她整頓，於是，蔡媽在士林官邸的威風不再，她的地位從此便一落千丈，然而由於孔令偉的新官上任三把火，許多原本假借官邸或是宋美齡名義，在外頭胡作非爲的人，因爲這次孔令偉的雷厲風行，使得歪風頓挫，一些官邸人員以前的一些個風言風語，暫時平靜了一陣子。

不久，蔡媽知道人老了待那兒都惹人嫌，宋美齡也不像過去那樣信任她，待在官邸已經失去意義，便自動請辭，離開了她服務大半輩子的蔣家。

在士林官邸的晚期，蔡媽經常向人表示，她的經濟情況不佳，如何如何之類的話。民國五十七年前後，那時宋美齡的大姐宋靄齡恰巧陪同夫婿孔祥熙在台灣，宋靄聽說蔡媽經濟情況不好，還特意送了她一些美金現金，以示尊重。退休後，蔡媽靠著在士林官邸服務期間積攢的一些錢，在士林官邸旁台電服務處附近，買了一間樓房，一個人就在那兒住了下來。

某日，蔡媽在自己家裡突然昏倒，在她昏倒時沒有人及時發現，當有人去看她時，發現她倒在地上，趕快送到榮民總醫院時，蔡媽已經去世。

蔡媽死後，因爲在官邸還有她放置私人物品的桌子，宋美齡便命人打開看看裡面有沒有遺物，結果官邸人員一打開她的桌子抽屜，卻赫然發現桌子抽屜裡邊居然存放了好多錢，這些錢都是放在薪水袋裡，某位第一個進她的房間搜索遺物的人，聽說便因此發了一筆小財，趁機「借」了一些錢，經過上級的清點，發現這位蔡媽竟然還有好幾年前的薪水，連袋口都還沒拆封呢！蔡媽生前還一度喊窮哩！

最後的清點結果，算算蔡媽一共有遺留積蓄有好幾十萬元新台幣，還有一些零星的美金現鈔，其他的雜亂物品放置得亂七八糟，可見，蔡媽自己大概都不曉得自己有多少錢沒花完。

最後，大概宋美齡對蔡媽的這筆錢也不知如何是好，就把所有的現金，全部作爲華興育幼院的基金，至於她在士林官邸旁買的那幢私人樓房，也將全部產權捐給了華興育幼院。

從蔡媽的事例，可以得到旁證，像蔡媽這樣跟隨了宋美齡一輩子的下人，就是因爲仗恃著有宋美齡在後面撐腰，因而在官邸眞是要風有風，要雨有雨，她是最清楚宋美齡底細的人，但是，就因爲孔令偉的幾句閒話，從此被打入冷宮，永無翻身之日。

官邸人情的冷暖，蔡媽是一個最典型的例子，爲宋美齡賣命一生，到頭來卻落得沒有子女或是老伴依仗，而且葬身異鄉，蔡媽要是地下有知，大概下輩子不會再去爲人作嫁了。

第二回　官邸文臣武將篇

在宋美齡所有的文臣武將中，有不少曾經紅極一時，也有許多是因為紅過頭了，到頭來反而是紅得發紫，紫得發黑，少數人甚至慘到入監坐牢，境遇之不同有時眞是天淵之別；然而，宋美齡畢竟是隨從雲集，我們大概只能約略地舉幾個具有典型特徵的人，在這裡天寶話當年一番了。

早期蔣介石的武官例如像夏公權、戴傑夫、韓大志、孫鑑林、陳桂華、馬安瀾、裴毓芬等人，都是當過蔣介石官邸武官的人，這些人有的後來是位高權重，有的則更是成了皇親國戚。

台灣時期曾擔任武官的人員，從早期士林官邸到蔣介石死後，陸軍武官有高深、海軍方面有許承功，他是副侍衛長兼任武官，此外還有酈堅、邱華谷，空軍方面，則有彭傳樑、宋亨霖、許銘昌、宋弘貴、和林佐時等人。我們這裡就舉幾位比較具有代表性的武官，讓大家來看看士林官邸武官，有什麼樣的事蹟。

之一　汪希苓

一宗轟動全球的江南命案，驚動了全世界的媒體輿論，要不是這個政治命案的爆發，一般國人恐怕還沒有機緣聽見汪希苓的名字。

汪希苓，海軍卅八年班畢業，汪的眞正發跡，應該從王叔銘當參謀總長的時代講起，汪眞正進入權力核心，是在民國四十六、七年，那時，汪在總統府參謀總長辦公室當少校參謀，和他同時的，還有空軍的翁顯樑等人，那時，翁是王叔銘的行政參謀，負責所有公文的呈轉。

在總長辦公室期間，汪希苓閒來無事，就抽空讀英文，進修語文，爲日後出國打下了相當深厚的語文根柢。

因爲在總長辦公室的歷練，後來上面調汪希苓到義大利當副武官，那段時期，汪希苓很希望藉機多進修，所以，等他從義大利回台灣之後，就有意聲請美國參謀大學去作深造，當時美國學校都已經寄發通知給汪，表示他已經可以前往美國註冊，因而，他便開始趕辦手續，打算去美國。

人算不如天算，那知道就在這個時候，最高當局給了汪一道人事命令，要他立刻到士林官邸報到，擔任蔣介石的官邸侍從武官，汪只好放棄原先都已經計劃好的留學目標，匆匆來到士林官邸報到，於是，汪希苓就此和官邸結下不解之緣，可是，也註定了他日後要身陷江南命案的重圍中，深深難以自拔。

汪是一個很懂得人際心理的青年，他到官邸之後，立刻獲得宋美齡的歡心，那時，除了汪希苓以外，還有一個陸軍武官，姓孫，另外一個是空軍武官，姓宋，就是目前還在跟隨宋美齡的宋武官。

這三個人裡邊，汪和孫是浙江人，宋武官是上海人，基本上，對蔣介石夫婦倆的鄉音，聽起來都沒有什麼問題，原本，蔣介石夫婦一向比較喜歡空軍的人，可是，只有汪希苓是例外，倆夫婦對汪可說是備極賞識，等汪從官邸離職之後，特地爲他安排到美國，在我國大使館擔任駐美武官。

上面調汪到美國擔任武官，除了職務上的考量之外，還希望藉著他對官邸人事的熟悉，能夠扮演一個聯絡的角色，汪的個人特質上一個最大的長處，是他對人際關係的建立，實在是有他的一套獨到的方法。

當時正是台灣和美國外交關係最不穩定的時候，爲了拉攏美國的國會議員，政府外交官員可說用盡了腦筋，比如，爲了拉攏若干的國會議員，汪希苓經常請台灣友人，向台北一家著名的上海手工師傅傢俱行，訂購紅木傢俱，然後再請外交部想辦法把整套的紅木傢俱，空運美國，送到國會議員的家裡，爲其裝點客廳門面，因爲紅木傢俱頗富中國藝術特色，美觀實用，所以很得美國議員的歡心。

加上汪希苓交朋友一向以誠相待，所以，很得美國國會議員的歡心，汪希苓在做公關的本事上，確實頗讓中共傷腦筋，因而頻頻向美國當局施加壓力，強迫美國方面要逼台灣把汪武官調回，以免讓中共吃不消。

在外交圈子裡，世界各國都有一個慣例，就是敵對方面或是敵對國家，對於對方國家派出在同一國家的外交人員，如果因爲他活動力太強，導致己方人員無力招架時，就可以請求駐在國以此人「從事與其本身職務不符工作」爲由，請求將其調回本國，至於汪是否是被中共以該理由，請求美方照會我方將之調回國內，則尚待查證，總之，汪希苓的能力超強，讓中共有芒刺在背之感，急於設法把他趕回台灣，則是一個最主要的原因。

汪希苓作風強悍、能力超強，可以從一個例子看出，最早中華民國向美國購買的二艘傳統動力的潛艇「海豹」、「海獅」，就是透過他全力斡旋，才向美國爭取買到這二艘訓練用潛艇的。

第一次回到台灣後，汪希苓被有關方面調任爲海軍少將戰隊長，在這個職務上不過幹了二三個月，汪希苓就又被上面調任爲國安局副局長，可見，他當年在美國所以被老共視爲眼中之釘，最重要的原因就是在美國他實在太兇悍了，讓中共的情報單位根本抬不起頭來，而所謂太兇悍，無非不是和情報工作有關，而情報的重點對手，顯然就是中共。

依照慣例，派駐國外的軍方人員，是不得晉升將軍的，而汪卻打破了這個慣例，在美國晉升爲少將，可見汪氏工作上受到肯定的程度。

就在汪希苓擔任國安局副局長不久，震驚國內外的作家江南命案爆發了，汪希苓居然名列涉嫌人之一，更是讓識者與不識者吃驚意外。

之二　宋亨霖

在宋美齡身邊，除了早期的汪希苓之外，還有一位武官，就是精明幹練的宋亨霖。宋亨霖，是早年官邸的空軍武官，上海人，身材矮小粗壯，精力旺盛過於常人，加上他對蔣介石夫婦交辦的任何事情，都能處理得條理分明，因而甚得蔣介石夫婦歡心。

蔣介石去世後，宋美齡往還於台灣美國之間，官邸方面的人員也絡繹於途，官邸方面不放心別人，對宋亨霖特別倚重，在他上校官銜退休後，還把他調到中華航空公司，擔任總公司的副處長，後來直接派他常駐美國紐約，除了華航本身的業務之外，還肩負專門處理宋美齡交辦的工作，也算是宋美齡在美國的「總管」，不但要辦理宋美齡的各種事情，還要負責迓往迎來，負責和台灣聯繫。

孔令偉對宋亨霖也是十分信任，經常把一些重要的工作交給他，有時，孔令偉叫他到招待所談公事，一談就是到夜裡一點鐘，還要忙些別的事情，弄完總是深夜二三點了，可是第二天他還是一樣精神飽滿地起早辦事，一點都不躭誤工作，咸認是非常稱職的公關人才。

之三　許銘昌

談起這位任職空軍副總司令的台灣籍將領，在蔣介石在世的時代，曾經一度是蔣介石最喜歡的軍事將領之一。

許銘昌，台灣台南人，曾經擔任過空軍台東聯隊聯隊長、作戰司令部司令、早年曾經是名聞中外的空軍雷虎小組的組員。

許銘昌這個人，可以說很得蔣介石的人緣，因爲他的關係，蔣介石曾經鬧過一個「笑話」。

據說，那是在許銘昌從士林官邸武官下來的前夕，有天，蔣介石和蔣經國正在聊天，忽然蔣介石想到許銘昌要離職回空軍去了，他就隨口向一旁的蔣經國說：「許武官這個青年很好，你要多提拔他，這樣好了，你給他安排一個大隊長幹幹吧！」

蔣介石交待下來的事情，蔣經國也聽見了，當然不能不辦，可是，空軍方面就在傷腦筋了，因為許銘昌當時的階級是中校，如果要當大隊長的話，要上校階級才有資格，而且軍方還有一些關於軍校期別的規矩，如果不按體制來，下面的問題會一籮筐，可是蔣介石是三軍統帥，他都說可以升他的官，有誰敢去向他說個不字，有關方面只好硬著頭皮硬幹了。

可是，大家都沒想到許銘昌是個很有原則的人，他知道這個事情非同小可，而且他本來就秉性謙虛，不願去就任大隊長的職務，因為他的堅持，後來他還是很本份地去擔任原來指派的隊長一職。

後來，許銘昌由於自己的努力，加上他出身官邸的背景以及大家都知道他是蔣介石欣賞的人，在空軍眞是扶搖直上，一路往上升官，在空軍官校同期裡面，他的官運可以說是最好的一個。

說許銘昌是蔣介石的愛將，這一點大概不是平空得來，在許銘昌離開士林官邸，回復空軍本職時，每逢年節或是蔣介石等人的生日，許銘昌總是不忘來士林官邸探望一下蔣介石和宋美齡，有時還會去七海官邸探望蔣經國。

在士林官邸，如果你的人緣不好，任何來頭大的人，武官方面不給你安排見蔣介石的面，送的禮不跟蔣介石轉達，即使你再怎麼優秀有辦法，也是枉然，畢竟許銘昌平日爲人就很好，大家也都很幫忙，只要他來過士林，通常武官或是副官一定會爲他呈報蔣介石，說適才某某人來過，還送了什麼什麼東西。

許銘昌每次來士林官邸，很少是空著手來的，可是，他這個人成功的地方就是在於他送的禮向來不是很貴重的，通常送的是他家鄉台南出產的水果之類的土產，而這正符合了蔣介石和蔣經國的心理，所以，對許銘昌更是另眼相看，蔣介石就曾經不止一次人前人後誇獎許銘昌，他日後能夠青雲直上，這絕不是偶然。這種見微知著的人際哲學，恐怕是許多青年需要學習的成功要訣。

之四　某宋姓台籍武官

在所有的空軍武官當中，宋武官這位台灣籍的空軍武官，可以說是最受蔣介石夫婦欣賞的一位中級軍官，可是，一次被人打小報告的事件中，卻以一宗莫須有的罪名，宋武官失去了大好前程，並且還受了幾年的牢獄之災，宋武官的傳奇，也可以說是所有武官中，到今天仍然很受軍方人員議論的事件。

民國五十九年間，蔣介石和宋美齡二夫婦在高雄澄清湖度假，忽然，有一位孫副官，向宋美齡報告「報告夫人，你知道宋武官出了什麼事嗎？」宋美齡一時之間沒會過意來，孫副官這時立刻又說：「報告夫人，據人家告訴我，宋某某武官在美國採購總統座機，居然發生集體舞弊的情況，請示夫人該如何處置？」

宋美齡聽了孫武官的報告，就直接去向正在休息的蔣介石報告，蔣介石生平最恨人家貪污的了，一聽宋美齡說武官宋某某涉嫌貪污，心想這還了得，堂堂士林官邸的工作人員，竟然敢貪污，這簡直是不可原諒，蔣介石立刻把侍衛長叫到房間：「你跟我立刻去辦，只要宋武官一回來，馬上給我扣起來，他居然敢貪污，眞是豈有此理！」

當年，宋武官本來是士林官邸的武官，採購軍事裝備，根本不干他的事，但是他基於表現能力的原因，自願去辦理總統座機的採購事宜，沒想到就因爲多事，而惹出這樣的麻煩。

事情的經過是這樣的，有關方面希望爲蔣介石總統更換座機，剛好宋武官聽到友人提起，有一家外國航空公司適巧要賣一架波音七二〇B的飛機，價格據說很便宜，那是民國五十九年間的事情，國家還不是很有錢，既然可以以很便宜的價錢，買到還算很新的二手飛機，爲什麼不好好爭取？宋武官就這樣和外國的航空公司取得聯繫，並且親自請命到美國去和該公司談判，生意很快就談成了，然後緊接著接受波音公司的人員訓練，有關的訓練工作，也由宋武官來負責推動。

照說，一般若有採購弊案，都是發生在採購單位和供貨公司之間，可是，這次的「問題」卻是發生在波音公司這個人員訓練單位和受訓單位間。

原來，在受訓期間，按照當時軍方的規定，凡是在國外受訓的人員都可以領到一筆波音公司的零用金，大概在美國的時候，因爲宋武官覺得某些領航職務的受訓人員和該項訓練沒有直接的關係，就沒給領航人員報請零用金，沒想到有位領航人員心有不甘，就向官邸某位武官打小報告，說這位宋武官涉嫌貪污。官邸的某位武官知道了這個事情，可是，他並不了解整個事情的經過，就向宋美齡去告密，說宋武官貪污，而宋美齡聽了這項報告，就向蔣介石轉述，而蔣介石這時期的身體已經不是太好，對外界的情況了解得很有限，反正夫人說什麼，就是什麼。

宋武官的「弊案」爆發後，宋武官一到台灣，就被扣押起來，而且很快就被起訴，因爲他的案子，軍方專案小組不敢造次，因爲這是蔣介石親自交待，務必要嚴格查辦，結果，嚴格查辦之後，不但發現宋武官是冤枉的，而且還偵查出了一起案外案，把一位華航的副總經理的高幹給整肅了下來。

原來，宋武官向國外某一航空公司購買的那架飛機，雖然是二手貨，可是價格十分便宜，這下子讓專案調查小組覺得很奇怪，仔細查證，才發現原來有少數的不肖華航員工，居然私下籌組了一個公司，專門作華航和國外飛機公司之間的仲介，從中抽取不法利益以自肥。

這家飛機仲介公司賣給華航的價格，往往是外國飛機公司直接賣價的好幾倍，這個案子發生以後，馬上在華航內部引起了極大的震撼，不但華航的高級主管爲之震怒，連高層官員也對此表示嚴重關切，這在當時眞是不得了的大弊案，爲此，華航處分了一位副總經理級的高階主管，並且，開革了不少違法失職人員。

至於宋武官本身，雖然專案小組明明知道他是冤枉的，是有人故意要誣陷他，可是，宋武官的案子是蔣介石交辦的，那時沒有人敢公開去蔣介石面前向他進言，說明宋武官的冤情，所以，只好以最輕的刑罰，按軍法判了他七年有期徒刑。畢竟，人心都是肉做的，那時空軍上上下下都曉得宋武官是冤枉的，所以，軍法方面處處對宋武官從輕發落，大約只關了一年，有關方面就「偷偷」把宋武官放了。而原來向士林官邸提出「檢舉」的一位空軍領航員，自從宋武官爲了他的胡亂糾舉吃上牢飯之後，回到部隊竟然沒有人理他，這名愛打小報告的領航員，因爲混不下去，不久就自請退伍了。

於年輕有爲的宋武官因爲這個案子，導致他在被冤枉關上一年後，因爲對部隊失望，也出去創業，後來據說在台北開餐廳，從此遠離是非圈。

草山落日

宋美齡——美麗與哀愁

下篇 II

第一章　介石其萎美齡神傷

第一回　介石其萎

無疑，蔣介石的病情，是宋美齡心頭一顆最大的巨石。蔣介石的病情發展從一開始就顯然是往壞的方向在走，在現實問題方面，宋美齡所擔心的，除了蔣介石的病情之外，最主要的，是蔣介石病情惡化，對國家還有她個人可能帶來的影響。

然而，無可諱言，蔣介石的病，也使得宋美齡的生活型態起了微妙的變化。讓宋美齡本身的生活有了相當程度的改變，特別是在隨同蔣介石一起住院的那段時期，宋美齡的生活方式，更是整個被打亂，成爲她此生最不舒服的一段歲月。

蔣介石的身體，主要是從陽明山發生車禍之後，才開始惡化的，當時，就有人從風水的觀點來附會蔣介石的病，而這個所謂的風水之說，居然共有四個場景。

第一個場景，是蔣介石辦公的地方——總統府，民國五十五、六年左右，當時的總統府有關單位，爲了美化的目的，在總統府前方的左右兩側，請水泥工設了二只彩色噴泉，這二個噴泉的底座是水泥製的，顏色是白色，做好之後，夜晚把噴泉打開，五彩的水花，美麗炫目，可是，到了白天的時候，有人卻私下在議論著，怎麼總統府那幾個噴泉，活像是二根白蠟燭，和總統府整個遠看起來，簡直就像是一座墳墓，這個說法甚囂塵上，不久，大概有關方面自己看看也發現不對，就立刻把那二座白色底座的噴泉移走。

第二個場景，就是蔣介石統治整個台灣的權力核心——國民黨的中央黨部。

本來，就風水來說，總統府的大路沖，直對介壽路，已經是犯了風水大忌，沒想到，在總統府正對面的中央黨部，左右二邊剛好有信義、和仁愛二條大馬路經過，從總統府的方向，往中央黨部看，只見信義、仁愛二條馬路上的車水馬龍，從中央黨部的二旁飛馳而過，有人說，難怪國民黨無法再統一中國，因爲連中央黨部旁邊都分叉爲二條路線，中國怎麼可能在國民黨的手上統一？國民黨內部怎能不鬧分裂？這個說法說歸說，但是，沒有人能夠改變信義和仁愛路的方向，更沒有人能夠有本事，說把信義或是仁愛路封一條，還不會影響台北交通流暢，所以，這個問題始終得不到任何改善，難怪國民黨近年會進入多事之秋。

第三個場景，據說是蔣介石當年在世時最喜歡去的陽明山中興賓館，目前是所謂的「陽明書屋」，也就是國民黨的黨史會的會址，當年，蔣介石還未遇到陽明山車禍前，就開始在興建這座賓館，但是在這座賓館落成前後，就發生了好幾次的不幸事件，造成宋美齡和蔣介石身體嚴重後遺症的陽明山車禍，就是在此時發生，而在蔣介石搬進中興賓館後，身體始終是每下愈況，有人就繪聲繪影地說，這完全是中興賓館的風水出問題造成的。

因爲，中興賓館的正對面，居然是蔣介石以前最賞識的一位將領胡宗南的墳墓，陽宅和陰宅居然正面相向，許多人都認爲這是蔣介石夫婦搬到中興賓館之後，諸事不宜的起因。

第四個場景，就是現在台北市新生北路高架橋北端盡頭，那處貫通圓山山麓的隧道。

那座在民國六十年代初期開挖的隧道，被官邸工作人員傳爲蔣介石的「龍心」，被「挖走」了，自從蔣介石沒有「龍心」以後，身體就出現了警訊，等到隧道挖通，蔣介石竟然同時心臟病發作，一病不起，這個傳聞，在官邸之間廣泛流傳，大家談起風水無不色變，都覺得蔣介石這次大概沒救了。

當然，這些都是穿鑿附會的說法，不足採信，可是，民國五、六十年之交，確是蔣介石夫婦二人運氣最背的時期，風水說也成爲官邸人員私下茶餘飯後的話題。

五十八年的車禍事件之外，還有民國六十年蔣介石的肛門受傷事件，一位粗心緊張的副官，在爲蔣介石通便時，不愼將一只甘油球的尖端部份，刺破了蔣介石的肛門肌肉，造成他肛門部位的嚴重傷害。

民國六十年以後，蔣介石就有血管硬化和心臟擴大的現象，民國六十一年的五月二十日，蔣介石在充份的「僞裝」之下，還參加了第五任總統的就職典禮。

這個僞裝的方法很簡單，就是在蔣介石站在總統府大客廳的地方，放了一張沙發椅，依託在蔣介石的身後，防止他突然的體力不支，或是任何緊急的身體病變發生。

天有不測風雲，就在蔣介石參加總統就職典禮的二個月後，這位影響中國近代史近半個世紀的強人，突然發生昏迷的狀況，這一次的昏迷，是宋美齡這一生最大的考驗之一。

一位宋美齡的資深隨從，回憶她在蔣介石昏迷期間的生活時說：「蔣介石生病的那一陣子，宋美齡生活眞的作了很大的轉變，爲了蔣介石，宋美齡曾經作過相當大的犧牲。」

他所謂的「犧牲」，包括宋美齡日常生活作息長久以來的習慣，和她一向喜歡和官太太交際的習慣。

為了讓蔣介石的病早些好起來，宋美齡想盡了一切辦法。民國六十一年的八月五日，蔣介石的醫療小組在剛從美國請回來的心臟權威余南庚博士的領銜下，把昏迷中的蔣介石，從陽明山中興賓館，小心翼翼地送到榮民總醫院六病房住院，從那一天起，宋美齡也搬到了六病房，日夜隨侍蔣介石，榮總方面為了讓蔣介石家屬有比較好的陪侍環境，特地在六病房內，清出了幾間房間，給蔣介石的家屬，例如宋美齡、蔣經國和孔令偉等人居住，這些房間都不大，有些甚至是改裝過的，但是，基於讓所有相關重要的家屬，能夠隨時在蔣介石身邊，掌握蔣介石病情，所以，這些房間發揮了很大的作用。

官邸內務科的人員雖然沒有住進榮總六病房，但是，幾乎所有的人都參與了相關的工作，例如有的人專門負責送飯菜到榮總，給宋美齡等人食用，她的副官，包括每天早上為她按摩的女副官，每天還是要起早趕晚，到榮總為她服務。蔣介石的侍衛和副官，不但停休，還日以繼夜地守候，防止蔣介石的病情惡化時，可以應變，而幫忙護士和醫師人員的工作，也多半落到副官人員的身上，其他內務科人員也不得一日閒，隨時要支援榮總那邊可能的任何勤務。

對蔣介石和宋美齡夫婦而言，士林官邸等於是整個從士林搬到了榮總，基本上，蔣介石和宋美齡的生活品質沒有受到一絲一毫的影響。

蔣介石身體還健康的時期，宋美齡就在某些方面的政務，作了相當程度的參與，更不要說在病中了。

後來，蔣介石甦醒了一段時間，在病榻上，宋美齡是決定蔣介石要不要見人，要什麼時候見人的最後授權人，也是士林官邸的全權總管。易言之，蔣介石的病威脅著宋美齡的威勢，也相對地增長了她的威勢。她一方面擔心蔣介石若是一旦一病不起，她的地位顯然將立刻受到威脅，而這威脅可能來自蔣介石的兒子蔣經國，也有可能來自其他對台灣的政治權位有野心的任何人。另方面，她卻在許多地方，給人一種更為舉足輕重的感受，認為她是操縱日後台灣政治方向一個不可忽視的力量。

兩個最顯明的例證，是她安排美國大使馬康衛的晉見蔣介石，和幾次為了排解國人對蔣介石已經病入膏肓的疑惑，為蔣介石故意作的幾次公開亮相拍照活動。

包括美國人在內的國內外人士，都曾經對宋美齡在當時政治舞台上扮演的角色，抱以極大的興趣，雖然，包括美國CIA在內的人，都相信蔣經國即使掌握了那時台灣的武力和情治系統，可是，宋美齡卻有充份的能力讓中國東漢末年曹操那種「挾天子以令諸侯」

的事情發生，如果，宋美齡眞有政治上的野心，她在日後的影響力和作爲，絕對不會輸給蔣經國。

一位宋美齡身邊的人說：「我認爲事實上，夫人眞的是一個沒什麼政治野心的人，眞正讓她看起來對政治有干預意圖的人，是在她身後的一小撮人，她經常因爲耳根子軟，受制於人的嘴巴！」

經年累月地在榮總六病房照料看顧，任何正常的人都會因爲病房的氣氛，導致心情的惡劣，宋美齡在民國六十三年的冬天，終於按捺不住情緒，吵著要回士林官邸過聖誕節。

那時，蔣介石已經從昏迷中甦醒過來，宋美齡吵著要回士林，蔣介石也拿她莫可奈何，只好答應她的請求，一起搬回士林。

可是心血管病變的人，誰都沒有把握是不是永遠不會再犯，而且加上蔣介石的身體那時根本還談不上痊癒，醫療小組只好把榮總所有的設備，依樣在士林官邸也準備了一套，士林官邸一時之間，成了另外一間榮總六病房。

民國六十四年的四月四日，蔣介石在一場雷陣雨中溘然長逝，他的死，有人認爲是美國醫師操之過急所致，但是也有相當多的人，認爲這根本就是蔣介石天年所限，是無法迴避的命運。

現在，來談蔣介石死因，已經沒有任何意義，其實任何稍具常理判斷的人就知道，宋美齡在蔣介石臥病期間，顯現出來的對蔣介石病情的急切，則是不爭的事實。

在官邸工作人員的心目中，宋美齡是一個非常理智的人，特別是在蔣介石病情極度不穩的時期，宋美齡確實展現了她的強勢的一面，她不但在官邸中，獨當一面，而且，表現得讓人覺得可圈可點。

例如，在蔣介石昏迷期間，宋美齡知道蔣介石的病況十分危急，她在衆議紛紛之際，她要官邸人員爲蔣介石在萬一時，作好移靈的準備，並且，已經爲蔣介石作好隨時要辦後事的工作，她在作這些指示時，始終是神情鎮靜，儘管，她很清楚，蔣介石若一旦死去，一個舊的時代就要成爲過去，儘管，那個朝代的名字仍然姓蔣。

第二回　孀居生涯

宋美齡在新寡半年之後，以養病爲由，出國到美國調養。之後，又幾度到美國作短期或長期停留。

之一　宋美齡常去美國的真正目的是什麼？

即使到了台灣以後，宋美齡還是美國和台灣兩地跑，宋美齡對外的理由總是說「治病」，可是，宋美齡到底得了什麼病，嚴重到必須要遠走美國治療？腦子靈活的讀者一定懷疑，當年連蔣介石那麼嚴重的病，都可以在榮總獲得世界一流的治療，所謂世界一流，是連美國醫學專家都承認的事實，然而，宋美齡爲何要捨棄榮總世界一流的總統醫療小組的悉心照料，反而捨近求遠，要到美國去？這其中到底是不是還有其他內情？然而，一個更重要而當時國人一般都不曾想像過的問題是，宋美齡隔沒幾個月或是幾年就三番兩次地往美國跑，她究竟是不是具有雙重國籍？又她在台灣期間，到底去了幾趟美國？

首先，我們從宋美齡到了台灣以後，到美國的幾次紀錄，作一次回顧性的統計。

就有紀錄可查的赴美紀錄顯示：宋美齡的來台後第一次赴美是在民國四十年初，赴美原因是「治病」，回台時間是在該年的三月底，趕在這個時候回台，主要是爲了主持中華婦女聯合會的週年儀式。第二次，是在民國四十一年的八月到美國，一直停留到隔年的三月，理由同樣是爲「治病」，這次養病的時間長達八個月，還是到隔年的三月間，回台準備參加四月十七日的婦聯會週年慶祝活動。第三次，是在民國四十三年的五月，在臨行前，宋美齡特地召集了婦聯會的一些心腹幹部，辦了一次茶會，在茶會上，宋美齡對她的幹部們說：「余因舊疾復發，無法照常工作，故今日匆匆出國，飛美就醫，不克參加本年度本會四週年成立紀念大會，與諸姐妹工作同志話別，心中無限遺憾。本會成立四週年紀念，本係四月十七日，因為余想賤恙稍癒，得與各位茶會，共聚一堂，並得慰勉一年來諸姐妹對本會工作辛勤之微忱，可是事與願違，所患病症，且益加厲，雖會期延至今日，仍不克在今日紀念會上，與各位會晤，面敍衷心，更覺欠惶。」

之二　究竟宋美齡是否具備美國公民身份？

宋美齡幼童時代就在美國求學，而且家族財力富可敵國，丈夫又是中國權傾一時的軍政領導者，來回中國和美國兩地，簡直比出入自家庭院的次數都要頻繁，到了台灣時代，來回美國台灣之間，都是台灣派遣總統專機接送，排場驚人，這樣的貴族身份，宋美齡何許人也？難道會沒有美國公民身份？假如她眞的沒有美國公民資格，她憑什麼可以來去自如？如果她有美國公民身份，她需不需要像一般入籍美國的中國人一樣，去美國政府所在地，手持聖經，向美國政府宣誓效忠？這些都是大有疑問的事情。

要解答上述的一些問題，就非得先討論一下美國的移民問題。

最早，美國只有所謂的「自由白人」方才可以歸化為美國公民。在內戰期間和通過「憲法修正案」廢除奴隸制度之後，美國憲法才保障所有在美國出生的人，擁有公民身份，這一法律並規定，各州應該給予所有人民平等的法律保障，不得歧視少數族裔人民，隨後，國會又通過了法律，允許非洲族裔的人民享有公民權力。

換言之，黑人是美國最先享有公民權的外來人種。

緊接著，是南北美的土著，要到了一九四〇年才能歸化為美國公民；而中國人是一九四三年，也就是中日戰爭打得最激烈，而中美關係最密切、取消不平等條約的時候，美國對中國人的一種「恩賜」，這段中美之間的蜜月期，亦是宋美齡作出的超凡貢獻。繼中國人之後，印地安人和菲律賓人在一九四六年開始可以享有公民權，至於日本、朝鮮、玻里尼西亞、泰國人，都要到一九五二年，才有權利歸化為美國人。

儘管如此，要成為美國公民，必須要先成為美國的永久居民，易言之，永久居民是合法公民的先決條件。（以上參考資料為紐約人文研究所出版的「美國法律叢書——最新美國移民入籍法」，該書出版於一九八五年七月）

要成為美國公民，勢須通過嚴格的考核過程和有關條件，才有可能過關。

美國是在一九四三年，讓中國人有申請公民權資格的，那時的宋美齡貴爲中國的第一夫人，她就算有充份的條件，申請成爲美國合法公民，可是，堂堂中國的第一夫人竟然是美國公民，就顏面上也不是好看的事情，在動見觀瞻的情況下，宋美齡犯不著去申請什麼美國公民。

但是，美國的移民法規有相關規定，就是外國外交人員可以享有永久居民的權利。因爲在過去，「美國移民法的基本精神，是把所有申請簽證的人士，都當作準備樂於永久住在美國來看待，因此，儘量提供各種機會讓申請人士循法律途徑，達到自己的願望。」（資料來源見美國今日華埠出版社印行、書泉出版社出版的「最新美國移民法案」一書，民國七十九年十月初版）

根據美國移民法律，有一種A類簽證，是可以讓包括外交官在內的外國政府官員，享有改變「身份」的權利，就是可以讓這些人士享有一般外國人十分難享有的永久居民權利。

所謂的A類簽證是指A1和A2兩種簽證而言。A1非移民簽證，是供給與美國有邦交的國家的外國大使、公使、領事等外交官員的直系親屬的簽證。而A2類簽證，是發給與美國有邦交的國家非外交官的其他官員用的簽證。

根據一九五七年的美國移民條例，規定凡是以A1、A2或是以G1、G2四種身份，以非移民的身份進入美國的人，如果不能繼續擁有他以前的身份的時候，換言之他辭職了或是另外找工作了，這樣的情況下，這些人可以自己向聯邦檢察總長申請更改身份，變爲永久居民。

持A1和A2簽證的外國人，只要是美國政府承認他的身份，他就可以無限期的住下去，而持A3的外國人，就是駐美的外國使領館聘用的僕人、私人秘書等人，這些人所持的簽證，必須每年加簽一次。

以宋美齡本身的地位和身份，她有絕對的條件取得美國公民資格，可是，以她的地位，她根本沒有必要去拿美國公民資格。美國准許中國人可以擁有公民權是在民國三十二年，那一年正是宋美齡去美國訪問並且在美國參衆兩院發表演講的時候，那是美國當局對中國人示好的一種明證，斯時，宋美齡絕對不可能去申請入籍美國，在戰後，特別是國共戰役如火如荼的那三四年時光裡，宋美齡也有充份的條件去辦入籍事宜，但，以美國新聞傳播媒體如此發達、耳目如此衆多的情況下，宋美齡若是公然去辦理入籍事務，勢必引起輿論的軒然大波，以當時蔣介石政府正値多事之秋的節骨眼，宋美齡這種聰明人，她怎麼會挑那個時候公然去處理這類事情。

但是，一種比較可能的情況是，如果民國三十八年時，大陸淪陷了，台灣要是再不保的話，類似像蔣介石這種國家元首，若是流亡海外到了美國，美國政府基於人道考量，大概還是會發給他和宋美齡永久居留的簽證的，所幸，台灣始終屹立不搖，蔣介石得以在台灣暫時立足偏安，也就輪不到美國操什麼心了。若再以當時宋美齡及時來台灣和蔣介石一起參與「復行視事」來看，宋美齡沒有取得美國公民的跡象。

在民國四十年代，宋美齡有紀錄可查的去美紀錄，可知她去了美國四趟，時間分別是在民國四十年的三月；民國四十一年的七月到四十二年的春天；第三趟去美國，是在民國四十三年的五月到該年的八九月間；第四趟是在民國四十七年的七月，一直到民國四十八年的六月前後。

民國四十六年，前述有關優待外交人員簽證的移民法條實施了之後，一直到蔣介石去世爲止，在有關公開紀錄上，宋美齡只去了三趟美國，由此推論，宋美齡根本就沒有申請美國公民入籍事宜，而她所拿的護照簽證，應該就是前述的A簽證，用這種簽證，她就可以永久住在美國，不用煩惱什麼簽證問題，也更不必像一般外國人，拚命要鑽法律漏洞去爭取美國公民資格。

一位和宋美齡外甥孔令侃交情菲淺的蔣家親戚，民國五十年代在孔令侃來台灣時，直接問他：「像你這樣美國住了這麼久，和美國上層社會關係這麼好，你要拿個美國公民資格大概很容易吧？」

孔令侃聽了很坦然地回答：「我說老實話，到現在爲止，我沒有美國公民身份，但我也絕對不會去拿，因爲我是一個中國人，我不想做美國人！」

中國人能夠在民國三十二年，就可以擁有申請美國國籍的權力，這可說和宋美齡經常穿梭於太平洋兩岸，有不可分的密切關係，如果宋美齡本身或是她的家族，有意申請美國國籍，實在是易如反掌，在當時，假如宋美齡放棄了這樣的權力，日後在國民黨政府潦倒，退守台灣以來，宋美齡還是經常往返於中美兩地，可見美國對她的優遇，在如此客觀條件下，宋美齡實在不會太去介意自己是不是美國公民的問題，況且，連孔令侃都有那麼強烈的國族觀念，自尊心甚強的宋美齡，更不會和一般熱切期盼當外國人的中國人那樣，跑去向美國國旗宣誓效忠。

蔣介石在世期間，美國和台灣國民黨政府還維持著外交關係，成立於民國四十二年的「中國遊說團」，便是宋美齡幕後指揮成立的，（「中國遊說團」後來的目的，主要是為了保衛中華民國在聯合國的席次，以及爭取更多的美援，成立那年的九月份，正值聯合國在討論有關蘇聯提出的所謂「中國代表權問題」，「中國遊說團」在那年的全力運作中，發揮了極大的功能，粉碎了蘇聯的提案，延遲了「中華人民共和國」入會的時間，不久為了凸顯這個組織的功能，遊說團復改名為「支持自由中國委員會」，爭取了好幾百位包括美國國會議員、美國三軍將領、商界領袖等人為該會之成員。）由於在美國還有廣泛的影響力，所以美國政府在宋美齡赴美期間，一直是以對待外國元首夫人的身份對待宋美齡，到蔣介石死後，這種優遇也持續了好一陣子。畢竟，當年第二次大戰期間如今還健在的四大強國元首，已經絕無僅有，而那時的四國元首夫人，也只剩下她一個了，儘管如今美國和國民黨政府已經斷絕了外交關係，可是，對宋美齡這種具有歷史身份背景的人，還是敬重有加的。

每次宋美齡到美國作長期或短期停留時，美國政府總是會派遣中央情報局和各地警察，保護宋美齡的人身安全；例如，宋美齡每次出門的時候，總是有美國警車爲其座車開道，在宋美齡的宅邸，還派了便衣警察佈哨保護。從這些細節可以看出，宋美齡在美國享受的，可謂是榮譽國民的待遇，比起一般歸化美國的高級華人，在白人社會處處受氣，兩者間尊嚴的差別，簡直不可以道里計。

之三　隨從人員的美國恐懼症

爲了宋美齡要去美國「治病」，士林官邸內部人員起了一陣騷動，就是要派什麼人去美國爲這位卸任的第一夫人服務的問題，一般的公家單位，只要是聽說可以放洋，誰都樂得趕快私下活動爭取，可是，整個中華民國大概只有士林官邸一聽到出國，大家都避之惟恐不及。

在美國的官邸人員，到底要負責什麼艱困任務，讓士林官邸的人員心生恐慌呢？以侍衛人員來說，到美國其實和在台灣時出的任務，大相逕庭，畢竟美國是外國，儘管早期宋美齡和孔家，與美國政壇關係菲淺，而且斯時美國和國民黨政府之間還有外交關係，安全工作有美國中央情報局的人幫忙打點，侍衛人員根本不會有什麼緊要的任務要出；蔣介石過世的四年後，美國已經和台灣斷交，宋美齡一個婦道人家，不管是台獨還是共產黨，都不會把宋美齡當作什麼了不起的「行動」對象，何況，斷交歸斷交，美國和台灣之間的實質關係，還是十分密切，所以，言而總之宋美齡的侍衛還是輕鬆得沒事可做。

又是放洋，又是沒事可做，爲什麼還會找不到人去呢？

「不管你是侍衛或是副官，如果每天的三餐吃飽了，除了在一個小房間內只能盯著一扇門看，其他沒有任何事情可以做，而且二個星期才放一次假，絕大多數的時間全部在官邸，與世隔絕，你會作何感想，你會喜歡這樣的放洋嗎？」這種每隔二週放二天假的休假方式，剛開始，大家還覺得十分新鮮，可是，放了一次之後，大家就覺得這簡直就是跟當年在台灣受新兵訓練時，一樣的情況，美國宋美齡宅邸工作人員的假是怎麼放的呢？外人很難想像，但是說穿了就是以前部隊的那一套，在美國官邸放假是採取分批方式，只要是放假的人員，便集中起來，在官邸門口等候由大使館（後來中美斷交，改為北美事務協調委員會）派旅行車，來官邸接放假人員，通常，大使館方面只負責派車含一名司機，而官邸負責由一名武官之類的官員，隨車接送。

到美國去的人，多半是年資很深的軍官，爲什麼還要把這些人當新兵一樣帶呢？原來這是有原因的，一個最令人不敢想像的是，當年官邸選派的赴美人員當中，居然有一大半英文一個大字不識、更別談用英文和別人交談了，上面的人當時爲何會選用這些不會講英文的人去美國，令人大惑不解，也沒有長官說明什麼原因，後來有人私下猜測，這樣做法是爲了方便掌握人員，怕有人動歪腦筋，但是，有人立刻又反駁說：「別這麼疑神疑鬼，能夠來美國的人，那一個不是經過長年詳細的安全查核？想跑？怎麼會嘛？」

多數人不善外文，唯一可以解釋的原因便是選用來美國的人員，十之八九是從軍中或是士林官邸外圍或者是情報局等單位退休人員，經過聘雇簽約二年志願服務的手續，這類人多半已經年紀一大把，年輕時代都因爲戰亂沒有好好讀過書，所以，才有此「巧合」。

也許又會有人問道，既然是官邸要人，那裡要不到，偏偏要這些老幹部？「年輕人不願意來嘛！大家多半有家有眷，憑什麼要人家拋棄自己家庭幸福？」所以，有不少人明明被上面看中了，指定要去美國爲夫人服務，可是爲了躲避這個差事，不是藉故託病，便是提前辦理退休或退伍，乾脆完全脫離官邸的勢力範圍。

宋美齡和孔令偉二位女主人，用人的心態非常傳統，她們總認爲只要是官邸的人，那怕是只待過一天，如果上面指派到美國去，就應該沒有二話，馬上整理行李準備上路，假如膽敢在臨行前提出辭呈，就是不忠。

就有一位廚房裡的工作人員，因爲不願離開台灣去美國，就在臨行前不久，向孔二小姐提出請辭，那知道孔令偉一見到這位仁兄的辭呈報告，就沖著此人說：「蔣家那一點虧待你？你竟然如此不忠心？」

一陣怒責，這位仁兄大概還是不願屈服，執意要離開美國，吵得要回台灣，後來，孔二小姐心裡實在氣得不得了，便告訴了宋美齡，最後這位仁兄在台眷屬，立刻接到限期搬出公家宿舍的「命令」，似乎在強烈暗示其他部屬，這就是不夠忠誠的「下場」。

因爲不願去美國或者中途想離職，陸續又有不少人被處分，但是，當時儘管蔣家的勢力如日中天，可是畢竟不是大陸軍閥割據的時代，要怎麼蠻幹就怎麼蠻幹，就算是宋美齡、孔二小姐對某人十分不滿，頂多也只能把此人調差，或者乾脆叫某人走路，還不至於受到什麼不測，所以，一些在外面原本就有兼差的官邸人員，大家競相設法走路，離開宋美齡的身邊。

當然，世界上什麼人都有，雖然有不願做這種工作的，還是有甘之如飴的人，對這些「忠心耿耿」的人，宋美齡和孔令偉絕對是會給這些人適當的回報，例如許多從美國回台灣的人員，多半經過官邸的引介，到台灣的一些公家金融單位，做做閒差事，坐領金融機構的高薪，而做的事情卻是稀鬆平常的業務，明顯是籌備性質的職務，這就是官邸爲宋美齡工作的人，等著熬出頭的最高代價。

畢竟，並不是所有的乖寶寶都有糖吃，也不是所有的好寶寶都有好的糖吃，談起退下來後的待遇，實在言人人殊，各有不同。

就因爲有爲數不少的人，最後都不想去美國工作，所以，美國官邸服務人員的挑選工作，遭到了很大的挫折，但是這個問題又不能不克服，在情非得已的情況下，士林官邸方面只有透過總統府三局和聯指部的系統，向情治單位和軍方單位要人。

要人容易，要找到素質好的人就不是那麼簡單了，而且，官邸的服務人員又不能隨便找個張三李四，必須在安全上沒有顧慮，既然有這麼多的問題要擔心，最後有人認爲，那不如乾脆找一些已經退休可是以往的紀錄又不錯的官邸老人，來抵這些衆多的空缺。

所幸，宋美齡有一些不錯的幹部，像她的空軍武官宋亨霖就是一個明顯的例子。

美國官邸的人，每週放假時，多數人不會講英文，放假出門連坐地鐵都不會，宋亨霖每逢同仁放假，便要隨著大使館的交通車出去，到了地鐵站，再向放假同仁一一解說如何搭車，儘管宋美齡在美官邸的人員素質不很一致，可是，由於部份老幹部還在，所以，官邸事務仍舊井然有序。

宋美齡美國官邸和台灣的士林官邸，是截然不同的，美國的宅邸在建築結構上，是一處豪華大廈，而不是門庭深深的大宅院。在內部，宋美齡住的地方大概只有二個樓層，是一個以宋美齡個人生活爲主的地方，所以，這裡的官邸人員十之八九是管安全的侍衛人員，而負責照顧宋美齡日常生活的內務科人員，則分批住在蝗蟲谷和長島官邸，以便隨時能夠照顧宋美齡的起居。

五、六年前，宋美齡身體還不錯的時候，她在美國宅邸中，經常是穿著慣常穿著的三吋高跟鞋，樓上樓下到處跑，現在雖然她的身體沒有像以前那樣好，可是精神都是依舊灼爍如昔。

如今士林官邸冷清淒寂，宋美齡身邊固然還有少數的親人作陪，可是，畢竟是一位風燭殘年的老人了，蔣宋王朝的光輝不再，而在近代史的軌跡上，蔣宋王朝的足跡，在未來歲月之中，勢將給予後代人民一個最值得警惕的指標，蔣宋的時代遠去，但是，歷史上的王朝將一再重複類似蔣宋走過的道路。

之四　為宋美齡拍照紀實

（前言：董敏，是著名的攝影家，他是國際知名的甲骨文研究者董作賓先生的哲嗣，他的昆仲董玉京是蔣介石的御醫之一，因為家族的關係，和官邸有所接觸，加上他長年為圓山飯店拍攝商業照片，因而，官邸人員和他也有相當程度的熟識，基於這些因素，官邸才會找上他，為宋美齡和她的親族拍全家照，官邸找他拍照時，正巧孔令侃和孔令偉都在宋美齡身邊，大概，這正是宋美齡想找人拍照的主因。以下就是他為宋美齡拍照經過的口述大要——）

民國七十六年農曆年初一的下午，圓山飯店的張襄理忽然打電話給我，我聽他的口氣好像很神秘，一副什麼大事要發生的樣子：「老夫人要請你拍幾張照片，你是不是可以準備一下？」我心想，是張襄理交辦官邸的事情，豈有不答應的，我毫不遲疑地答稱：「可以啊，我這就去準備！」

我幫圓山飯店拍了不少照片，當然都是以靜態的建築物照片爲主，加上張襄理的電話裡面，也沒有明講說要替蔣夫人宋美齡女士本人拍照片，因而，我一直誤以爲是要爲老夫人一家，拍張新春全家福之類的照片，所以，我只隨身帶了幾個廣角鏡頭，什麼柔光鏡、長鏡頭都沒有帶。

車子進了官邸，那部車的司機，向福林路口的便衣警衛招了招手，便衣顯然是認車不認人，看了看車裡坐了哪些人，就打開路障，放我們通行。

那是我第一次進入士林官邸，我對裡面的一景一物，都十分好奇，車子沿著蜿蜒的柏油路，直通官邸，那時儘管經國先生還在，可是士林官邸的規模和氣氛，仍舊和過去先總統蔣公在世的時候一樣，綠蔭如錦，寧靜肅穆。

車子在官邸正門緩緩停下，這時，官邸內部的服務人員走了出來，侍衛人員探頭往車裡看了看，知道是夫人請來拍照的，就很客氣地把我們接進去官邸裡面。

從外表看起來，官邸其實和一般的日本房子沒有什麼兩樣，進了官邸，屋裡似乎正在放暖氣，所以感覺有點熱呼呼的，還有些悶人，大概老夫人習慣在冬天放暖氣的關係，在客廳坐定，我的目光立刻被官邸客廳牆上掛著的古畫所吸引，正在看古畫的時候，夫人隨員從裡頭走出來，他輕聲告訴我：「董先生，夫人有三十年沒正式拍過照片了，總經理也是有幾十年都不曾正式拍什麼照片，他們馬上下樓，你稍微坐一下。」我聽這位隨員說話，心裡不禁一驚，因爲原先我根本沒想到是要爲宋美齡女士拍個人照片，所以，我根本沒帶拍人物需用的鏡頭，甚至連柔光鏡都沒準備，可是，我已經沒有時間去取什麼鏡頭，即使我現在就立刻趕回花園新城家中，來回也要二個多小時，我心裡暗自犯嘀咕，都已經走到這步田地了，只有硬著頭皮憑自己的技術。

心頭忐忑地在一旁暗自盤算，這時，樓梯口響起了脚步聲，我定神一瞧，正是蔣夫人下樓來了，她身旁有護士撐扶著，一步一步走下樓來，那天，她穿著一件黑絲絨的旗袍，雖然，她大概因爲十多年前，陽明山車禍的後遺症，導致腿部舊傷還經常復發，所以下樓的時候，尙需要隨從和護士摻扶，然而精神看來卻是十分硬朗，不像是一位年高八旬以上的老人。在老夫人身後，還有二個人，其中一個是官邸人稱「大先生」的孔令侃，他的文采風流，學問淵博，可說是當時台北官場上，無人不知，無人不曉的一個人。孔二小姐那天還是和她往常一樣，穿了套西裝，和大先生亦步亦趨地跟在老夫人的身後，一起走到大客廳，她和往常一樣，皮鞋總是亮晶晶，西裝也是筆挺清潔，像是一個英國紳士，她的男裝妝扮，是她向來最引人入勝的話題，儘管外面傳說實在是多如牛毛，可是我都不是太清楚內情。

一位隨從這時走向我這邊，問我：「你準備好了沒有啊？夫人和總經理已經下來了，那我們就開始了吧？」

官邸隨員講話的神情全都小心謹慎，聲音也放得低，好像怕驚擾了老夫人的樣子，這時，孔二小姐也走了過來，她看起來很客氣，直截了當地問我：「在那裡拍照啊？就在客廳好不好？」我望了望官邸很寬敞的大客廳，暗忖這麼大的空間裡，到底什麼地方最能襯托出官邸的特色和夫人的氣質呢？心裡正在盤問著自己，可是，我已經沒有多餘的時間去選擇地點，夫人的隨從人員好幾雙眼睛，都股溜溜地直瞪著我瞧，好像馬上就要決定什麼軍國大計似的，「董先生你找任何地方拍照都可以。」這時，我的眼睛掃過一幅古畫，我覺得那幅古畫的畫風，十分工整，應該是明清時期的畫作，無疑那是眞跡，我看中了這幅古畫之後，我就告訴宋武官說：「就在這幅畫的前面拍，你看怎麼樣？」這個地方就在位於臥房的旁邊，背景柔和，光線適中。

我向某隨從表達要在這個地方拍照的時候，一旁站立的侍從人員就像是木頭人似的，呆立在那兒，聽候上級的差遣。

某隨從向孔二小姐報告，二小姐很和氣地說：「好呀！就這個地方很好！」於是，孔二小姐自己親自動手搬了一張客廳裡有木雕花紋的法國椅子，擺到古畫的前緣，然後把一旁的老夫人摻扶坐下，而後再和孔令侃二人站到宋美齡老夫人的後面，表情很嚴肅地站著讓我拍照。

我很快拿出帶來的燈具，在那幅古畫前面架開來，老夫人輕聲在和孔二小姐和孔大先生交談著，我很快地架好燈光，然後就向某隨員說：「現在燈架好了，我們是現在拍還是再等會兒？」

某隨從沒直接答覆，只是朝著蔣夫人的方向看，似乎在等待宋美齡女士的指示，大約夫人也沒有作出什麼反對的眼神，他轉過頭來向我示意，可以開始拍了，我先爲老夫人拍，然後依序是爲老夫人、大先生、孔二小姐三個人合照，最後是爲大先生和孔二小姐，分別拍個人照。

老夫人儘管從前是天生麗質，雍容華貴，可是畢竟歲月不饒人，在拍照之前，孔二小姐十分擔心老夫人臉部肌肉會被我拍得太鬆弛，所以，她再三交待，要拍好看一點，可是，說實話，以老夫人當時的年齡（八十八歲），有這樣的精神和氣色，我覺得已經相當不容易，當然，以老夫人的高雅氣質，如果我把她拍壞了的話，確實會對我造成很大的壓力。

我在面對老夫人掌鏡、調整焦距的時候，我從鏡頭裡面無意中發現老夫人的口紅塗抹到嘴唇外邊去了，她畫的眉毛似乎也把眉線畫斷了，大概是老夫人都是自己畫的妝，年紀大的人除了四肢比較不靈活之外，而且很容易發抖，可是當化妝的時候手發抖，自然容易把口紅和眉線畫壞掉，當時我差點就講了出來，可是我突然想到，反正拍完照片，回去還可以請我太太自己花點功夫，爲老夫人作一番修整的工作，所以，我就立刻把快到嘴邊的話，硬是一口把它吞了下去。

在爲老夫人和大先生、二小姐拍合照的時候，我見到他們三個人都是一副表情嚴肅的模樣，我就故意扮了一個動作很小的笑臉，想逗他們發笑，可是，不管我的笑臉持續多久，他們三人說不笑就是不笑，後來，我知道要他們笑，大概比登天還難，就不管三七廿一，只管我自己拍照就對了，不管老夫人等人到底笑不笑了。

我全神貫注地拍了整整一個多小時，拍完之後，隨從人員邊招呼老夫人進去休息，一方面還叫廚房，爲我們預備了寧波式的點心，給我們享用，在吃點心的時候，我們繼續閒聊，「你們大概清楚，我們總經理已經幾十年沒正式拍過照了，上次她拍照還是在上海的時候哩！」

我早已聽說，孔二小姐當年在上海的時候，是有名的「小帥哥」，來到台灣來她就極少拍照，至於她爲什麼不喜歡拍照，眞正原因我並不淸楚。

廚房的點心端上來了，是一籠熱騰騰的包子，我還記得包子的餡是雪裡紅，吃完包子，大家也談得差不多了，就搭原車離開官邸。

回去不久，我就把當天拍的照片連夜趕工，沖洗出來，放出來一看，發覺老夫人的照片，需要再作一些修正的地方，比如說她的眉線，大概是她的手會抖動，所以有畫斷的地方，口紅一如我前面說的，有些地方都畫到嘴唇外邊了，臉部肌肉也有鬆弛的地方，這雖是任何一位老人家外表很正常的現象，但是基於一個攝影工作者的責任，我必須爲她作一些照片的修整工作。

我把需要修改的地方全部交給我的太太去作，她大概也費了好幾個鐘頭的時間，才把照片上蔣夫人臉上出現的各種瑕疵修改了一番，總算不負所託，把老夫人和大先生、總經理的玉照，圓滿完成。

雖然這不是第一次爲蔣家家族成員拍照，爲夫人拍照，這畢竟還是我的頭一遭，藉此機會，我親眼目睹了宋美齡女士的廬山眞面目，我覺得她雖然已經是耄耋之年了，可是她的氣質和風範卻絲毫不減當年。

第二章　兩岸相隔雙齡對話

第一回　藕斷絲連兩岸情

長期以來，人們對宋氏姐妹在大陸政權易手後，宋美齡和宋慶齡之間藕斷絲連的情誼，有過相當程度的猜測，許多人相信，即使在大陸和台灣雙方尖銳對立的年代，即使在國民黨當局在台灣施行白色恐怖的年代，這二位宋氏姐妹之間，還是有一定程度的連絡和互通音信。

畢竟，不管是宋美齡也好，宋慶齡也罷，她們都是生活在深宮宅院裡，她們身上存在著太多不能爲外人道的秘密和玄機，而這些玄機，又是一般人所無法輕易洞悉的。

就以二人是否私下隔海通電話，或是透過帶信人互通信息的問題來說，在技術上，兩岸通電話早就是一個很容易的技術性問題，不難解決，即使蔣介石有意阻隔兩岸同胞通信通電，可是，如果宋慶齡和宋美齡透過海外友人，通電話或是通信的話，就是十個蔣介石也管不著。

根據官邸老人的回憶，士林官邸的電話系統是由軍方出身的電信局人員，負責在官邸直接爲蔣介石或者他的家屬接通可以打到世界各地的電話或是電報，但顯然如果要打到大陸的話，除了存在著技術上的問題要克服之外，還要讓蔣介石知道有這麼一回事，否則別人縱使有十個膽子，也未必敢做這種事情。

所以，宋美齡若是要想瞞著蔣介石，從台灣打越洋電話給宋慶齡的話，恐怕並不容易。

然而，在蔣介石過世，特別是向來總管情報的蔣經國，也在民國一九八八年元月亡故之後，宋美齡是不是會利用她的特權，從台北私下打電話到北京，和一般老百姓一樣，和自己的親友電話閒談，那就沒有人可以置喙說有沒有了。

當然，宋慶齡在民國一九八一年五月廿九日晚上去世，在此之後，宋美齡在大陸已經沒有任何親近的親人，所以，她已經沒有和大陸作私人通電話的必要。

根據宋慶齡生前囑托一位外國友人ISRAEL EPSTEIN中文譯名叫伊斯雷爾‧愛潑斯坦

寫的「宋慶齡」一書中透露，「在她逝世前三個月，廖承志給『親愛的叔婆』來了一封信，當時廖承志在中國外事工作及對台工作中，是一位重要人物，他在信中告訴宋慶齡『來自可靠的人』、『從您的親戚和妹妹（指宋美齡）那裡得到的』消息，信上說『有趣的是知道你妹妹是怎樣看您的，而我相信這並不是不可想像的，不僅如此，在一個美國人——里根的信使，和一個中國人到過北京後，她表露了她的感情，而這種感情，我相信，要比家庭感情的合意更多些。』『更有趣的是，大衛·金把您妹妹的地址和電話告訴了我們。如果沒有弄錯的話，我想大衛是爲您而這樣做的。』」（伊斯雷爾·愛潑斯坦原著，沈蘇儒譯，1992,11 北京人民出版社第一版第一刷，頁656-657）

愛潑斯坦上述文中所稱的「大衛·金」，根據筆者的判斷，可能就是宋靄齡的長子孔令侃——宋美齡長期以來最寵信的文膽兼私人總管，更是她後半生最常在一起生活的親屬之一，如果，愛潑斯坦所說的，給廖承志有關宋美齡台北地址和電話的人，確是孔令侃的話，那麼宋美齡在宋慶齡未死之前，二人透過魚雁往返，或是更直接的電話連繫，互訴四十幾年的離情，這種可能性是相當高的，而且，這種事情本乎至情，完全是人情之所當然耳，何況，那時，宋美齡的丈夫蔣介石已去世，而台灣的一般人民，雖然還未經國民黨政府允許赴大陸探親，台灣也還在蔣經國這位末代強人的領導之下，民主風氣還不是完全開放，但是，畢竟宋美齡是蔣經國名義上的母親，蔣經國不可能一時半刻都守在士林官邸，或是派人監控在美國宋美齡的電話通話紀錄，因而，吾人沒有理由不相信宋美齡會和宋慶齡有書信或是電話往還的情況。

如果，愛潑斯坦所言的「大衛・金」確是孔令侃（孔令侃的英文名字叫DAVID，孔姓的英文音譯是KUN），以宋美齡昔日的習慣，只要是重大事情，外面的通常是交由孔令侃去辦，官邸的內部事務則交給孔令偉辦理；而類似像和宋慶齡連絡的這種大事，畢竟事涉敏感，弄不好不管是給蔣經國或是外面的其他人知道，自然不是一件可以說得清楚的事，自然更得謹慎處之，如此研判，這件事，假設是孔令侃去辦成的，自然是經過宋美齡的授意，否則，光是孔令侃一個人的主觀判斷，恐怕還不足以成事。

如果愛潑斯坦所言不假的話，那麼可以充份說明，宋美齡在宋慶齡晚年確實雙方已經開始取得一定程度的聯繫。親人骨肉聯繫，是人情之常，況且聯絡工具在現代科技如此發達的情況下，根本不是問題，但是，儘管硬體設施不成問題，可是，畢竟雙方存在著多年的疑忌和隔絕，雙齡之間是否很順暢地進行聯繫，除了宋美齡和宋慶齡本人，外人大概都無法作肯定推斷的。

根據愛潑斯坦的說法，在宋慶齡去世之後，「治喪委員會向在台灣和海外的宋慶齡親屬發出邀請，歡迎他們前來參加喪禮。親屬中包括蔣介石夫人（宋美齡）、孫科夫人、宋子良及夫人、宋子安夫人、蔣經國、蔣緯國以及宋靄齡和孔祥熙的子女孔令侃、孔令傑、孔令儀、孔令偉等。治喪委員會還通知，台灣中華航空公司的專機可以在北京及上海降落，一切費用由該會負擔，（但台灣電信局顯然奉上峰的指示，無理拒收這些電報）。」

爲了政治上的理由，爲了維持蔣經國的「三不」政策，宋美齡當然不便公然去參加祭悼宋慶齡的任何活動，更遑論堂而皇之去北京奔喪了。因而，私下接觸，私下聯絡，容或有之，但是，要叫她們公開的交往，這是存在著事實上的一些政治障礙的。

生離死別乃人生之大事，偏偏一個政治家族的成員，爲了政治上的意識形態之爭，竟然被迫硬生生地背離這種生離死別的人情之常，這是何其殘酷啊！

第二回　官邸老人談官邸的電話內幕

蔣介石在世時，口口聲聲說「漢賊不兩立」，蔣經國繼任蔣介石的權力寶座之後，也一再強調「三不政策」，他們二個人在世一天，蔣家的親人要想和大陸親人通個電話，無異比登天還難，可是，在二蔣辭世以後，宋美齡到底有沒有嚐試過和類似像宋慶齡這樣的大陸近親，電話取得連繫，這的確是個值得深入探討的問題，換言之，宋美齡是不是比一般台灣老百姓「搶先一步」，和大陸親人先作了接觸？

一位官邸老資格的工作人員，在接受筆者的訪談時，對上述這個問題，提出了他的看法，並且詳細介紹了蔣介石和蔣經國總統在世期間，使用所謂「總統專用電話」的情形，下面就是這位官邸老人用第一人稱的追述，可以爲宋美齡有沒有可能和宋慶齡通電話，提供一個旁證：

「士林官邸蔣介石夫婦有一具『總統專用電話』，爲了專門服務蔣介石，總統府方面在台北貴陽路，也就是交通部後面的一處電信局裡，設置了總統專用電話的機房。

當時交通部依照大陸時期的老規矩，特別指派了二個人，專門爲蔣介石夫婦作接線生的工作，一個是李先生、一個是比較年輕一點的邱先生，他和我們內務科人都很熟，經常和我們一起聊天，天南地北無所不談。

有一次，我有要事和家裡聯絡，就麻煩李先生幫我一個忙，接個長途電話，李先生很客氣，連忙問我要接那裡，然後立刻爲我接，後來，我問他電話費怎麼算啊？他說，笑話！打這個電話還要什麼電話費？反正自己人嘛！

後來，我才知道，這個專用電話，居然可以打到全世界每個角落，只要總統交待的地方，可以在幾秒鐘的時間內，就爲蔣介石接通電話，當然，在蔣介石當政的年代，根本不可能和大陸作什麼接觸，所以，就算宋美齡吃了熊心豹子膽，她也不敢藉著官邸這個總統專用電話，和大陸北京的宋慶齡電話傳遞親情。原則上，李先生和邱先生，每人每天當班十二個小時，因爲總統有可能廿四小時隨時要用電話，所以，李先生他們必須廿四小時當班。

不過，以我的觀察，爲蔣介石夫婦負責接電話的這些人，多半是受過嚴格情報訓練的，以前，有不少人都是國民黨軍統局出身、由軍統領袖戴笠將軍介紹的，蔣介石通常只要是戴先生帶進來的人都十分信任，在蔣介石從南京下野到他的家鄉溪口的那一段日子，還在溪口建立了一座無線電台，目的是便於隨時能夠和外界連繫，並且掌握全國的剿共戰情。

從大陸時代，只要蔣介石出門，就有一組通信人員隨著蔣介石的隨扈人馬，到蔣介石可能歇脚的任何地點，建立獨立的通信網，會作這樣安排，基本上有二個主要的理由，一個是希望達到通信保密的目的；其次才是爲通訊上的便利。國民黨撤退至台灣以後，還是沿襲了大陸時期這一套通訊的規矩，而且爲了防止所謂的匪諜，蔣介石所屬的通訊部門，更是小心謹慎。

在我的印象中，凡是蔣介石要出門的前夕，官邸就會通知專線電話機房的人，叫他們到什麼地方建立通訊小組，然後他們就在完全隱密的情況下，隨著先遣人員到蔣介石預定要去的地方，在當地的電信局隔出一個專用的機房，成立專線小組，由官邸專線機房的人爲領導人物，地方電信局的人要完全聽從指揮辦事，否則就要接受處分。

大概是受到早年和共產黨打仗時，老是吃共產黨間諜的虧，所以，蔣介石到台灣以後，格外注意通信保密，記得有一次，專線機房的人剛好上廁所解手，恰巧蔣介石搖電話進來機房，要值班的人爲他接一通長途電話（早年台灣還沒有直撥長途電話，士林官邸也不例外），專線響了老半天沒人接，旁邊電信局的值班小姐聽到鈴聲響個不停，就好心跑過去接聽，本來沒人接大概還好，有人過去一接，蔣介石一聽就曉得不是專線的人，當時，他還沒有發作，到那通電話打完了，蔣介石又是一通電話打了過去，把那位從廁所出來的專線值班校級軍官，好一頓臭罵：「專線電話怎麼可以叫別人接？反攻大陸怎麼辦？」

我覺得宋美齡在台灣時期，是不可能和大陸的任何親人聯絡的，第一，蔣介石頭一個不會同意，我可能舉一個最具體的例子，那時，蔣介石身體已經開始惡化，大概是民國五十八九年的樣子，宋子文突然過世了，本來，宋美齡都已經準備好赴美的一切事宜，然而誰知道這時中共的新華社發了一則電訊，說宋慶齡也將到美國悼念宋子文，消息剛剛曝光，蔣介石就向宋美齡說，現在宋慶齡也要到美國祭悼你哥哥，我們是不方便和共產黨共處一室的，即使是妳姐姐也不例外，那時，中共和國民黨爲了在聯合國的代表權問題，爭得面紅耳赤，當然蔣介石不會贊同宋美齡斯時斯地去美國悼喪。

因而，我不相信宋美齡會和宋慶齡作什麼電話聯絡，蔣介石是不會允許自己的妻子作這種事的。蔣介石去世以後，他的兒子蔣經國繼位，他是搞情報出身的，那時，宋美齡雖然已經沒有人可以去約束她了，可是，她應該還是不會甘冒大不諱和宋慶齡作電訊連絡的，更何況，官邸內部那些負責專線的情報人員出身的人還在，有誰敢公然作「通匪」的勾當？

第三回　回顧宋慶齡和宋美齡姐妹情

回顧宋美齡和她的姐姐宋慶一生的情誼，可能有很多人會認爲，她們之間存在著或多或少的矛盾，但，事實上這只是一種表象，在這個表象的背後，她們之間的感情還是非常熱絡的。

這一點不管是台灣抑或是大陸的材料，都證明這是絲毫不差的，大陸的一份材料指出，大陸時期，宋美齡每次打電話給宋慶齡，通話時宋美齡總是先開口說：「阿姐嗎？」

宋慶齡那頭也說：「美齡嗎？」二人都用上海話交談，雙方每次都談得相當投機，非常親熱，兩人通話的內容不外是妹妹關心姐姐的飲食起居，不然就是一些噓寒問暖之聲，彼此之間，從來沒有發生什麼不愉快的口頭衝突。

據大陸的侯鳴皐氏表示，宋美齡和宋慶齡之間若要見面，事先都由宋美齡打電話給二姐連絡，如果姐姐同意宋美齡去看她的話，宋美齡就自己開著車子，一路直奔宋慶齡住的地方，當然，有的時候宋美齡會和宋慶齡約在大姐宋靄齡的家中見面。

據說「有一次，宋子良、子安兄弟同時到了重慶，蔣介石想邀請宋家姐妹兄弟，一起到南岸的黃山舉行一次家宴。宋美齡先和二姐通電話：『……這是我尼姐妹自家聚會，沒有其他人……』宋慶齡聽後猶豫了一下說：『不來啦，這兩天我身體不適意……』妹妹說：『那我馬上派醫生來看看……』姐姐說：『不用了，我正在吃藥，好些了。』這次由妹夫倡議的家宴，宋慶齡就這樣乾脆不領情了。」（侯鳴皐著，1989,6，頁八十四）

還有一次「宋美齡打電話給宋子文說：『你關照他們（指戴笠一夥），不准對阿姐胡來，如果我聽到有什麼，我決不答應。』宋子文說：『好的，我馬上就通知他們。』（仝上）

宋慶齡對蔣介石向來就沒有什麼好感，二人一個是同情共產黨，一個是徹底反共，加上宋慶齡早在宋美齡還未嫁蔣介石之前，她就強烈反對自己的妹妹嫁給蔣介石，一方面，宋慶齡對蔣介石過去的婚姻紀錄不滿，另方面，對蔣介石的一些政治主張和作法不以爲然，在這樣的一個客觀背景下，宋慶齡和蔣介石的關係始終沒有好過，所以，難怪宋慶齡連宋美齡邀請她去參加單純的家宴，宋慶齡都對之不理不睬。

宋慶齡對蔣介石長久以來，都是抱持這樣不願與之共處的心態，這多多少少對宋美齡造成一些心理上的壓力，也爲宋美齡和宋慶齡姐妹之間的感情，投下極爲不利的變數，但是，姐妹畢竟還是姐妹，不致於因爲妯娌之間糾纏不清的情結，或者是一些政治鬥爭上的仇恨，而根本切斷姐妹之間血濃於水的情誼。

因而，總的說來，宋美齡和宋慶齡二人之間，在台灣和大陸間通電話的可能性是極其微小的，証諸愛潑斯坦的講法，在宋慶齡去世以前，二人透過電話交談的機會似乎也不大，愛氏曾說在宋慶齡臨終前夕，曾向友人表白，那位友人後來回憶說，宋慶齡親口告訴她，說「她很思念美齡，……如果美齡來了，覺得住在她家裡不方便，可以安排她住到釣魚台國賓館去……」

似乎，二人至死爲止都沒有正式而親切的見過一面，或者是在電話中親切地交談過。但是，以當時美國和大陸已經「關係正常化」，雙方電話早就暢通無阻，如果宋美齡在美國何以雙方從來不曾通電話，實在令人懷疑雙方是否仍有親情存在。儘管如此，我們仍有相當強烈的推斷認爲這二姐妹，在美國應該是有著一定程度的書信往來的。畢竟，不論就大陸方面還是台灣方面，書信這種傳統的溝通方式，還是有可能成爲宋家姐妹，彼此之間互通情愫的一種媒介，何況，這也是「統戰」和「反統戰」最好的方式。

完全基於政治上的理由，宋美齡和宋慶齡之間，居然從民國卅七年宋美齡到美國爭取美援以後，二人就從來沒有見過面，若她們行使特權的話，可以用各種方式在國外秘密會面，可是，從宋慶齡晚年對友人作的表白，顯然二人從來沒有這樣做過，難怪一直到宋慶齡死前，她都對未能和宋美齡這個么妹見面，感到抱憾，骨肉至死無法相聚，這是中國政治家族的命運？抑或是中國政治家族的現世報應？實在是一個值得世人警醒的問題。

第三章　老幹新枝如何再起

第一回　如何再起

民國七十五年的十月卅一日，也就是蔣介石百年誕辰前夕，宋美齡特地從美國回到台灣，並且發表了一篇主題名爲「我將再起」副題名爲「先總統蔣公百年誕辰紀念文」，然而外界不清楚蔣家生態結構的人，根本不會知道這篇文章背後到底存在著什麼樣的問題和矛盾，還以爲只是一篇普通的訓詞文章或是應酬文字，可是比較敏感或是對蔣家內情略有體認的人，就會察覺到，宋美齡和蔣經國之間可能有什麼樣的問題存在，否則，明明江山都還是蔣家的，爲什麼會說「我將再起」這樣的話？儘管，宋美齡在文章中，對「我將再起」這個詞彙作了若干說明。

蔣家在蔣介石死後，究竟存在著什麼樣的矛盾呢？正如本書前面所敍述的，以宋美齡的個性，他是一個十足的豪門千金，一直到老年時代，她的生活型態基本上都沒有作過太大的改變，所以，她可以說對爾虞我詐的那種政治環境，沒有太大的興趣，可是，在她的家族之中，孔令侃是當時許多人認爲是一個對政治十分有興趣的一個人。

蔣介石發病前後，傳說孔令侃就曾經一再向宋美齡施加情感上的壓力，希望蔣家給他在政壇上表現的機會。

孔令侃的父親孔祥熙，在大陸時期，當過國民政府的行政院長，孔家也希望孔令侃能夠繼承這項傳統，像他的父親那樣，當上中華民國的行政院長。

憑良心說，以孔令侃的學養能力，以及在美國元老政治家間的良好人脈關係，他當行政院長是綽綽有餘的，甚至有人認爲，當年若是孔令侃若是眞的被蔣介石任命爲行政院長的話，美國大概也不會那麼快就和大陸建立了外交關係，而與台灣斷交。

他希望繼蔣經國之後，擔任這個中華民國當時最有政治上表現機會的職務。況且，那時台灣的經濟力量剛剛有起飛的趨勢，如果當上行政院長，不但可以有機會表現一番，說不定可以名利雙收，讓孔家在國民黨的權力圈子裡東山再起。

事與願違，由於蔣介石的病情方篤，所以並沒有機會讓宋美齡提出來，但是，到了蔣介石去世，國民黨黨魁的人選問題，和蔣經國接任總統之後，行政院長的懸缺問題，才又立刻浮現出來。

宋美齡受到家族人情包圍之下，向蔣經國試探，是否有可能請蔣經國延請孔令侃任行政院長，另外一些傳言甚至指出宋美齡有意問鼎國民黨黨魁，然而宋美齡當時的這個想法，卻在張寶樹（國民黨秘書長）等人以蔣介石剛剛去世，爲了永懷領袖，所以將「總裁」的職位永遠保留，而擬推舉蔣經國爲黨的主席，在蔣經國人馬的巧妙安排下，擁護宋美齡當黨魁的人士，就失去了藉口，因而師出無名，宋美齡在蔣介石去世那年的九月，便以醫病爲名，悄然赴美國。

最讓政壇人士感到事有蹊蹺的，是她幾次赴美之後，似乎對蔣介石的忌日各項紀念儀式，愈到後期愈表現明顯的疲態，許多政壇人士紛紛傳言宋美齡蔣經國母子爲了孔令侃有意組閣被拒，內心存有疙瘩，可是，到了民國七十五年的時候，是蔣介石的一百歲冥誕，蔣經國覺得這種時節，如果宋美齡再不回台灣到慈湖致祭的話，外界更會認爲傳言的確屬實，將會引起外界更多的臆測。

基於這樣的考慮，蔣經國叫他那時唯一尚活躍的兒子（蔣經國的大兒子孝文，身體情況仍然不佳，二兒子因為七十三年的江南命案，被美國中央情報局懷疑是幕後黑手，蔣經國不敢叫他去美國，以免產生意想不到的問題）蔣孝勇去美國，設法把宋美齡給請回來，據說，宋美齡是在蔣孝勇孝心感動之下，才又悄悄從美國回到台灣來。

宋美齡是回到台灣來了，可是，就在回來不久後，也就是七十五年的十月卅一日，蔣介石冥誕的當天，她發表了一篇所謂的「我將再起」的文章，文章內容其實沒有什麼太突兀的地方，而且，早在大陸時期，她也曾經以同樣的篇名，發表過幾篇文章。

但是，有些比較敏感的人，卻認爲她的「我將再起」和以前的「我將再起」，在意義上，似乎不太一樣，有著意在言外的暗示作用，那些人士因而認爲，蔣經國若是看了這篇文章，心裡一定別有一番滋味。

但是，實際的情況並不是這麼一回事。在蔣經國在世最後的這段歲月，他對權力接班的佈局，雖然已經作了一些安排，可是，包括宋美齡在內的人，都對蔣經國未來的權力佈局，充滿了惶惑不安的心情。那時，大多數的宮廷派人士，對蔣經國名義上選任的接班人李登輝了解的程度仍然相當有限，可是，他們實在對這位台籍的副總統是不是能像從前的副總統嚴家淦那樣，萬一在蔣經國不幸病故後，當一個不戀棧權位的過手總統，則充滿了懷疑，這種懷疑，其實不是對李登輝懷有任何成見和敵意，而是植基於威權時代一種家天下的潛意識慣性，植基於國民黨政府撤退來台灣第一代人士根深蒂固的「恐台心理」——怕台灣人掌權之後，尾大不掉，反過來打壓外省人，發生養虎反噬的悲劇。

宮廷派人士的憂慮，後來證明不是一種多慮，可是，在當初，當宮廷派人士包圍著宋美齡，對蔣經國一旦亡故，在權力結構上可能的肘腋之變，不斷提出警告時，宋美齡則是陷入極度無力感之中，她一再向人明白表示，「經國主政，我不便再插手干涉！」可是，她對宮廷人士提出的看法，儘管是心存同感，但是，她又何嘗有力量能左右蔣經國。

「我將再起」基本上只是一個小插曲，它沒有辦法改變蔣經國的權力佈局，也沒有辦法改變政治舞台台灣人時代的潮流。當宋美齡看完「我將再起」的講稿，並且爲草稿簽上自己的名字時，她的脚上已經長滿了靜脈瘤，她的健康雖然沒有明顯惡化的跡象，可是，她站起來的時候，偶爾需要護士從旁扶持，她即使還有心「再起」，然而她是用危顫顫的姿勢，站立在世人面前的，事實已經擺在陽光底下，宋美齡的時代已經一去不返，在政治豪賭的大輪盤中，已經輪不到她下注的機會。

機會不會等待被動的人，宮廷派人士對國民黨權力佈局的憂慮和惡夢，果然成爲事實，一個新的台灣時代隱然成型，蔣家的威權，就在宋美齡的彈指之間溜走了！

第二回　老幹新枝

民國七十七年元月十三日，蔣經國在毫無預警的狀態下，離開人寰，他的死，給國民黨的統治階級，製造了長達五、六年的內部權力鬥爭——所謂的主流派和非主流派的鬥爭。

在這場權力鬥爭興起之初，宋美齡在當中，扮演了一個微妙的角色。

正如我們在前面說過的那個故事，李登輝在黨內權力鬥爭最表面化的時刻，去士林官邸，要求取得宋美齡爲代表的宮廷派人士的支持，並且對宋美齡女士示其尊重的態度。但是，宋美齡身邊出主意的人，卻給李登輝來了一個排頭吃，讓他在士林官邸的樓下，足足等了近半個小時，才見到宋美齡。

儘管如此，依照法律宋美齡應該享有的去職總統遺孀的待遇，諸如每月薪俸的支領問題，還是得經過李登輝的批准的。

宋美齡也知道李登輝有求於他的現實性，她在前一次和李登輝晤面時，就打蛇隨棍上地對李登輝要求：「你是知道的，經國在的時候，總統府每月都會按時給我一些經費，現在經國去世了，不知道你是否還是會給我這筆經費呢？」

當時的李登輝，在國民黨核心人士的心目中，不過是趁時勢而坐上總統寶座的，根本不是憑藉在這個黨的內部，經過漫長的權力鬥爭和內部的權力整合，才換得的成果，所以，當蔣經國剛死，李登輝權力還不穩固時，包括宮廷派人士都認爲，必須把李登輝定位爲過渡總統，再加上宋美齡在國民黨的十三全大會上，宣讀了著名的「老幹新枝」一文，這篇文章被視爲是所謂的宮廷派人士全力反撲的宣告。然而，事實證明，宋美齡的「老幹新枝」論的效應，只延續了很短的一段時間，而且這種效應的擴散，影響範圍實在有限，主要的原因，乃是出在宮廷派人士不能和非主流人士有效結合，彼此之間的團結意識不足等等原因，始終無法凝聚整合成有力的集團，加上當時的宮廷派人馬中，仍不乏像宋楚瑜這類出身宮廷卻倒打宮廷一把的「異類」，就在人人猜忌、人人自危的情境中，而宋美齡又不願出面糾合同志在群龍無首的情況下，宮廷派在當時的權力爭奪中，終於成爲弱勢團體，遭排出權力核心的命運。

儘管如此，李登輝對宋美齡的「老幹新枝」論並沒有作出任何明顯的反制，李登輝深知，宋美齡已經九十高齡，他很尊重宋美齡，而且，宋美齡雖然有意在言外的表示，可是，本質上，宋美齡並未直接把文章的矛頭對上李登輝，因爲沒有證據顯示，宋美齡斯時有直接和李登輝對抗的動作出現。

何況，宮廷派勢力仍然在台灣當時的政治舞台上，佔著很重要的地位，在權力尚未大一統的情況下，不宜對所謂的「老幹新枝」或者一切未經證實的事情，有太於過度的反應，以免予人有李登輝度量不能容納一位老人的印象。

一九九四年九月，當宋美齡結束探視孔令偉病情的行程，搭機回美國時，她親手送給李登輝一本名爲「IN GOD WE TRUST」——信仰上帝——的書，充分說明宋美齡晚年完全心向宗教、無意政治的內心世界，宋美齡此一動作，把以往所有傳說中的風風雨雨粉碎於無形。

第四章　士林垂暮揮別蓬島

第一回　日落士林

深宮垂暮，滿庭寒鴉，落梅點點，人去樓空，這正是蔣介石過世以及宋美齡遠走美國之後，士林官邸的實況寫眞。

由於宋美齡長期不在國內，加上她的外甥女孔令偉也不見得一直在台灣，所以，士林官邸經常是處於無政府狀態。

據官邸內務科的人員表示，自從宋美齡走後，士林官邸的大門已經上鎖，有些地方因爲長年缺乏經費照管，所以，一些原本就須要大筆錢來維修的地方，限於經費，即使外觀也已開始褪色剝落。

蔣介石在世的時代，士林官邸每年的經常性維護費用，就要好幾十萬元，那時的幣值值錢，到了蔣經國時代，民國七十五年夏天，蔣經國爲了邀宋美齡回台，表示其孝敬之情，特地將士林官邸全面修葺了一番，經費預算耗費了千萬元以上。

可是，自從蔣經國死了以後，士林官邸雖然還是歸總統府第三局管理，但，原本擁有大筆經費預算的士林官邸，在近年卻經常面臨阮囊羞澀的狀況。

就以士林官邸的內務科的電話費來說，某次，總統府三局的某位人員，曾經向內務科的人打官腔，意味現在蔣夫人不在國內，電話費應該很少才對，結果卻依然會比電信局的收費標準超高，求求你們電話省著點打，可是，內務科的人卻覺得十分冤枉，因爲，官邸的電話都是必要的，有時宋美齡的隨從從美國隔海交辦一些事情，辦好了總要回話吧！而回話總不能以國內電話費來計費吧！

連電話費都這麼摳、這麼省，更遑論其他的開銷了。

民國八十二年，孔令偉回台灣治療直腸癌，人住在振興復健醫院，吃的東西是由圓山飯店專門提供的，她也很少能夠親自回士林官邸看看現況，所以，士林官邸更是滿目淒然，秋天時節，到士林官邸附近走走，更是讓人增添幾分蕭瑟感受。

更甚者，經常有一些民意代表，假民意之名，經常提議要糾衆到士林官邸去「丈量土地」、去「示威抗議」、去向某某「拜年」等等之類的，一群監察委員甚至直接進入了士林官邸，等於是直搗皇宮，一批接一批的台北市議員，希望士林官邸能夠開放，並且成爲讓民衆自由參觀的紀念館之類的場所。

這些聲浪一陣一陣地，統統傳到李登輝那裡，從李登輝的觀點看來，儘管他對蔣家以來的政治傳統不見得樣樣認同，可是，畢竟他是蔣家「提拔」的（這句話是來自李登輝的夫人曾文惠的口中，曾文惠在李登輝當副總統時，曾經向人說過，登輝能有今天，完全是蔣經國總統提拔的）所以，凡是有關要將士林官邸如何如何的建議或者是抗議，都在李登輝那邊擱置住。

但是，李登輝還能抵擋多久，這就要看蔣家的造化了，屆時，士林官邸能否保住，就是最好的試劑。

第二回　揮別蓬島

民國七十九年九月廿一日，一架華航專機在台北松山機場升火待發，這架飛機就是接送宋美齡赴美國的總統座機。

當時台北的時報周刊關於此一消息的專題報導是這樣寫的：「帶著九十餘箱拖運行

李，蔣夫人宋美齡女士揮別台北，直飛美國紐約。

這幕發生於九月廿一日（中秋節前夕）上午十時十八分，台北松山軍用機場的揮別場景，恐怕是這位九十一歲高齡的蔣家女主人，一個歷史性鏡頭。

蔣夫人究竟帶走了什麼？留下了什麼？

據華航人員透露，老夫人這次共有九十餘件行李，大部份行李箱內裝著夫人自用的『衣料』、『旗袍』、『日用器物』及『盥洗雜物』等，其中，還有一箱燕窩和月餅。

蔣夫人雅好藝術與繪畫，據信，她離開台灣，原本自家收藏的骨董、字畫也應有一大部份隨行托運，加上老夫人十分念舊，一些容易搬動的舊式精巧木雕傢俱，可能也有若干經妥慎包裝後，隨機運往美國宅邸。……」

這架載送宋美齡的飛機，是當天上午六時五十分，就由華航董事長烏鉞親自坐鎮指揮，從桃園中正機場飛到台北松山軍用機場。

飛機到了台北之後，機組人員就忙著裝運行李，包括宋美齡在內的行李，足足有百餘箱之多，當然，其中有一部份是隨員的私人物品，但是，不少是宋美齡的行李。

隔天台北就有報紙以嘲諷的語氣說，香港有九七大限，台北有九七大件。

當天，受邀到場送行的國民黨高級官員，上至李登輝，下至副總統李元簇、總統府秘書長蔣彥士、國民黨秘書長宋楚瑜、五院院長等各級首長夫婦，光是送行的人馬就可以看出，宋美齡臨行放射出來的政治魅力有多強烈。

但是，唯一值得注意的，就是在衆多的送行者當中，被擋在松山機場門外包括前行政院長李煥在內的首長，據說因爲「遲到」吃足了閉門羮。

李登輝等人，曾在松山機場貴賓室，和宋美齡略事話別，然後，宋美齡就登機，飛機於十時十八分，震翼飛離地面，直入雲霄。

宋美齡從民國卅九年元月間從美國來台，直到民國七十九年九月間離台，總共有四十一年半的時間，綜計宋美齡前半生歲月，在台灣的時間其實有將近一半的時間，如果說宋美齡對台灣沒有什麼感情，這是絕對說不過去的。

但是，有趣的是，宋美齡爲什麼要離開台灣這個她也有情感的地方？理由何在？

我們可以從一些跡象來看宋美齡所以離開台灣的原因，其一，宋美齡曾說過，台灣沒有我的親人，我的親人在美國，宋美齡雖然在台灣待了四十一年，可是，她始終認爲她的骨肉是在美國；其二，親屬的原因，宋美齡離台的時候，她的外甥孔令侃已經罹染末期肺癌，她希望能夠早點到美國，陪孔令侃度過最後的這段歲月；其三，住在士林官邸，那麼大一個宅院，卻經常只有她一個人住著，偶爾有孔家的人像孔令偉會來陪她，可是，孔令偉近年來身體也不是很好，讓她覺得在士林非常寂寞，而老人最怕的就是寂寞；其四，她自己本身身體也不是太好，她希望在還可以動得了的時候，趕快回到美國；其五，台北的政治空氣，讓她覺得難以消受，一連串的流派之爭，不但讓宋美齡折損了政治資源，同時也讓她心情受到嚴重的創痛。一九九四年九月十日，爲了探視因直腸癌臥病台北振興醫院的外甥女孔令偉，曾回台灣停留十天，李登輝以國民黨主席的身份親自迎送，在孔令偉病情「平穩」之後，宋美齡便即刻回美國。

就宋美齡來說，任何的理由都是不重要的，重要的是，如何儘快回到那個曾經對她的一生起過決定性變化，被她視爲第二故鄉的地方——美國去，在太平洋的彼岸，飛機隆隆引擎聲，劃破台灣的雲層，宋美齡正朝她祖國的反方向飛去！

跋

要說二十世紀誰是對中國最有影響力的女人，無疑，宋美齡是當之無愧的，但是，中國近一個世紀以來的苦難，和宋美齡本身的客觀遭遇，卻把她塑造成獨具「美麗與哀愁」的人物，而長壽，卻延長了這種「美麗與哀愁」的過程。試觀，二次大戰前後浮現的世界偉人，富蘭克林·羅斯福、邱吉爾、戴高樂、史達林、墨索里尼、希特勒……都早已過世，他們的妻子，也都不在人世，惟獨宋美齡，出生於十九世紀，縱橫於二十世紀，眼看她的生命即將邁入二十一世紀，她成爲世所罕見的跨世紀第一夫人。

從微觀的角度看，宋美齡對她的丈夫蔣中正先生，造成了深遠的影響，蔣先生是留日的，這位影響近代中國至深至鉅的歷史人物，最喜愛中國的陽明理學，然而，留日時期，日本的武士道精神，卻在他的心中，揚起巨大的波濤，中國的陽明哲學、以及曾國藩的思想、日本武士道精神，讓蔣先生成為一個道貌岸然、沈穩內歛的東方紳士。

和宋美齡女士的婚姻，其實是蔣先生生命的另一個轉捩點。

宋美齡的父親，是美國南方美以美教會基本教義派一位著名的中國牧師，美國南方教會原本就是美國比較保守的一個支派，在他們的觀念裡面，世界上只有光明與黑暗兩個極端，沒有中間地帶的存在。正如大家所知道的，蔣先生和宋美齡結婚之前，宋美齡母親有個條件，就是希望蔣先生日後能夠成為基督徒，蔣先生答應了這個條件，從此，蔣先生受到宋母和宋美齡的影響，在北伐以後，亦成為一位虔誠的美以美教派的基督徒。

儒家陽明哲學、武士道加上美以美教派的基督徒，揉雜成蔣先生北伐以後，一直到他晚年的意識形態主流，至此，宋美齡正式「參加」了蔣先生的生命。

許多人認為，蔣先生和宋美齡的結合，是一種政治婚姻，其實，這只武斷地看到了蔣宋的一個面向，而忽略了其他的面向，稍微對宋美齡有點了解的人都明瞭，宋美齡早年是一個強烈的英雄崇拜者，在衆多追求者當中，她會挑選蔣先生作為她終身伴侶，是有她主觀上的因素的，而對蔣先生能夠統兵以勢如破竹之兵，北伐到上海、南京，宋美齡在心中自是有一份仰慕之情。然而，議者和當時的輿論所以批評蔣先生和宋美齡的婚姻，主要亦是由於蔣先生多次的婚姻紀錄的關係，再者，認為蔣先生是想覬覦孫中山逝世後國民黨黨內的領袖地位，所以，才娶孫中山妻子宋慶齡的妹妹宋美齡爲夫人，而非基於男女感情。

但是，儘管諸如此類的批評接踵而至，蔣宋之間的婚姻，還是經得起外界質疑的考驗的，而且，爾後的事實證明，蔣宋聯姻，給當時的中國帶來了意想之外的正面意義。

無疑，蔣先生除了略讀中國古書，對國際事務的了解是極其欠缺的，這一點，就當時中國與國際社會日益加強接觸的客觀環境來講，蔣先生若是沒有宋美齡及時的輔佐，他是很難在日漸複雜的國際環境中，有所作爲的。

宋美齡豐富的國際知識，特別是和早年在美國成長求學的淵源，使得蔣先生自從民國十七年統一中國以後的外交政策，明顯地拉近了中美兩國的邦誼。

當然，從好的一方面來說，中國和美國關係的加強，促進了中國的現代化，可是，從壞的一方面來講，中國和美國的逐步接近，卻激怒了少數對中國有野心的國家——日本就是一個最明顯的例子，和宋美齡結婚以後，日本深知蔣先生領導的政府有明顯跡象顯示，正和美國拉近彼此的關係，而他的夫人就是一個最鮮明的例證。民國十七年的「五三慘案」是日本帝國主義對蔣先生領導的軍隊，一次試探性的攻擊，而民國二十年的「九一八事變」佔領中國東北，則是日本畏懼中國和美國進一步加強關係，惟恐美國影響日本在中國利益，因而作出的一次軍事冒險。

在當年日本軍閥的眼中，宋美齡背後的家族與其說是上海最大的資本家，不如說是親美華人一個最典型的代表。

抗戰，把宋美齡帶進一個新的生命巔峰，民國三十二年，當她以治病爲由，到美國訪問時，她接受了美國國會參衆兩院的演講邀請，宋美齡成爲有史以來第一位在美國國會殿堂演講的外國第一夫人，當這個全世界傳播媒體最發達的國家，把宋美齡在國會演說的影像，傳到每一位美國人民眼中時，美國人看呆了，因爲美國人那時從來沒有看過一個東方國家的元首夫人，如此麗質出衆、言談這般文雅，美國民衆發現，這位中國第一夫人脫口而出的英文使用的詞藻，甚至比他們還要典雅生動，而且舉止落落大方，十足大國風範，那時，日本已經發動了珍珠港事變，美國人對日本恨之入骨，當他們從宋美齡在美國各地講述的內容中，得知了中國人民抗日戰爭的英勇事蹟，無不興起對中國人民慘烈犧牲的強烈同情，從而更對宋美齡留下深刻而美好的印象。

宋美齡的美國之行，贏得了個人形象，也贏得了美國對中國這個苦難國家的實質援助。

當年的美國「時代雜誌」，把她選爲那年的年度風雲人物，並且幾度成爲該雜誌的封面故事人物，一直到五〇時代、乃至六〇年代，宋美齡還經常是美國人心目中，最受歡迎的外國元首夫人，她在美國老一輩人心中的魅力，可說是無與倫比的，在這方面，可能也是空前絕後的，美國人民深深引以爲傲的，是美國七大著名貴族學校之一的「魏斯里大學」，造就了宋美齡這樣氣質風範都高人一等的貴夫人，更造就了一座中國和美國外交的堅固「橋樑」，宋美齡能夠成爲美國十大最受歡迎的女性，是有其主觀和客觀上因素的，而宋美齡的魅力，無疑是其中最主要的一個因素。

從民國十六年以來，到蔣先生撤退台灣初期，蔣先生領導的政府，應該有許多施政方針，都是經過蔣先生和蔣夫人密切協商得來的結果，尤其是在外交工作上，宋美齡更是扮演了一個不可或缺的角色，可謂是藥中甘草。

當初，國民黨和共產黨內戰末期，國民黨兵敗如山倒，人心惶惶之際，黨國大員凡是有點辦法的人，都想到美國或者其他西方國家去當寓公，國破山河在，政務沒人管，只有蔣先生想到，來台灣繼續爲了政權的維繫而奮鬥，蔣先生所以有此決心，和前面說過他擁有儒家、武士道、基督徒三者角色融合之下產生力量，有著非常密切的關係。

現在，有人經常自詡爲「摩西」，自以爲是手捧聖經的救世主，可是，試問到底有誰可以像蔣介石一樣，一聲令下便可以號召二百多萬人，跟著他一起來台灣？這二百多萬人中，多數是心甘情願跟著他來台灣的，被威逼裹脅而來的大陸人民畢竟是少數。

在許多人逃亡國外當寓公的同時，宋美齡儘管到美國求援失敗，她還是毅然回台灣，以示和國家和她的丈夫同生死、共榮辱，如果，宋美齡是貪生怕死之輩，她何必來台灣？如果，她和蔣介石是政治婚姻，她爲何還要回台灣以示和蔣先生「同舟一命」？她的具體行動徹底粉碎了別人對她的刻意攻訐。

大陸淪陷的原因，在民國三十八年以來，引起海內外許多人士的熱烈爭辯，不少人把國民黨在大陸的潰敗，歸咎於諸如「四大家族」和國民黨本身的腐敗，各種說法莫衷一是，毫無定論，但是無論如何，如果要把大陸淪陷的責任，完全推在蔣介石一個人頭上，或是某些家族的身上，這是很不公平而失之武斷的。

不管是大陸時期，或是台灣時期，我們沒有任何證據顯示，宋美齡有一點貪瀆的行爲。她的廉潔，絕對是經得起考驗，早年，宋美齡的私生活縱然有許多傳言，但是，無論是大陸或是台灣的資料都顯示，她的廉潔節儉，是始終一致的。

若干對宋美齡有所誤解的朋友，總認爲她的奢華，當與菲律賓馬可仕夫人伊美黛不相上下，事實上，伊美黛不但私生活浪漫奢靡，光是高跟鞋就有好幾個庫房，她和她的丈夫的官箴受到菲國人民嚴重的批評。宋美齡的旗袍誠然也有好幾十、甚至幾百件，可是，她和她的丈夫的廉潔，一直到今天，都沒有人可以拿出具體的例證，舉發蔣氏夫婦的不法失職，可見，宋美齡和她的丈夫在這方面是對得起中國人民的。

但是，人畢竟不是神，宋美齡還是有她的侷限性，還是有她偏頗的一面，例如，在蔣經國死後，國民黨黨內核心骨幹，在為誰應繼承主席大統爭論不休之時，她在黨內元老建議下，連夜寫了一封密函，要當時的國民黨中央委員會秘書長李煥，以集體領導的方式，暫時過渡國民黨的權力整合期。（也有人質疑，宋美齡的那封信，是她的外甥孔令侃建議她寫的。）

當然，宋美齡是黨的元老，她有充份的權力去寫這封信，可是，這封信卻演變成軒然大波，並且造成時人對她的爭議根源之一。

據說，當時的行政院長俞國華，本來受命在中常會中，提案支持推舉李登輝，不料在那次中常會前一天晚上，俞院長接到一通來自官邸的電話，要他暫緩提案，這件事情深深困擾著俞國華，並且造成第二天中常會上，宋楚瑜當衆發言衝撞並且拂袖而去的不快情況。

據表示，俞國華會後，有一次向行政院高層幕僚訴苦時說，夫人從我年輕時代就培植我，教我怎能拂逆她的意思，我並不是不願提案，而有那麼多位中常委，為什麼偏偏一定要我來提案呢？

就宋美齡而言，台灣已經不是她的戰場，台灣也不再是值得她留戀的地方，可是，當時的她沒有審度時勢，她周圍的孔家家族，也沒有充份掌握台灣的客觀環境，一念之間，竟陷宋美齡於窘境，加之在野勢力對蔣家的深度誤解，更加速逼使宋美齡必須離開台灣，遠走美國。宋美齡曾經是國人美麗的偶像，可是，時間是殘酷的，政治是醜陋的，蔣家如今是一門四寡（除了宋美齡，還有蔣經國、蔣孝文、蔣孝武三位的太太都是寡婦），昔日蔣家辛苦經營的官場派系，如今大部份成了非主流派，否則就是遠離權力和是非核心，而一些趨炎附勢的人，也不再以蔣家馬首是瞻，歲月剝奪了對宋美齡美麗容顏的加冕，親人如蓬草飄零，膝下空虛給宋美齡留下濃濃的哀愁，終其一生，宋美齡眞可說是集「美麗與哀愁」於一身。

作者寫作全書的內容選材，除了依據目前可見的兩岸書刊和國外論著，主要是依據宋美齡昔日的隨從（包括：秘書、醫療人員、副官等等）口述講述內容，儘量以不添加作者個人的主觀批判爲原則。

這本書的主要意圖，是希望藉著揭露宋美齡日常生活和畢生主要經歷，讓所有的讀者朋友，增加一種對宋美齡作客觀認識的資料。所以，這本書的重點不在爲宋美齡表功，更不在爲她顯過，褒貶完全在乎讀者看了本書之後個人的感受。

在本書相關人物的名稱稱謂方面，一方面是以口述者本身的習慣稱呼爲原則，另方面，基於目前兩岸文化資訊的大通，這本書設定的讀者對象是全球華人或是懂得華文的國際友人，所以，在書內相關人物的稱謂上，便採多個面向的稱謂法，例如，在書中，蔣中正有時被稱呼爲「老先生」、有時被叫做「蔣先生」，有時稱作「蔣介石」，有時則叫他「蔣公」，可是，這無關對蔣中正的價值判斷或是善惡褒貶，叫他蔣公，也不是對蔣的阿諛，稱他「蔣介石」也不是貶損他，本來，蔣介石就是他的名字，蔣也確是一個「其介如石」的人，這和褒貶無關。

台灣有句俗語說的好，雞蛋殼密密，但還是有氣孔。這本書原先設定的目標，並不是朝學術著作的方向寫作，所以，必定有很多疏誤之處，以作者有限的才學，台灣閉鎖的資料蒐集環境，錯誤是在所難免的，尚祈先進前輩和舊雨新知，多多提示指教，作爲再版時之參考。

本書寫作期間，承蒙友人的鼎力協助，謹此一併致謝！

國立中央圖書館出版品預行編目資料

宋美齡：美麗與哀愁／王丰文. ——初版. ——
[臺北縣新店市]：書華出版：學欣總經銷,
1994 [民83]
面； 公分. —— (人物・中國；10)
ISBN 957-709-069-9 (平裝)

1.宋美齡－傳記

782.886 83008926

人物・中國之十

宋美齡——美麗與哀愁

著　　者／王　丰
發 行 人／安華宇
社　　長／唐伶苓
出 版 者／書華出版事業有限公司
新店市民權路130巷2號3樓
電話：2187229　代表號
總 經 銷／學欣文化事業有限公司
新店市民權路130巷6號
電話：2187307代表號
印 刷 所／三友彩色印刷有限公司
板橋市中山路二段450號之一
電話：9615462

行政院新聞局登記局版台業字第6188號
一九九四年九月初版　　定價350元
ISBN 957-709-069-9